Gustav Friedrich Philippi

Zur Geschichte der Reichskanzlei unter den letzten Staufern

Friedrich II., Heinrich (VII.) und Konrad IV.

Gustav Friedrich Philippi

Zur Geschichte der Reichskanzlei unter den letzten Staufern
Friedrich II., Heinrich (VII.) und Konrad IV.

ISBN/EAN: 9783743649828

Hergestellt in Europa, USA, Kanada, Australien, Japan

Cover: Foto ©ninafisch / pixelio.de

Weitere Bücher finden Sie auf **www.hansebooks.com**

Zur

Geschichte der Reichskanzlei

unter

den letzten Staufern

Friedrich II., Heinrich (VII.) und Konrad IV.

von

Dr. F. Philippi,
Königl. Archiv-Secretair.

Mit Unterstützung des Directoriums der Königl. Preußischen Staatsarchive.

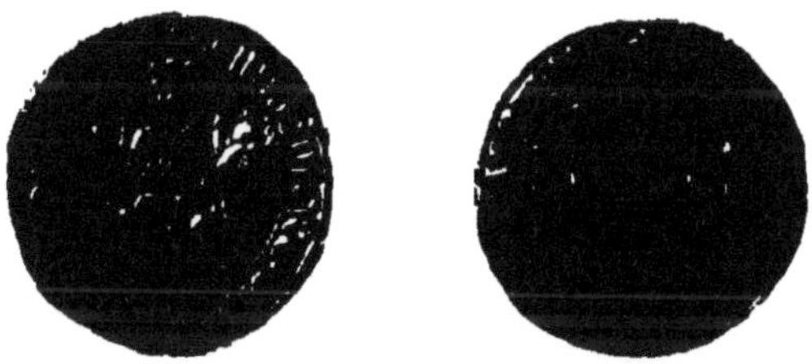

Goldbulle Heinrichs (VII.) B. F. 4025.

Mit 12 Tafeln in Lichtdruck und einem Anhange über B. F. 1114.

Münster i. W.
Verlag der Coppenrath'schen Buch- & Kunsthandlung.
1885.

Inhalt.

Einleitung.

Material. — Auf einer mehrmonatlichen (vom Oktober 1882 bis Anfang Januar 1883) im Interesse der von der Verwaltung der Königlichen Staats-Archive herausgegebenen „Kaiserurkunden in Abbildungen" unternommenen Forschungsreise war es mir, nachdem ich schon an meinem Wohnorte die betreffenden Originalien aller preufsischen und einiger anderen norddeutschen Archive untersucht hatte, möglich, die aus den Kanzleien Kaiser Friedrichs II. sowie seiner Söhne, der Könige Heinrich (VII.) und Konrad IV., hervorgegangenen, in den grofsen süddeutschen (einschliefslich Wien) Archiven und einer grofsen Zahl der Sammlungen Italiens vorliegenden Documente auf ihre diplomatischen Eigenthümlichkeiten einer eingehenden Prüfung zu unterwerfen, um für die betreffende Publication eine geeignete Auswahl der zur phototypischen Wiedergabe zu bestimmenden Stücke treffen zu können. Ich habe mich nun entschliefsen zu sollen geglaubt, dort (VI. Lieferung Tafel 10—20) nicht die regelmäfsigen Ausfertigungsformen zu geben, sondern habe „eine Reihe ausnahmsweiser Fälle, die für den Unterricht in der Diplomatik besonders geeignet, für die Erkenntnifs der Kanzleiverhältnisse jener Zeit gerade durch ihre Unregelmäfsigkeiten besonders förderud erschienen, vorgeführt" und die Besprechung des regelmäfsigen Ganges der Urkunden-Ausfertigungen um so mehr einer eigenen Arbeit vorbehalten, als der Raum, den die genannte Publication gewähren kann, bei weitem nicht ausreicht, um jenen verwickelten Verhältnissen nur einigermafsen gerecht zu werden. Dieses auf der gröfseren Reise gewonnene Material habe ich nun im Laufe des letzten Jahres durch mannigfache Correspondenzen, die vielfache Zusendung von Archivalien oder Mittheilungen darüber veranlafsten, und durch mehrere kleinere Reisen[1]) zu mehren versucht und wenn ich auch nicht eine verhältnifsmäfsig so grofse Anzahl von Urkunden, wie sie den Arbeiten Sickels über die Karolinger-Urkunden und die Diplome der sächsischen Kaiser zu Grunde liegen, ja nicht einmal, wie sie Brefslau für seine Besprechung der salischen Kanzlei in den „Kaiserurkunden in Abbildungen" hat benutzen können, untersucht habe, so glaube ich dennoch die Hälfte[2]) der muthmafslich aus jener Zeit im Originale erhaltenen Urkunden eingesehen zu haben.

Vorarbeiten. — Obwohl nun gerade für die Untersuchung der Kanzleiverhältnisse Kaiser Friedrichs II. nach Huillard-Bréholles (Introduction zu seiner historia diplomatica Fr. II.) die einschlägigen Forschungen Fickers — besonders in seinen Beiträgen zur Urkundenlehre — und die vielfachen Arbeiten Winkelmanns auf diesem Felde schon eine breite Basis geschaffen haben, so glaube ich doch, dafs eine zusammenfassende Darstellung, begründet auf weitergehende Heranziehung und genauere Untersuchung von Originalen, theils die Resultate jener Forscher zu festigen, theils auch zu modificiren geeignet ist.

Tafeln. — Ich habe nun die Arbeit so eingerichtet, dafs ich die Notizen, welche ich mir über den diplomatischen Befund der Originale machte, in einem Anhange mit Zugrundelegung und, um so zu sagen, als eine Ergänzung der Böhmer-Ficker'schen Regesten vollständig mitgetheilt habe. Sie vertreten so die Beweisstücke und gestatten Nachprüfung meiner Aufstellungen. Freilich war es nicht möglich, die ganzen Aufzeichnungen mitzutheilen: die von fast allen Urkunden genommenen Schriftnachbildungen in Alphabeten, Nachzeichnungen der verzierten oder besonders betonten Anfangsbuchstaben u. s. w. sind zwar den Angaben über die Schreiber der Urkunden zu Grunde gelegt, aber es konnte nur eine ganz geringe Auswahl der Facsimilien auf Tafel XII gegeben werden. Die übrigen Urkundentafeln (I—V) bilden insofern eine Ergänzung zu dem Hefte der „Kaiserurkunden in Abbildungen", als sie die regelmäfsigen Ausfertigungen nach ausgewählten Exemplaren zur Darstellung bringen; auch ist die Nachbildung einer besonders interessanten Fälschung beigefügt (XI), welche schon eine gröfsere Litteratur hervorgerufen hat. Auf den Tafeln VI—X habe ich aus der grofsen Zahl der mir zu Gesicht gekommenen und von mir abgeformten Siegel[3]) die besterhaltenen zur Abbildung gebracht. Sie enthalten alle Stempel, von denen bis zum Erscheinen dieser Arbeit Abdrücke bekannt geworden sind, und eine Zahl weiterer, deren Vorhandensein bis jetzt noch unbekannt war.

Ziele der Untersuchung. — Das Hauptaugenmerk bei der Darstellung selbst war darauf gerichtet, dem jetzigen

[1]) Bei den Registern ist ein Verzeichnifs der benutzten Archive und Bibliotheken beigegeben. — [2]) Die Gesammtzahl der von mir eingesehenen Originale beträgt rund 800; für dieselbe Zeit verzeichnen die Böhmer-Fickerschen Regesten rund 4000 Nummern. Im Allgemeinen hat sich bis jetzt, wo man näher nachprüfen konnte (vergl. die Einleitung zum ersten Hefte der Diplomata der Monumenta S. II) herausgestellt, dafs etwa die Hälfte der überhaupt bekannten Urkunden im Originale erhalten ist, die andere Hälfte nur in abgeleiteten Quellen. Wollte man dieses Verhältnifs zu Grunde legen, so würden für 4000 Regestennummern etwa 2000 im Originale erhaltener Urkunden anzunehmen sein. Nun glaube ich einerseits, dafs die Urkunden Friedrichs II. aus den Jahren 1212—1220 und die Heinrichs (VII.) zu einem viel gröfseren Procentsatze im Originale erhalten sind; andererseits aber sind von den Urkunden Friedrichs II. aus seiner Kaiserzeit offenbar viel mehr als die Hälfte verloren gegangen, da allein aus den Registern etwa 900 Nummern gezogen sind, die sonst ganz unbekannt geblieben wären, und weiter gerade in den italienischen Archiven sich verhältnifsmäfsig wenige Originale im Gegensatze zu der grofsen Zahl der notariell transsumirten Urkunden finden, ferner sind dann in den Regesten Konrads (IV.) eine sehr grofse Zahl von Urkunden aufgenommen, welche nur eine Erwähnung des Königs enthalten oder von Reichsfürsten im Auftrage des Königs ausgeführte Rechtshandlungen beurkunden.

[3]) Dabei ist unter jedem Siegel die Urkunde, von der es entnommen ist, durch die Regestennummer erkennbar gemacht.

Stande der Wissenschaft entsprechend, möglichst sichere Normen für die Kritik der Urkunden zu gewinnen. Steht es nun fest, dafs den Gerichtspersonen des Mittelalters bei der Prüfung von Urkunden es als Hauptkriterium galt, ob ein echtes Siegel an derselben noch ursprünglich befestigt war (vergl. die von v. Buchwald Fürsten- u. Bischofsurkunden S. 174 ff. gesammelten Stellen), so hat ja auch die moderne Urkundenwissenschaft die hohe kritische Bedeutung der Siegel voll und ganz anerkannt, aber sie konnte sich andererseits damit nicht begnügen, sondern mufste auch für Stücke, deren Siegel in Verlust gerathen waren, Kriterien zu finden suchen. Demgemäfs erscheint es jetzt besonders nach Sickels mafsgebendem Vorgehen als Aufgabe, den Schreibern und Verfassern der Urkunden nachzugehen, ihre Persönlichkeiten festzustellen und zugleich nachzuforschen, ob jeder einzelne derselben, oder vielleicht auch ihre Gesammtheit, als Kanzlei, einer Gewohnheit oder festen Regeln bei der Fertigung der Urkunden folgten und, falls sich dies feststellen läfst, auch ungefähr deren Inhalt zu reconstruiren. Denn so günstig, wie der Bearbeiter der Urkunden päpstlicher Kanzlei, deren Regulative und Instructionen[1]) vielfach bekannt sind, ist der Bearbeiter der Kaiserdiplomatik selten gestellt. Freilich liegt für die spätere Zeit Friedrichs II. die von Winkelmann publicirte Kanzleiordnung vor und wird neben den Originalen und dem Register die Grundlage für die Untersuchung jener Partie bilden, aber für die anderen Epochen der Kanzlei wird noch zu untersuchen sein, ob und welche feste Regeln Geltung hatten, da schon das Aeufsere der Urkunden der einzelnen Epochen zu sehr variirt, um auf sie ohne Weiteres dieselben Regeln in Anwendung zu bringen.

Bei der Untersuchung der Originale glaubte ich nun darauf achten zu müssen, ob sich in denselben Vermerke fänden oder Eigenthümlichkeiten wahrnehmbar seien, welche von der Erwägung aus sich erklären liefsen, dafs eine Kanzlei, wenn ihr eine von ihr selbst gegebene Urkunde später vorgelegt wird, um auf Grund derselben Ansprüche zu erheben oder Rechte geltend zu machen, befähigt sein mufs, aus dem Befunde der Urkunde selbst sowohl ihren Verfasser als ihren Ausfertiger festzustellen, um sich so gegen Fälschungen durch aufserhalb der Kanzlei Stehende schützen und Unregelmäfsigkeiten in der Kanzlei selbst ahnden zu können. Von diesen Gesichtspunkten aus — neben denen der Wunsch nach Feierlichkeit und Grofsartigkeit einer majestätischen Ausstattung der Urkunden in den Hintergrund tritt, — glaube ich die eigenartige Schrift, die Unterfertigungen mittelalterlicher Diplome verstehen zu sollen, wobei dann freilich von vorne herein zugegeben werden mufs, dafs wohl die kaiserliche Kanzlei nicht alle Zeit diesen Ansprüchen voll und ganz gerecht geworden ist. Es tritt aber noch ein Weiteres hinzu. Bei einer regelmäfsig mit grofsem Geschäftsumfange arbeitenden Kanzlei waren selbstverständlich die verschiedenen Geschäfte der Beurkundung: Anfertigung des Concepts, Ausfertigung der Reinschrift und Siegelung — wie schon oben angedeutet — verschiedenen Personen zugetheilt. Sollten diese später jeder für seinen Antheil an der Urkunde die Verantwortung übernehmen, so trat auch die Nothwendigkeit

[1]) Vergl. die Zusammenstellung bei Diekamp, Neuere Literatur zur päpstlichen Diplomatik, Historisches Jahrbuch IV, S. 279.

an sie heran, sich gegen die Mitarbeiter zu schützen, oder umgekehrt — wie es sich auch in Friedrichs Kanzleiordnung findet — es ist anzunehmen, dafs jeder eine erkennbare Note seiner Thätigkeit, durch welche er die Verantwortung für dieselbe übernahm, zurückliefs; es war also auch darauf zu achten, ob sich derartige Notizen erhalten hätten.

Unter diesen Gesichtspunkten sollen in der ersten Abtheilung die Urkunden selbst besprochen werden; in der zweiten die Besiegelung: ihre Bedeutung für die Kanzlei und den Empfänger behandelt und ein Verzeichnifs der bekannten Stempel unter Zufügung der entsprechenden Bemerkungen im Einzelnen gegeben werden. Bei der grofsen Masse des Materials konnten nun viele Dinge nur kürzer berührt werden, als mancher Leser, den eine Einzelurkunde besonders interessirt, erwarten wird; aber es ist dabei zu beachten, dafs die Arbeit noch unter dem frischen Eindrucke des Gesehenen ausgeführt werden mufste und es hauptsächlich darauf ankam, einen festen Boden zu gewinnen, auf dem dann die Einzeluntersuchungen leichter und sicherer ausgeführt werden können.

Schreibmaterial. — Es seien hier noch einige kurze Bemerkungen über das Schreibmaterial eingeschaltet, dem ich bei meiner Untersuchung nur geringe Aufmerksamkeit habe widmen können, obwohl es in sofern vielleicht ein besonderes Interesse gehabt hätte, als in Friedrichs II. Kanzlei stets neben dem Pergamente auch Papier in Gebrauch gewesen ist, ein Stoff, der wieder aus der Kanzlei deutscher Herrscher nach Friedrichs Zeit verschwindet und dann erst viele Jahrzehnte später in regelmäfsigen Gebrauch genommen wird.[1]) Und zwar ist Baumwollenpapier[2]) in der ersten Zeit Friedrichs wohl nicht nur für Briefe und Mandate für den Einzelfall, sondern auch für Urkunden, welche bleibende Rechtsverhältnisse bezeugen sollten, verwendet worden.[3]) Später war dann sein Gebrauch auf Register und Briefe beschränkt. In Betreff des Pergaments habe ich bemerkt, dafs die Kanzlei der älteren — sicilisch-normannischen — Periode und der späteren — der Kaiserzeit — meist italienisches Pergament von sehr verschiedener Feinheit und Stärke gebraucht, doch kommt zwischendurch, besonders bei dem Aufenthalte in Deutschland in den 30ger Jahren, ausnahmsweise deutsches Pergament zur Verwendung. Die Urkunden aber aus dem langen Aufenthalte in Deutschland von 1212—1220 sind der Mehrzahl nach auf deutschem Pergamente geschrieben. Auch die Urkunden Heinrichs (VII) und Konrads IV. fand ich vielfach auf deutschem Pergamente ausgefertigt; Papierbriefe der letzteren kenne ich nicht.

Ich zweifle jedoch daran, dafs sich über die Verwendung der Schreibstoffe feste Regeln werden aufstellen lassen, aufser dafs etwa nach dem Papierverbot von 1231 echte Urkunden Kaiser Friedrichs nicht mehr auf Papier ausgefertigt wurden. Kriterien für

[1]) In Karls IV. Kanzlei ist es nichts ungewöhnliches (Lindner, Urkundenwesen Karls IV. S. 7); ich glaube aber auch Briefe Heinrichs VII. in Mantua auf Papier gesehen zu haben. — [2]) Dafs auch gemischtes Lumpenpapier schon gebraucht wurde, hat Sickel in Sybels Hist. Zeitschrift 27 S. 446 nachgewiesen zu B. F. 1723. — [3]) So ist allein das später ausgegangene Verbot des Papiers für Urkunden (Huillard-Bréholles, introduction LXXIV) zu verstehen.

Echtheit oder Unechtheit werden sich aus der Feststellung deutschen oder italienischen Pergaments kaum gewinnen lassen, und ich habe daher davon Abstand genommen, bei der Untersuchung der Originale mir darüber regelmäſsige Notizen zu machen.

Sprache. — Die hier in Betracht kommenden Urkunden sind sämmtlich lateinisch geschrieben; die einzige beglaubigte Ausnahme ist der Schied Konrads IV. für Kaufbeuren vom 25. Juli 1240 (B. F. 4427 „Kaiserurkunden in Abbildungen“ VI, 19 b). Früher glaubte man, auch der berühmte Mainzer Landfrieden aus dem Auguste 1235 (B. F. 2100) sei ursprünglich deutsch abgefaſst und dann erst ins Lateinische übersetzt. Böhlau (Nove Constitutiones domini Alberti, Weimar 1858, IX, ff.) hat die Ursprünglichkeit der lateinischen Ausfertigung nachgewiesen, aber er glaubt, daſs daneben eine „gleichzeitige amtliche Uebersetzung ins Deutsche“ ausgegangen sei. Um die Richtigkeit dieser letzteren Annahme nachzuprüfen, bedürfte es einer umfangreichen und eingehenden Untersuchung der zahlreichen Abschriften dieses Gesetzes — eine Originalausfertigung mit Siegel ist bis jetzt noch nicht bekannt geworden —, zu welcher mir das Material noch nicht zu Gebote steht. Ich halte es nicht für unmöglich, daſs gleichzeitig oder bald nachher eine Uebersetzung ins Deutsche ausgeführt wurde, zweifle aber sehr, daſs sie amtlich war, d. h., daſs sie in von der Kanzlei durch Siegelung anerkannten Ausfertigungen vorhanden gewesen ist. Ebenso schwierig ist die Entscheidung der Frage, ob die von Wolff (Vier griechische Briefe Kaiser Friedrichs des Zweiten. Berlin 1855) herausgegebenen griechischen Briefe wirklich in dieser Sprache aus der Kanzlei hervorgegangen sind. Wolff glaubt sie wegen ihres Wortlautes als Uebersetzungen aus dem Lateinischen ansehen zu sollen, nimmt aber wegen der Fehler in den Handschriften an, daſs sie auf ein griechisches Original zurückgehen, und schlieſst dann weiter, sie seien in der kaiserlichen Kanzlei selbst ins Griechische übersetzt worden. Ich bin nicht in der Lage, die Richtigkeit dieser Behauptungen nachprüfen zu können, auch ist mir Reumonts Besprechung in dem archivio storico N. S. IV, 1 nicht zugänglich; gegen die Vermuthung aber spricht, daſs Briefe an denselben Adressaten lateinisch überliefert sind (S. bei Wolff S. 6). Aus der ersten sicilianischen Königszeit, in der man es am ersten erwarten könnte, sind m. W. griechische Urkunden nicht bekannt geworden. B. F. 1532 citirt Winkelmann Neues Archiv III, 637 als Griechisch und mit griechischer Aerenangabe, aber es ist doch wohl nur eine Uebersetzung. Leider habe ich in Palermo nicht davon Notiz genommen und es hat bis jetzt noch nicht gelingen wollen, Abschrift des Stückes zu erhalten. Dagegen steht es fest, daſs Friedrich arabische Briefe hat ausgehen lassen. In B. F. 2803 wird am 10. Februar 1240 dem Magister Theodorus der Befehl ertheilt, auf ihm übersandtem besiegelten Pergamente ein Vollmachtschreiben für die Gesandten an den König von Tunis arabisch zu schreiben. Wir müssen aus diesem Befehle entnehmen, daſs damals wenigstens in der Kanzlei kein Beamter arbeitete, der des Arabischen genügend mächtig war, um eine solche Vollmacht auszufertigen. Wir haben hier also durchaus einen Ausnahmefall zu statuiren. Dazu kommt, daſs man diese Schreiben, welche dem diplomatischen Verkehr mit auswärtigen Fürsten dienten, nicht geradezu als Urkunden bezeichnen darf: derartige Schriftstücke lehnten sich ja im Ganzen an kanzleimäſsige Formen an, sie brauchten denselben aber nicht zu entsprechen, wie schon die in lateinischer Sprache geschriebene Gesandtenvollmacht von 1245 September 22 (B. F. 3511) beweist.

Ich möchte an dieser Stelle nicht verfehlen, allen Förderern dieser Arbeit meinen Dank zu sagen, aber ihre Zahl in Deutschland, Oesterreich, der Schweiz, Italien, Frankreich, Belgien und Holland ist zu groſs, als daſs ich sie alle einzeln aufführen könnte, ich fühle mich jedoch verpflichtet zu erwähnen, daſs ich überall die zuvorkommendste Unterstützung gefunden habe. Dem Direktor der preuſsischen Staatsarchive, Herrn Wirklichen Geheimen Oberregierungsrathe von Sybel bin ich für seine liberale Beihülfe, welche allein die Ausstattung der Arbeit, wie sie vorliegt, ermöglichte, zu lebhaftem Danke verpflichtet.

Münster, April 1884.

Dr. F. Philippi.

I. Abschnitt.

Die Urkunden.

Selten hat sich bei deutschen Herrschern in den verschiedenen Epochen ihrer Regierung das Kanzleiwesen so verschieden gestaltet, als während der etwa halbhundertjährigen Herrschaft Kaiser Friedrichs II. — von den zeitlich parallel gehenden Diplomen seiner Söhne ganz abgesehen — und es wird sich kaum wieder ein Herrscher finden, von dem auch äufserlich sich so ganz unähnlich sehende Diplome ausgegangen sind.

Es sind im wesentlichen drei Epochen zu unterscheiden, deren Gebräuche zwar auf einander einwirken, die aber dennoch sich scharf von einander abheben, nämlich: die sicilianisch-normännische Epoche, die Zeit des deutschen Königthums und die Kaiserzeit. Genauere zeitliche Abgrenzung kann erst bei der Besprechung im Einzelnen gegeben werden. Diesen Verhältnissen entsprechend wird der Stoff in diese drei Abtheilungen zu gliedern und ihnen noch je ein Kapitel über die Urkunden König Heinrichs (VII.) und Konrads IV. beizugeben sein.

A. Die Urkunden Friedrichs aus der sicilianischen Königszeit.

Aus den Jahren 1198—1212 sind verhältnifsmäfsig nur eine geringe Zahl von Urkunden erhalten; es hat das wahrscheinlich vor Allem seinen Grund darin, dafs eine grofse Menge bei der Revision der 20er Jahre vernichtet wurde, aber auch diese wenigen, die wir wohl der Mehrzahl nach als von Friedrich später selbst anerkannte Diplome ansehen dürfen, genügen um ein Bild zu gewinnen.

Schon Ficker in den Regesten z. B. 586a und Winkelmann (Jahrbücher, Otto's IV., Einleitung) haben darauf aufmerksam gemacht, wie sich in dem äufseren Aussehen der Diplome auch der Wechsel der augenblicklichen Machthaber wiederspiegele; nichts desto weniger tragen die Urkunden aber dennoch einen ausgesprochen einheitlichen Charakter.

Schrift. — Dieser Charakter ist ganz verschieden von dem der älteren deutschen Königsurkunden und theils nach dem Vorbilde der päpstlichen, theils der sicilisch-normännischen Urkunde gestaltet. Die Schrift der meisten Diplome ist nämlich eine der gleichzeitigen päpstlichen Kanzleischrift nahe verwandte, mit nur wenig betonten und kaum verzierten Ober- und Unterlängen und durchaus abgerundeten Zügen. Eine Eigenthümlichkeit sind die oft reich verzierten und elegant durchgebildeten Capitalen und Uncialen der ersten Zeilen, die von den in der päpstlichen Kanzlei üblichen verlängerten Buchstaben wesentlich abweichen. Es entspricht dies ganz der Wahrnehmung, dafs die Kaiserin Constanze, welche zu Lebzeiten ihres Gemahls ihre Urkunden in deutscher Weise [1]) ausfertigen liefs, sobald sie die Vormundschaft ihres Sohnes übernahm, die Deutschen aus Hof und Rath verbannte. Alle Notare,[2]) welche des weiteren genannt werden, sind nach ihrer Schrift und ihren Namen zu schliefsen Italiener und als mafsgebenste und einflufsreichste Person in der Kanzlei tritt uns der sicilianische Kanzler Walter von Palear entgegen.

Urkundenarten. — Unter den Originalen, welche ich einsah, habe ich zwei Urkundenarten, beide unter Hängesiegeln, eine feierlichere und eine formlosere, unterscheiden zu müssen geglaubt, die man nach Analogie späterer Urkunden [1]) und in Anlehnung an die Terminologie der päpstlichen Kanzlei etwa als Privilegien und Mandate bezeichnen könnte. Diese Bezeichnungen sind jedoch deshalb nicht anwendbar, weil ein dem Unterschiede der Form entsprechend vorauszusetzender Unterschied im Inhalt der Diplome kaum zu constatiren sein wird. Ueber die daneben ziemlich zahlreich vorkommenden Briefe, von denen jedoch bis jetzt keiner im Originale nachgewiesen ist, am Ende einige Bemerkungen.

Grössere Privilegien. — Charakteristisch nun für die ausgeführteren Urkunden ist zunächst der Kopf: ein mehr oder weniger elegant verziertes Kreuz, dem sich die griechische Invocation des Namens Christi in Uncialen oder Capitälchen anschliefst; er füllt die erste Zeile. Da nun das Pergament gewöhnlich der Schmalseite nach beschrieben ist, so reichte der Raum für die vollständig ausgeschriebene Invocation nicht aus und die Buchstaben sind dann, wie auch vielfach in gleichzeitigen Inschriften, ineinander verflochten oder eingeschachtelt. Den Anfang der zweiten Zeile macht dann der Königsnamen durchgängig in der Form: Fredericus [2]) mit verziertem Anfangsbuchstaben und in meist kleiner und einfacher gehaltenen Capitälchen, als die Invocation. Einer Mit-

---

[1]) Invocation der heiligen Dreieinigkeit am Anfange in deutschen verlangerten Buchstaben, aber freilich Nennung des ausfertigenden Notars, darunter aber des Conradus Brusvicensis St. A. Palermo 1196 Januar 13 für St. Maria im Thale Josaphat. — [2]) Vergl. das Verzeichnifs am Ende.

[1]) Vergl. unten und über die Terminologie der päpstlichen Kanzlei besonders die bei Diekamp Literatur 279 citirten Kanzleiregeln. — [2]) Der Titel ist der alte sicilische: F. d. g. rex Sicilie ducatus Apulie et principatus Capue, der erst bei dem Aufenthalt in Deutschland zu rex Sicilie vereinfacht wird.

wirkung des Königs selbst bei der Beurkundung wird nur in so weit gedacht, als meist der Beurkundungs- und Besiegelungsbefehl gegeben ist, dagegen findet sich nie eine — wenn auch nur fingirte — Unterschrift des Königs in Signumzeile oder Monogramm. Als beglaubigende Unterfertigungen sind anzusehen die Nennung des Notars in dem oben schon erwähnten Beurkundungsbefehl und die Erwähnung des Kanzlers in der Formel Datum per manus Gualterii de Palear mit Zufügung seiner jeweiligen weltlichen Titel und kirchlichen Würden. Die Datirung selbst ist die von Ficker (Beiträge II, §. 420 ff.) genauer besprochene und von ihm sehr bezeichnend Monatsdatirung benannte. Schon bei dem Beurkundungsbefehl wird auf dieselbe mit der Formel: anno mense et indictione subscriptis hingewiesen. Sie enthält regelrecht das Incarnationsjahr — wohl mit Weihnachtsanfang — den Monat, die Indiction und zwar mit dem Anfange im September, ferner in objectiver Fassung das Regierungsjahr — mit der Epoche vom 17. Mai 1198.[1]) (Vergl. Tafel I.)

Kleinere Privilegien. — Ist dies die regelmäfsigere und ausführlichere Form der Urkunden, so kommen daneben in verschiedenartigen Abstufungen auch einfachere Stücke ohne Invocation mit einfachem, oft ganz schmucklos geschriebenem Königsnamen vor; in denselben fehlt dann auch meist der Notarnamen und die Kanzlerunterfertigung und die Datirung ist kürzer gefafst. Es ist schon oben angedeutet, dafs der Grund der einfacheren Ausstattung dieser Diplome nicht in der geringeren Bedeutung ihres Inhaltes zu suchen ist. Bei den Stücken, welche zeitlich parallel neben den grofsartiger ausgefertigten hergehen, mag wohl die Zahlung geringerer Ausfertigungskosten der Grund der geringeren Eleganz sein, bei den in den Jahren 1201—1206 erlassenen Stücken aber, welche sämmtlich diesen Charakter tragen, ist der Grund darin zu suchen, dafs in dieser Zeit der Kanzler Walter nicht in der Umgebung des Königs weilte und die Urkunden von den deutschen „tutores“ des Königs Markward v. Anweiler und Wilhelm Capparone ausgingen. Schon Huillard-Bréholles I, S. 97, An. 1. hat richtig bemerkt, dafs die in jenen Urkunden angewandte Pisaner Zählung des Jahres Christi auch auf Capparones Einflufs zurückzuführen sei.

Kanzleiunterfertigungen. — Es steht nun noch zu erörtern, zu welchem Zwecke der Schreibervermerk und die Kanzleiunterschrift in die Urkunden aufgenommen sind. Denn dafs sie bestimmten Zwecken dienen und nicht etwa, wie wir es so oft bei mittelalterlichen Kanzleibräuchen finden, Jahrhunderte lang mitgeschleppte Formeln waren, die ihren Inhalt verloren hatten, oder unverstanden aus einer anderen Kanzlei übernommene Bräuche darstellen, geht zunächst aus der Thatsache hervor, dafs der in der Urkunde genannte Notar wirklich der Fertiger der Reinschrift [2]) war, sowie ferner, dafs der Kanzler nur genannt wird in der Zeit, als er ausschlaggebende Person im Familiarencollegium war und nach der Mündigkeitserklärung des Königs nur so lange, als er bei Hofe in Gnaden stand.[3])

Schreibervermerk. — Dafs man den Schreiber anhielt, seinen Namen zu nennen, geschah doch offenbar zunächst, weil man ihm eine Verantwortlichkeit für das, was er schrieb, zumafs und zwar kann das nur die Verantwortung für die Uebereinstimmung der eigenen Reinschrift mit dem ihm überlieferten Concept gewesen sein. Die Namensnennung gab also für die Lebenszeit des Betreffenden die Möglichkeit, ihn für etwaige Unregelmäfsigkeiten zur Verantwortung zu ziehen, stellt aber auch andererseits ein ganz sicheres Kriterium für Echtheit der Urkunden dar, das auch wir noch verwenden können, sobald uns 2 oder 3 Stücke desselben Schreibers zur Vergleichung vorliegen; sie ermöglicht mit einem Worte den Schriftbeweis. So sind die Urkunden B. F. 604, 609 und 667 sicher nicht von Aldoinus geschrieben, der als Schreiber aufgeführt ist, also sicher Fälschungen.

Aushändigungsformel. — Ueber die Bedeutung der Kanzleruntersehrift hat zuletzt und am eingehendsten Ficker (Beiträge II, §. 319 ff.) gehandelt. Er fafst sie mit Recht als einen Ersatz der alten Recognitionszeile und also als eine Beglaubigungsformel, und dem ist im Allgemeinen durchaus beizustimmen. Im Einzelnen aber ist zu bemerken, dafs Fickers Annahme, die Unterfertigung habe keine Beziehung zur Reinschrift und sei schon dem Concepte beigefügt gewesen, dadurch sich als irrig erweist, dafs bei einigen Diplomen (B. F. 541, 546, 548, 587, 604) die ganze Formel zwar von dem ausfertigenden Notare geschrieben, aber das Wort Gualterii und auch noch das eine oder andere der folgenden später in eine dafür gelassene Lücke eingetragen ist.[4]) Ich mufs annehmen, dafs auch in den übrigen Diplomen Nachtragungen vorliegen, aber jetzt nicht mehr festgestellt werden können; wie denn überhaupt der Wunsch, die Nachtragung möglichst wenig erkennbar zu machen, schon daraus hervorgeht, dafs sie stets durch den Schreiber der umstehenden Partie der Urkunde aber nie eigenhändig durch den Kanzler erfolgte.[5]) Jedenfalls beweist die Nachtragung in der Formel ihre Beziehung zur Reinschrift aufs deutlichste und dem entspricht auch ihre ursprüngliche Entstehung und Anwendung. Sie kommt ja bekanntlich zuerst in der päpstlichen Kanzlei vor; nach Kaltenbrunners Feststellungen ist dort stets der ganze Namen oder ein Theil — zuletzt nur der Anfangsbuchstabe — nachgetragen;[6]) ferner hat Diekamp beobachtet, dafs sehr häufig erweisbar die Datirungszeile vor der Bullirung eingetragen war.[7]) Aus diesen beiden Thatsachen glaube ich mit Recht folgern zu können, dafs die Formel schon bei ihrer ersten Anwendung kein

[1]) Das Genauere ist bei Huillard-Bréholles introduction S. XXIX ff. nachzusehen. Ueber die Pisanische Aera in den Diplomen von 1201—1206 s. unten. — [2]) So hat Matheus de Panormo wirklich B. F. 546 und 548 geschrieben und ebenso Aldoinus 622, 623, 640, 641 und 647, da sie in sich gleichhändig sind; dagegen ist 604, 609 und 667 nicht von dem letzteren gefertigt.

[3]) Also nicht in Urkunden der Kaiserin Constanze; seine erste Erwähnung finde ich 1199 December (B. F. 534, da die Echtheit von 532 zweifelhaft ist); regelmäfsig fehlt dann die Unterschrift von 1201 April (B. F. 558 vergl. 556) bis 1206 Februar (B. F. 580, 581); dann fehlt sie wieder bis 1207 Juni (B. F. 587) und erscheint wieder regelmäfsig von da bis 1210 Januar (B. F. 624). — [4]) Dagegen sagt Ficker (Beiträge II, §. 421) mit Recht von der Datirung: „Nachtragung in der Reinschrift scheint nicht üblich gewesen zu sein.“ Die bei B. F. 587 und 588 beobachteten Nachtragungen müssen aus besonderen Umständen erklärt werden. — [5]) Die vielleicht eigenhändige Unterschrift Walters s. auf Tafel XII. — [6]) Vergl. Diekamp, Zum päpstlichen Urkundenwesen, Mittheilungen des österreich. Inst. 1882, S. 588. — [7]) Ebenda S. 608.

Aushändigungsvermerk, sondern eine Beglaubigung war und zwar eine Beglaubigung, die nicht für den Empfänger berechnet war, dem gegenüber die Bullirung und der allgemeine Charakter (stilus) genügte, sondern nur für die Kanzlei selbst Bedeutung hatte. Offenbar war es dem fertigenden Notare vorgeschrieben, die Urkunden bis auf die Lücke in der Datumzeile fertigzustellen, sie dann dem höheren Beamten — dem Datar, um ihn so zu nennen — vorzulegen, der dann durch Ausfüllen der Lücke dem Bullator die Ermächtigung zum Bulliren ertheilte. Dafs man die Formel in andere Kanzleien nicht unverstanden übernahm, sondern ihre Bedeutung kannte, beweist der Umstand, dafs sowohl bei ihrem ersten Vorkommen in einem Kaiserdiplome (Lothar für Klarholz 1133 St. 3298 Abbildung in der VI. Lieferung der „Kaiserurkunden in Abbild.“, bei meiner Besprechung des Stückes in den Kaiserurkunden Westfalens II, S. 286 hatte ich noch nicht erkannt, dafs der mittlere Theil der Datum per manus-Zeile so viel gedrängter geschrieben ist), als bei ihrer Verwendung in der französischen Königs-Kanzlei (vergl. Musée des archives nationales S. 98, No. 149) und in den sicilischen Urkunden stets dieselbe Nachtragung erweisbar ist. Ich glaube daher diese Formel dahin auslegen zu sollen, dafs durch Ausfüllung der betreff. Lücke der Kanzleibeamte, im vorliegenden Falle also Walter von Palear, dem Könige ebensowohl wie dem übrigen Kanzleipersonale gegenüber die Verantwortung für die ganze Urkunde übernahm, während andererseits diese Einrichtung ihm die Verfügung über die Anwendung des Königssiegels und somit die Entscheidung über die ganze Thätigkeit der Kanzlei vorbehielt.

Kriterien. — Ergeben sich aus diesen Auseinandersetzungen für die Prüfung der Echtheit der feierlicher ausgestellten Privilegien vielfache Kriterien, von denen der Schriftbeweis bei genügend vorliegendem Materiale zu ganz sicherer Beurtheilung gelangen läfst, so bleibt für die Prüfung der einfacher ausgestellten Urkunden kaum ein anderes Merkmal als — Gleichzeitigkeit der Schrift selbstverständlich vorausgesetzt — das ursprünglich angehängte echte Siegel. Besonders gilt das für die Zeit, als Walter von Palear auf dem Festlande schaltete und nacheinander Markward von Anweiler und Wilhelm Capparone mit der Hut des Königs auch die Verfügung über das Siegel besafsen. (Frühjahr 1201 bis Herbst 1206); denn dafs das verum sigillum in Palermo während jener Zeit zurückgeblieben war, hat Winkelmann (Otto IV., S. 57, An. 3, a) erwiesen, dagegen möchte ich seine Annahme, dafs der Kanzler Walter gleichzeitig unter einem anderen Königssiegel im Namen des Königs urkundete, für irrig halten. (Das Nähere unten bei der Besprechung des sicilianischen Königssiegels.)

Ich glaube, dafs während der vormundschaftlichen Regierung Urkunden unter des Königs Namen, welche rechtlichen Anspruch auf Geltung als königliche Erlasse hatten, nur in Palermo von den jedesmaligen Machthabern, welche mit der Person des Königskindes auch das Siegel bewahrten, ausgegangen sind.

Briefe. — Die im Allgemeinen kürzer gehaltenen Briefe haben keine Invocation und Unterfertigung: sie beginnen mit einer Grufsform und haben in der Datirung nach Ficker (Beiträge II, S. 365) „den Ort, durchgezählten Monatstag und die Indiction: bei offenen Briefen wird zwischen Ort und Tag wohl noch das Incarnationsjahr genannt“. Da mir keine Originale bekannt geworden sind, vermag ich über die äufsere Form und den Unterschied zwischen offenen und geschlossenen Briefen nichts anzugeben; auch über die Art der Besiegelung lassen sich unter diesen Umständen nur Vermuthungen aufstellen. Sie können entweder in der Art der päpstlichen Breven mit Hängesiegel beglaubigt bez. geschlossen gewesen sein oder, was mir wahrscheinlicher ist, sie haben eingehängte Siegel gehabt, wie schon der älteste auf uns gekommene Originalbrief aus der ersten deutschen Königszeit [1]) (B. F. 685).

Kanzleipersonal. — An Kanzleipersonal finde ich:

Kanzler Walter von Palearia [2]) während der ganzen Zeit, er fällt im Frühjahr 1210 in Ungnade, wird dann aber noch bis 1221 erwähnt (S. oben und Huillard indroduction S. CXVIII). Zu Capparones Zeit wird ein Protonotar L., jedoch nicht in den Diplomen erwähnt. (Winkelmann, Otto IV., S. 56, An. 2, S. 58, An. 2, nach dem bei Huillard I, S. 108 gegebenen Briefe des Papstes Innocenz III. — Ueber den 1212 (B. F. 683) erwähnten Logotheta vergl. die Bemerkung zu dem Notare Andreas unten.)

Als ausfertigende Notare finde ich genannt: [3])

Ysaias 1197—1210 in B. F. 512, 629, 632.
Ambrosius 1198 in B. F. 519, 520.
Philippus (ob de Salerno s. unten) 1198 in B. F. 523.
Mattheus (ob de Salerno s. unten) 1198 in B. F. 524.
Gosfridus 1198 in B. F. **525**.
Magior Leo de Matheis 1198 in B. F. 530.
Thomasius de Gaëta 1199 in B. F. 532.
Mattheus de Salerno 1199—1201 in B. F. 534, 535, 547.
Philippus de Salerno 1200—1201 in B. F. 537, 542, **552**, 559.
Mattheus de Panormo 1200 in B. F. 539, **546**, 548.
Mag. Leo de Matera 1200 in B. F. **541**.
Johannes de Neretone 1200 in B. F. **551**.
Milo de Tervilio 1200 in B. F. 554.
Andreas 1201—1210 [4]) in B. F. 561, **588**, 594, 597, 608, 610, 616, 633, 634.
Johannes de Brundusio 1206 in B. F. 580, **581**.
Jacobus de Capua 1207—1210 in B. F. **587**, 614, 626.
Aldoin 1208—1212 [5]) in B. F. 590, 598, **[604]**, **[609]**, **622**, **623**, 627, 630, 631, 639, **640**, **641**, 643, **647**, 656, **[667]**.
Bonushomo de Gaëta 1209—1212 in B. F. 599, 637, 644, 652, 653, 655, 660.
Benedictus 1209 in B. F. 602, 607, 615, 617.
Pantaleus de Matera 1210 in B. F. 628.
Nicolaus de Petralia 1210—1212 in B. F. 635, 654.
Nicolaus 1210 in B. F. **636**.
Petrus 1212 in B. F. 661, 662.
Johannes de S. Archangelo 1212 in B. F. 664, 665.

---

[1]) Ueber Form und Verschlufs der Briefe aus den späteren Epochen s. unten. — [2]) Ueber seine geistlichen Würden ist Winkelmann, Otto IV. bes. S. 34 und 78, aber auch sonst passim zu vergleichen. — [3]) Die fett gedruckten Nummern habe ich im Originale eingesehen und mir Alphabete der Schrift genommen. — [4]) Vielleicht der spätere Logothet, der dann etwa seit Walters Verweisung die Führung der Kanzleigeschäfte übernommen haben würde. Vergl. über letzteren Winkelmann Philipp II., S. 78, An. 1 und Huillard introduction S. CXXXI. — [5]) Seine Schrift auf Tafel I.

Dafs von den in dieser Liste am Anfange und am Ende genannten Notaren meist nur je ein Diplom ausgefertigt ist, findet wohl seine Erklärung darin, dafs einerseits in der ersten Zeit die ausfertigenden Notare nicht mit der Regelmäfsigkeit genannt werden, wie später, und andererseits darin, dafs die letzten Urkunden, schon auf der Reise nach Deutschland erlassen, wohl kaum von Kanzleibediensteten, sondern von aushülfsweise herangezogenen Schreibern ausgefertigt sind.

Erst eingehendere Schriftvergleichung wird erweisen können, ob nicht noch gleichnamige Männer als eine Person anzusehn, so wie Namen, die von Fälschungen herrühren, zu streichen sind. Bemerkenswerth ist, dafs die Lücke von 1201—1206 (die Markward-Capparonische Zeit) nur von Andreas (und Ysaias?) überbrückt wird, während die anderen Notare einerseits nur bis 1201 und anderseits nur von 1206 an arbeiten.

B. Die Urkunden Friedrichs aus der deutschen Königszeit.

Gesammtcharakter. — Zu der Regelmäfsigkeit, mit welcher die Urkunden der sicilianischen Zeit ausgefertigt sind, stehen die gleich nach dem Aufbruche aus Rom und dann während des ersten Aufenthaltes in Deutschland gegebenen Diplome in auffallendem Gegensatze durch ihre Verschiedenheit in Form, Schrift und überhaupt die Unregelmäfsigkeit ihrer ganzen Erscheinung.

Uebergangsdiplome. — Den Uebergang bilden die beiden auf der Reise noch innerhalb der Grenzen Italiens erlassenen Stücke, die auch deshalb noch besondere Beachtung verdienen, weil sie in ihrer ganzen Ausstattung ein getreues Spiegelbild der politischen Stellung des Königs sind. Der puer Sicilie, dem die deutsche Königskrone angetragen war, der aber noch keinerlei wirkliche Rechte besafs, verpflichtet sich in denselben (B. F. 669 und 670) durch notariellen Akt, also wie ein Privatmann, wenn er als Herrscher des Kaiserreiches anerkannt sei, die Privilegien Genuas und Cremonas zu bestätigen. Es ist nämlich nicht der Mangel an zur Ausfertigung von königlichen Diplomen fähigen Begleitern, der diese Form veranlafst: denn wir wissen, dafs sicilische Kanzleibeamte (Andreas Logotheta, Heinricus de Parisius, Johannes de Sulmona erwähnt in B. F. 680 u. s. w. vergl. dazu Winkelmann, Otto IV. 317) die Reise mitmachten und in der Cremoneser Urkunde erscheint schon der Vitzthum v. Trient Berthold v. Neufen als Protonotar; auch nicht das Fehlen des Siegels, da das eine dieser Diplome mit der sicilianischen Goldbulle, deren Stempel also wohl mitgenommen war, das andere mit dem Electensiegel, welches ja gerade für solche vorläufige Verbriefungen hergestellt war, beglaubigt ist. (Eine Phototypie des Cremoneser Stücks in den „Kaiserurkunden in Abbildungen" VI. Tafel 10 a, das Genueser Original ist verloren, aber die Notizen der Transsumte genügen, um sich davon eine Vorstellung zu machen und die Echtheit sicher zu stellen.)

Einfluss der Deutschen. — Aber für eine Thätigkeit im Grofsen reichte selbstverständlich das mitgebrachte Personal nicht aus. Ebenso wie man darauf rechnen mufste, dafs Heer und Rath sich durch Zuzug deutscher Fürsten bilden werde, so sollte sich auch die Kanzlei durch deutsche geschulte Beamte ergänzen. Und man täuschte sich nicht. Einer der ersten scheint der die böhmischen Urkunden des Septembers (B. F. 671, 672, 673 vergl. „Kaiserurkunden in Abbildungen" VI, Tafel 10 b) unterfertigende Viceprotonotarius Ulricus, der später noch mehrfach als scriba und notarius vorkommt, zu sein; am wichtigsten war es aber, dafs der alte Kanzler König Philipps und Kaiser Ottos, Bischof Konrad von Metz und Speyer, sich bei dem neuen König einfand (B. F. 675).

Diesen Personalverhältnissen entspricht es, dafs sich schon in den ersten auf deutschem Boden gegebenen Urkunden (B. F. 671—673) deutscher Brauch in so fern geltend macht, als den sonst in sicilianischer Weise ausgefertigten Stücken Zeugen zugefügt werden; aber der sicilianische Notar, der sich noch in der Unterfertigung nennt, hat sich mit dieser Zufügung nur ungeschickt abzufinden gewufst. Vollständig zum Durchbruch kommt dann der deutsche Brauch, nachdem die erste Königskrönung (1212 Dec. 9.) erfolgt war und der Kanzler Konrad die Geschäfte in die Hand genommen hatte.

Privilegien und Mandate. — Unter den Urkunden der Folgezeit können wir im Allgemeinen ebenso, wie unter denen der sicilianischen Kanzlei, Privilegien, Mandate und Briefe (offene und geschlossene) erkennen, aber die unterscheidenden Kennzeichen sind andere.[1]) In den Privilegien findet sich: Chrismon; Invocation (der Dreieinigkeit) und Titel am Anfange in verlängerten Buchstaben, dann am Ende Zeugen (gewöhnlich vor den Unterfertigungen, doch ist da keine strenge Regel aufzustellen), die Signumzeile in verlängerten Buchstaben, das Signum und die Recognition des Kanzlers, der gewöhnlich unmittelbar die Datirung meist ausführlich und in Acta und Datum getrennt folgt (zu vergl. „Kaiserurkunden in Abb." IV, 11 und 13); im Datum ist anfangs, wohl durch sicilianischen Gebrauch beeinflufst, noch öfter der protonotarius genannt. Das Mandat enthält den Namen des Königs meist nur in einfacher Schrift oder der Abkürzung: F. und Fr.; es fehlt Chrismon, Invocation, Signum und jede kanzleimäfsige Unterfertigung; im Datum ist der Ortsangabe oft nur Monatstag und Indiction zugefügt. Das Mandat wie das Privilegium gingen unter Hängesiegel.

Briefe. — Die Fassung der Briefe ist, wie die der Mandate, aber sie tragen das Siegel auf dem Rücken und mittelst eines durchgezogenen Pergamentstreifens befestigt. Die offenen Briefe pflegen auf breiter als hohen Pergamentstücken gefertigt und zweimal der Höhe nach gefaltet zu sein, so dafs sie zusammengelegt ungefähr quadratische Form haben; war ein längerer Text zu schreiben, so wurde ein mehr quadratisch geformtes Blatt genommen und dann zunächst schon einmal in die Quere zusammengelegt. Auf der Rückseite des mittleren Stückes war das Siegel aufgedrückt und bei den offenen Briefen noch durch einen Pergamentstreifen, der den Schriftzeilen parallel läuft, befestigt (Vergl. Tafel V und „Kaiserurkunden in Abbildungen" VI, 18 a, c, d). Da Höhe und Breite des zusammengelegten Briefes häufig geringer sind, als der Durchmesser des Siegels,

[1]) Jedoch ist zu bemerken, dafs eine Unterscheidung von für Italiener, Sicilianer oder deutsche Empfänger bestimmten Urkunden nach der äufsern Form nicht möglich ist.

so findet sich oft nur ein Theil des Siegels ausgedrückt. Die Faltung der geschlossenen Briefe ist im Allgemeinen entsprechend und es ist daher der Inhalt derselben nicht so sorgfältig vor den Augen Unbefugter verborgen gewesen, als bei dem Verschlusse der Briefe aus der päpstlichen Kanzlei,[1]) weil man von oben und unten hineinsehen kann. Um sie zu verschliefsen, wurden durch den oft dreimal der Höhe nach gefalteten Brief zwei Schnitte gemacht, die den Schriftzeilen parallel liefen (vergl. Tafel IV), und durch diese ein Pergamentstreifen gesteckt, welcher also senkrecht gegen die Schriftzeilen stand; diesen zog man scharf an und verschlofs seine Enden durch das aufgedrückte Siegel. Auf der entgegengesetzten Seite, auf welcher der Pergamentstreifen sichtbar ist, pflegt dann die Adresse zu stehen. Schon B. F. 685 in Venedig scheint in dieser Art zugerichtet; der älteste — und einzigste — geschlossene Brief aus der Königszeit, den ich persönlich einsah, ist B. F. 918 in Dresden. Um den Brief zu öffnen, mufste man entweder das Siegel zerstören oder den Pergamentstreifen zerschneiden und jedenfalls den letzteren fast ganz aus den Schnitten herausziehen. Daraus erklärt es sich, dafs nur so selten Reste des Siegels oder Pergamentstreifens erhalten sind (an B. F. 1475 in Paris und B. F. 2209 in Graz)[2]) und weiter, dafs selbst bei sorgfältigen Drucken (Monumenta Boica XXX; DCCXXXVII vergl. „Kaiserurkunden in Abb." VI. 18b) die Einschnitte gar nicht oder (Winkelmann Acta I. No. 294 und Tafel IV.) nicht vollständig erkannt sind.

Huillard-Bréholles, der in seiner introduction sich über die Urkunden mit aufgedrückten Siegeln S. LXXXII weiter ausgelassen hat, kannte zu wenig Material und sprach alle offenen Briefe, die ihm vorkamen, als geschlossene an, ohne genau anzugeben, wie er sich den Verschlufs im Einzelnen dachte, dagegen hielt er die beiden geschlossenen, von denen er Kenntnifs erhielt (B. F. 1475 und 2116), für Ausnahmen S. LXXXIX, Note 1 und XC.

Mischformen. — Von diesen hier näher gekennzeichneten Urkundenarten ist jedoch nur die Briefform streng gewahrt und ich glaube nicht, dafs sich Briefe mit Chrismon, Invocation, Signum, überhaupt Unterfertigungen oder Zeugen finden werden, auch ist das kleine Datum mit der Angabe des Orts, des Monatstags und der Indiction das gebräuchliche. Diese Form wurde gewählt für nachrichtliche Mittheilungen und für den Einzelfall getroffene Bestimmungen. Daher einerseits die nur auf kurze Zeit berechnete Datirung nach der Indiction und andererseits die Seltenheit dieser Ausfertigungen, die als auf die Dauer werthlos vernachlässigt oder vernichtet wurden. Dagegen wurde Privilegium und Mandat nicht immer streng geschieden. Ursprünglich stellte das Privilegium die Form der Rechtsfeststellungen dar, denen längerer Bestand zu sichern war, während das Mandat — wie der Brief — der Einzelentscheidung diente. Aber so schwer es ist, diese Unterscheidung sachlich stets genau durchzuführen, so wenig streng schied die Kanzlei[1]) beide Formen und es findet sich daher unter den späteren Urkunden der hier in Frage kommenden Zeit eine grofse Anzahl, die nicht scharf zu classificiren sind, weil sie einzelne Kennzeichen beider Formen tragen und vereinigen.

Kanzleiunterfertigungen, Königsunterschrift. — Wie aus dem oben Gesagten hervorgeht, fehlt den Mandaten und Briefen jede kanzleimäfsige Beglaubigung und der Empfänger hatte sich also auf das Siegel zu verlassen. Und für uns mufs auch — neben als selbstverständlich vorauszusetzender zeitgemäfser Schrift — das Siegel als das Hauptkriterium angesehen werden. In den Privilegien aber finden wir zur Beglaubigung die Formeln des Signum, der Kanzlerunterschrift, oft auch die der Unterschrift des Protonotars (per manum) und schliefslich die Aufführung der Zeugen. Die an sich wichtigste dieser Unterfertigungen, welche die Betheiligung des Königs selbst an der Beurkundung andeutet, die Signumzeile und das Signum, sind für diese Zeiten ohne alle Bedeutung; diese Theile der Urkunde sind durch die Jahrhunderte traditionell mitgeschleppte Prunkformeln und nur das kann für uns in gewisser Weise als Prüfstein dienen, dafs die Kanzlei gewohnt war, das Monogramm in bestimmter Form zu zeichnen (vergl. „Kaiserurkunden in Abbildungen" VI, 11 und Tafel II). Dasselbe enthält bis auf das U leicht erkennbar alle Buchstaben des Königlichen und Kaiserlichen Titels, ist aber andererseits auch nichts weiter als eine weitere Ausarbeitung des Monogramms Kaiser Heinrichs VI. (vergl. Erhard Regesta historiae Westf. II, Tafel III, 5). Zudem ist nicht stets ganz genau die Form festgehalten, es fehlt manchmal der eine oder andere Buchstabe oder er ist etwas verschoben, ohne dafs darum eine Nothwendigkeit vorläge, das betreffende Diplom zu verdächtigen.[2]) Dafs zuweilen Signumzeile und Monogramm erweislich mit anderer Dinte oder von anderer Hand nachgetragen sind, hat darin seinen Grund, dafs nicht alle Urkundenschreiber sich stark genug fühlten, die verlängerten Buchstaben und das Monogramm zu malen, wohl sicher aber nicht darin, dafs einem höheren Kanzleibeamten, etwa dem Kanzler, die Zufügung vorbehalten war.

Kanzlerrecognition. — Die zweitwichtigste Unterfertigung, die Kanzlerrecognition, läfst auch keine unmittelbare Betheiligung des Kanzlers an der Reinschrift erkennen, in sofern als häufig diese ganze Zeile oder ein bestimmter Theil derselben nachgetragen wäre, sie ist vielmehr meist mit dem ganzen Diplome oder doch

---

[1]) Es ist dies wohl daraus zu erklären, dafs wir schon eine nachlässige Handhabung des Verschlusses zu constatiren haben, wenigstens sind die beiden mir bekannten älteren Briefe aus Friedrichs I. Zeit (St. 4531 und Acta 520), auf deren einen mich Herr Dr. Diekamp aufmerksam machte, noch zweimal der Quere nach zusammengelegt, so dafs Einsicht des Inhalts unmöglich war, ehe das Siegel gebrochen oder der Pergamentstreifen zerschnitten war. Wann und wo diese Art des Briefverschlusses aufkam, vermag ich nicht zu sagen. Die Briefe aus der Karolingerzeit (vergl. „Kaiserurkunden in Abbildungen" I, 7a) sind nicht durchschnitten und also wohl nach antikem Brauche mit einem Bande umwunden gewesen. Die hier besprochene Art des Verschlusses blieb durch das ganze Mittelalter üblich und hielt sich in einzelnen Kanzleien bis in's 18. Jahrhundert. — [2]) Ich nenne hier auch Beispiele späterer Zeit, da damals die Briefe ganz ebenso behandelt wurden.

[1]) Von einer Thätigkeit der Kanzlei kann doch nach in sofern gesprochen werden, als sie die von den Destinataren fertig eingereichten Urkunden durch das Siegel bestätigte. — [2]) Am auffallendsten tritt das bei den in Turin vorliegenden Urkunden aus der Kaiserzeit (B. F. 3733, 3734 II, 3735 II, 3736, 3739 II, 3740) hervor, welche z. Th. ganz willkürlich veränderte Monogramme haben; ich bemerke das gleich hier, da nach der Kaiserkrönung das Monogramm beibehalten wurde.

wenigstens mit den Daten oder Zeugen — je nach ihrer Stellung — in einem Zuge geschrieben. Trotzdem ist sie aber keine inhaltslose Prunkformel und zwar deshalb nicht, weil sie sich nur zu den Zeiten findet, während welcher der Kanzler am Hofe war: sie verschwindet daher während der Legation Konrads in Italien im Herbste 1220 und kommt wieder vor im Januar 1221, als der Kanzler vom königlichen Hoflager wieder aufgenommen wurde; und ferner auch deshalb, weil in den Urkunden, in welchen der Kanzler in der Datum per manus-Formel genannt wird, wie schon Ficker bemerkte (Beiträge II, S. 229), die Recognitionszeile wegfällt. Es sind dies Beweise dafür, dafs man die Formel nur bewufst anbrachte und anderseits persönliche Betheiligung des Kanzlers an der Reinschrift der Urkunden nicht ausgeschlossen war. Ich glaube nämlich, ähnlich wie für die sicilianische Kanzlei den in der Datum per manus-Formel genannten Beamten als für die Ausfertigung der Reinschrift verantwortlich ansehen zu sollen, worüber unten noch Einiges beizubringen sein wird. Ist nun der Kanzler neben diesem Beamten (dem Protonotare) in der Recognitionszeile genannt, so mufs er eben für das Concept, also das Inhaltliche des Diploms, einzustehen gehabt haben. Diese Vermuthung ist um so annehmbarer, als bei der Schriftvergleichung sich (vergl. unten) herausstellt, dafs für diese Zeit ein geschultes Kanzleipersonal in gröfserem Umfange nicht vorauszusetzen ist und als weiter gar nicht abgesehen werden kann, wie der junge Herrscher ohne Beirath eines mit den deutschen Verhältnissen genau vertrauten Staatsmannes so viele allgemein anerkannte, nur selten gegen bestehende Rechtsverhältnisse verstofsende Verfügungen und Entscheidungen hat fällen können, da ja doch seine italienischen Begleiter sicher nicht genügend in die Einzelheiten eingeweiht waren und anderseits die beiden Protonotare, wie weiter unten zu erweisen ist, eine weniger bedeutende Stellung einnehmen. Dieses thätige Eingreifen des Kanzlers in die Geschäfte glaube ich aufserdem in B. F. 904 (abgeb. Kaiserurkunden in Abbildungen VI, 11) auch äufserlich erkennen zu können. Die höchst wunderliche Form dieses Stückes, das durch das ursprünglich befestigte echte Siegel als von der Kanzlei anerkannt feststeht, vermag ich doch nur so zu erklären, dafs sein Schreiber angewiesen und im Begriffe war, eine Art von Mandat zu fertigen, dann aber seine Reinschrift zum Concepte des an Stelle des Mandates intendirten Privilegiums hergeben mufste: die dazu nöthigen Signaturen gab ihm der Kanzler durch eigenhändige Unterschrift und Beifügung der Monogrammskizze; dann liefs er noch die Zeugen vom Schreiber des Textes zwischenschieben. Die Mundirung des Stückes wurde aus uns nicht mehr erkennbaren Gründen verschoben und unterblieb nachher wohl vollständig, einstweilen aber wurde das Concept besiegelt und ausgegeben.

Diese Auseinandersetzung und die letzte Beobachtung könnten nun zu der Annahme führen, dafs der Kanzler nur die Privilegienconcepte durchgesehen — besonders da ja in ihnen sich lediglich die Recognitionsformel findet — und regelrecht diese durch Unterschrift beglaubigt habe. Zu einer so scharfen Präcision scheinen mir aber weder im Materiale selbst genügende Anhaltspunkte vorzuliegen, noch entspricht sie den Verhältnissen am Hofe, soweit wir sie zu übersehen vermögen. Ich möchte nur soviel behaupten, dafs die in dieser Zeit von König Friedrich erlassenen Urkunden im Allgemeinen vom Kanzler Konrad in ihrer Concipirung beaufsichtigt und unter seiner Verantwortung zur Ausfertigung gegeben wurden.

Aushändigungsformel. — Die zweite zu Anfang dieser Epoche nach sicilianischem Brauche öfter, seit etwa 1215 aber seltener angewandte Beglaubigungsformel ist die des Datum per manus. Sie erscheint gewöhnlich nur in den grofsen Privilegien neben der Kanzlerrecognition. In ihr wird in der Regel der Protonotar, ausnahmsweise jedoch auch der Kanzler (vergl. oben und B. F. 700, 701, 702, 735, 773, 775, 840, 931, 1044), ein Viceprotonotar (B. F. 671, 672, 673) oder ein Notar der Kanzlei (B. F. 797, 798) genannt. Dafs dieselbe nicht bedeutungslos in Verfolg alter Tradition gebraucht wird, beweist der Umstand, dafs sich in ihr sehr häufig (z. B. B. F. 671, 672, 673, 690, 698, 699, 700, 701, 702, 717, 840, 855, 856, 861, 862, 863 I u. II, 934, 991) Nachtragungen erkennen lassen, freilich meist von dem Schreiber des Textes; in B. F. 797 ist der Namen von anderer (mir nicht bekannter) Hand zugefügt und in dem sonst entsprechenden 798 fehlt er ganz.

Mufste nun schon die Analogie des sicilischen Brauches darauf hinweisen, dafs man die Formel, wie in jener Zeit dahin aufzufassen habe, dafs durch ihre Ausfüllung die Erlaubnifs zur Siegelung nach der Revision der Reinschrift gegeben wurde, so wird diese Annahme noch mehr durch die Beobachtung gestärkt, dafs der Schreiber der Urkunde auch in den Fällen, in welchen der Protonotar nicht selbst als „Aushändiger“ genannt ist, schon bei der Fertigstellung des Textes genau wufste, wer in der Formel zu nennen war, da er ja den Haupttheil des Titels und eventuell die Vertretung schon von Anfang an bemerkte und nur den Namen und vielleicht einen Theil des Titels der Nachtragung vorbehielt (B. F. 671/3 und 797, 798). Daraus folgt, dafs es sich bei der Anwendung der Formel nicht etwa um Erwähnung des dem Empfänger später die Urkunden aushändigenden Beamten, sondern — wie in der sicilianischen Zeit — um eine Mafsregel innerhalb der Kanzlei selber handelte. Und dafs diese auf die Fertigung der Reinschrift Bezug hat, beweist eben die Nachtragung in dieser selbst. Nimmt man hinzu, dafs oben die Controle der Concepte durch den Kanzler selber wahrscheinlich gemacht ist, so bleibt schliefslich nur die Annahme übrig, dafs durch die Formel und die Nachtragung in derselben bestätigt ist, dafs der Protonotar vor der Siegelung die Reinschrift auf ihre Richtigkeit insbesondere auf ihre Uebereinstimmung mit dem Concepte durchgesehen und die Erlaubnifs zur Siegelung gegeben hat. Daraus folgt dann weiter, dafs dem Protonotare die Siegelbewahrung anvertraut war. Denn wer das Recht hat, den Besiegelungsbefehl zu ertheilen, hat dadurch auch die Verfügung über das Siegel und dieser Thatsache gegenüber kommt die Thatfrage, ob dieser Beamte nun auch das Siegel wirklich bewahrte oder einem Unterbeamten anvertraut hatte, der die Handgriffe der Siegelung ausführte, kaum in Betracht.

Zeugen und Register. — Eine weitere Beglaubigung der Urkunden und zwar im Gegensatz gegen den sicilianischen Brauch bietet die Aufführung der Zeugen. Ob dieselben als Beurkundungs- oder Handlungs-Zeugen aufzufassen sind, wird in jedem Einzelfalle zu untersuchen sein. Aber ich möchte nicht glauben, dafs sie als Bürgen für den Rechtsinhalt der Urkunden oder als denselben zustimmend oder sie fördernd aufzufassen sind, sondern ich möchte sie besonders als Beweiszeugen ansprechen. Die Bedeutung des Wortes Testes an sich und die gebräuchliche Einführungsformel: huius rei testes sunt, würde ja die anderen Annahmen nicht ausschliefsen; das einzige Mal jedoch, in welchem, so weit mir bekannt ist, auf die Zeugen Bezug genommen wird, geschieht es um die Richtigkeit einer zur Bestätigung vorgelegten Urkundenabschrift zu beweisen. Ich meine B. F. 2162 (1236 Mai) für Dortmund, in welchem die im Originale verbrannte No. 1125 (1220 Mai 1.) nach einer Abschrift bestätigt wird, nachdem der Erzbischof Dietrich von Trier, der einzige der in der verbrannten Urkunde genannten Zeugen, der im Mai 1235 bei Hofe war, die Richtigkeit dieser Abschrift bezeugt hatte. Bei Erwähnung dieses Falles hat schon Ficker (Beiträge I. §. 180) bemerkt, es sei höchst unwahrscheinlich, dafs in dieser Zeit von der Kanzlei Regesten geführt seien, denn der Kaiser würde doch derartige Aufzeichnungen, wenn er sie besessen hätte, sicher auf seinem Zuge nach Deutschland 1235 mitgeführt und in erster Linie bei Prüfung des betreffenden Privilegs zu Rathe gezogen haben.

Hieran anschliefsend sei bemerkt, dafs auch für die sicilianisch-normannische Periode und selbst für die Zeit, in welcher des Kanzlers Walter (S. 11) strenge Ordnung herrschte, schwerlich die Führung von Registern anzunehmen ist, da ja doch sonst die Nachprüfung der älteren Privilegien im Jahre 1221 ff. sehr viel einfacher gewesen wäre.

Kanzleipersonal. — In Betreff des Schreibwesens und der im Besonderen mit demselben betrauten Personen ist für diese Periode zu sagen, dafs die Protonotare — wie schon oben bemerkt — als die Siegelbewahrer und die eigentlichen Vorsteher der Kanzlei anzusehen sind, denen die Sorge für richtige Ausfertigung der Reinschriften anvertraut war. Es sind zunächst Bertold von Neufen der Vitzthum von Trient von 1212 August (B. F. 670), der 1217 Bischof von Brixen wurde (zuletzt 1216 Juni 26. B. F. 874), und dann Heinrich von Tanne (B. F. [897] 910), der bei der Romfahrt im Winter 1220 in Deutschland blieb und bis 1230 August (B. F. 4163) bei Heinrich (VII.) vorkommt. (Huillard-Bréholles, introduction CXXIV). Wie schon oben erwähnt, wird der Namen des eigentlichen Schreibers der Urkunden principiell nicht genannt. Die noch halb sicilianisch ausgefertigten B. F. 671. 672. 673 und das Notariatsinstrument 670 machen eine Ausnahme. In den ersten dreien wird der Notar Heinricus de Parisius genannt, wir lernen seine Hand aus den Stücken kennen, aber er wird später nicht wieder namhaft gemacht und ich habe auch seine Schrift in späteren Diplomen nicht mehr wiedergefunden. Andere Notare erscheinen ausnahmsweise als Zeugen, so Marquart (z. B. 823, 875, 910); er mufs eines der hervorragendsten Mitglieder der Kanzlei gewesen sein, da er an Stelle des Protonotars unterfertigt (B. F. 797, vergl. oben); auch scheint er in die Kanzlei Heinrichs (VII.) übergegangen zu sein (S. unten). Eine ähnliche Stellung nahm Ulricus ein, der sich schon im September 1212 beim Könige findet und ebenfalls (mit dem Titel als viceprotonotarius B. F. 671, 672, 673) unterfertigt. Er wird auch in 823 als Schreiber erwähnt. Weiter nennt Huillard-Bréholles (a. a. O. CXXXV) als Notare — wohl sämmtlich Sicilianer —: Magister Stabilis und Petrus de Salerno (B. F. 1092) Jacobus de Calatagirone (B. F. 1078, 1120), Jacobus de Catania, Perronius de Venafro, Philippus de Salerno, Johannes de Capua.[1]) Die Liste liefs sich ohne Mühe aus den Zeugenaufführungen noch vermehren,[2]) aber es hat nur geringen Werth für die Forschung, diese Namen hervorzusuchen, da es mir bis jetzt noch in keinem Falle gelungen ist, diesen Namen in so fern einen inneren Gehalt zu schaffen, als der Nachweis möglich wäre, dafs ein bestimmter Notar auch eine bestimmte Urkunde schrieb und so also seine Hand nachzuweisen wäre. Im Gegentheile habe ich den Eindruck erhalten, dafs gerade die Urkunden, in welchen die Notare als Zeugen erwähnt werden, von ihnen nicht geschrieben sind. Auch genügen diese zufälligen Aufführungen selbstverständlich nicht, um nur eine einigermafsen gegründete Vermuthung über Dauer der Anwesenheit und Bedeutung der betreff. Männer am Hofe und in der Kanzlei aufzustellen.

Aber auch die Schriftvergleichung gibt über den Personal-Bestand der Kanzlei jener Zeit wenig Auskunft. Unter den von mir auf ihre Schrift genauer untersuchten ungefähr 190 Stücken dieser Epoche, habe ich nur etwa 60 in deutscher Schrift[3]) gefertigte Diplome nachweisen können, deren Hand in der einen oder anderen Urkunde wiederkehrt; von diesen sind aber 26 wieder zweifellos von Schreibern der betreff. Empfänger gefertigt worden, und zwar deshalb, weil ich die Hand eben nur in Urkunden für diese vorfand. Es sind für Salzburg I. 698 u. 699 die gleichhändig scheinen, II. 958, 1065, (3927, 3928, 3929); für Salem I. (700 u. 701 wahrscheinlich von derselben Hand), II. 736, 737; für das Capitel zu Palermo 793, 794; für das Domstift Magdeburg 797, 798, 862, 1001, 1147; für St. Salvator bei Aachen 820, 821; für Regensburg 840, 861, 1073, 1115; für den Erzbischof von Turin 979, 980; für das Capitel in Aachen 1105, 1106, 1107. Es bleiben also noch 32 Urkunden in deutscher Schrift, welche sich auf 7 Schreiber[4]) vertheilen, und von dem Hofe angehörigen Notaren geschrieben sein können. Die verhältnifsmäfsig geringe Zahl jedoch der von den einzelnen gelieferten Ausfertigungen läfst diesen Schlufs noch nicht als bindend erscheinen.

Sicilianisch geschulte Schreiber haben von denselben ungefähr 190 Diplomen — so viel ich ersehen konnte — 33 Stücke ausgefertigt. Von diesen kommen hier nur 26 in Betracht, deren Schrift sich in mehreren Diplomen wiederfindet. Von diesen sind B. F. 671, 672, 673

---

[1]) Die letzten vier finden sich aber erst in späterer Zeit genannt. — [2]) Z. B. Johannes de Traiecto (B. F. 1078) auch bei Huillard a. a. O., ebenda Philippus de Matera Sicilie seriniarius, Walter (B. F. 875). — [3]) Ich bezeichne damit die aus der Schrift des 12ten Jahrhunderts ohne Einflufs der italienisch-päpstlichen Schulung entwickelte Schrift, welche gegen die päpstliche Kanzleischrift und die von ihr stetig beeinflufste sicilianische Schrift sich deutlich abhebt. — [4]) I schrieb ganz 717, 732, 751 I. 752, 779 und vielleicht 865, die litt. longg. von 701, 868 und wohl die Minuskel v. 695, siehe das Alphabet Tafel XII. I. — II schrieb wahrscheinlich 709 u. 942 I, die sich sehr ähneln. — III schrieb ganz 725, 730 u. 804 II, die litt. longg. von 711 u. die Minuskel von 906 u. 942 II, siehe das Alphabet Tafel XII. III. — IV schrieb 868 u. 877. — V schrieb ganz 855, 863 I, 890, 891 und wohl auch 1136 sowie die verlängerten Buchstaben von 713, 703, 794, 949 siehe das Alphabet Tafel XII. V. — VI schrieb 850, 857. — VII schrieb die verlängerten Buchstaben von 863 II u. 1018.

von Heinricus de Parisius, dessen Hand ich aber dann nicht wieder gefunden habe, geschrieben; die übrigen 23 vertheilen sich auf weitere 8 Schreiber;[1] auch von diesen ist zu sagen, daſs sie zum Hofe gehört haben können, aber nicht gehört haben müssen. Wenn bei diesen Untersuchungen auch nur ein Theil der im Originale erhaltenen Urkunden herangezogen ist und ein abschlieſsendes Urtheil daher sich nicht fällen läſst, so glaube ich doch auf Grund derselben als sicher annehmen zu dürfen, daſs eine gröſsere Zahl von Notaren, welche die eigentliche Ausfertigung der Urkunden hätte bewältigen können, nicht ständig bei Hofe war, sondern, daſs bei weitem die Mehrzahl der Diplome von den Schreibern der Empfänger oder sonst zufällig bei Hofe anwesenden Schreibverständigen ausgefertigt wurden, während anderseits die höheren Kanzleibeamten, denen die Prüfung des Inhalts — der Kanzler — und die Prüfung der Reinschrift der Diplome — der Protonotar — oblag, wohl ständig, d. h. mit vorübergehenden Ausnahmen bei Hofe anwesend zu denken sind. Daſs für den Protonotar eventuell ein Notar eintrat, ist oben erwähnt. Eine Stellvertretung des Kanzlers ist mir nicht bekannt. Die wenigen bekannten Notare wurden offenbar häufiger zu diplomatischen Sendungen verwendet.

Aus diesen Schlüssen ergiebt sich nun für die Kritik das negative Ergebniſs, daſs es bei der Prüfung der Urkunden der besprochenen Epoche weniger auf eine specielle Untersuchung der Schrift ankommen kann, — Gleichzeitigkeit selbstverständlich vorausgesetzt — sondern daſs den wesentlichen kritischen Bestandtheil das Siegel bildet. Ist an einer zeitgemäſs geschriebenen Urkunde das in der entsprechenden Zeit vom Könige geführte Siegel ursprünglich befestigt, so haben wir das Stück als echt anzusehen. Die Schrift wird vorkommenden Falls dieses Urtheil stärken oder Fingerzeige für Erkenntniſs der Entstehung der Urkunde im Einzelnen geben, aber sie wird nicht, wie für andere Perioden der Kaiserzeit, als maſsgebendes Kriterium in erster Linie zu verwenden sein. Daraus ergiebt sich eine groſse Schwierigkeit für die Beurtheilung von Urkunden, die der Siegel beraubt sind; in vielen Fällen wird da ein sicheres Urtheil über Echtheit oder Unechtheit unmöglich sein. Trotzdem erscheint die Zahl der Fälschungen verhältniſsmäſsig nicht groſs und nach meinen Erfahrungen haben sich frühere Forscher vielfach durch einige Wunderlichkeiten der Schrift, die ihnen für Kaiserurkunden unerhört schienen, zu Verdammungen von Urkunden verleiten lassen, die sich durch die Siegel als unzweifelhaft echt ausweisen. Für die Einzelheiten muſs ich auf die Bemerkungen zu den Regesten-Nummern verweisen.

Datirung. — Wie oben schon angedeutet, beschränkte sich in jener Zeit die Theilnahme der Kanzlei bei der Ausfertigung weitaus der meisten Urkunden auf Revision des Concepts bez. Annahme der vorgelegten Reinschrift und auf die Siegelung. Daher erklärt sich die auſserordentliche Mannigfaltigkeit der Urkunden in ihrem Aeuſseren und ihrer Fassung, da sie in ihren Formen je nach den Vorbildern, welche den Petenten zu Gebote standen, bald das Aeuſsere älterer Kaiserurkunden, bald der Papsturkunden, bald von Privatverbriefungen nachahmten, in vielen Fällen auch durchaus selbständig und willkürlich gestaltet wurden. Da nun aber nach der Natur der Sache derartig fertig mitgebrachten Stücken weder das entsprechende Datum noch die entsprechenden Zeugen von vornherein beigegeben werden konnten, so muſs es auffallen, daſs wir bei dieser verhältniſsmäſsig wenig geordneten Entstehung der Diplome nicht öfter in jenen Angaben Nachtragungen anderer Hand begegnen, auch nicht noch häufiger unerklärbare Daten uns entgegentreten. Denn die Fälle der Art sind ja vorhanden und berechtigen keineswegs, die betreffenden Diplome als unecht auszuscheiden, aber ihre Verwendbarkeit für die geschichtliche Darstellung ist selbstverständlich beschränkt und im Wesentlichen davon abhängig, in wie weit es möglich ist, aus ihnen selbst heraus sich eine Vorstellung von ihrer allmählichen Entstehung zu machen. Aber es steht doch mit dieser Art der Ausfertigung der Diplome im nächsten Zusammenhang, daſs in einer groſsen Zahl derselben aus dieser Zeit Nachtragungen in jenen Partien, freilich meist von der Hand des Contextes zu erkennen und meines Erachtens noch in bei weitem mehr Fällen vorauszusetzen sind. Diese letzte Annahme findet besonders in der Thatsache ihre Unterstützung, daſs fast bei allen undatirten Stücken noch Raum für die Datirung, oft für die Zeugen, vorhanden ist; wir haben in eben diesen Fällen ein Versehen der Kanzlei, eine Unterlassung festzustellen und können mit gewissem Rechte diese Diplome als unvollständige ansehen. In Betreff der übrigen aber ist vor allem die Form der Datirung zu unterscheiden.[1] Gliedert sie sich in Acta und Datum, so konnte in den meisten Fällen das Acta sofort eingetragen werden, sind auch die Zeugen gleichzeitig eingetragen, so hat man sie dementsprechend als Handlungszeugen zu fassen; nachgetragene Zeugen dagegen wohl vielfach als Beurkundungszeugen. Daſs aber die in diesen Zeilen vor-

[1] VIII Heinricus de Parisius 671, 672, 673. — IX schrieb 848 u. 874. — X 864, 868, 990, 991. — XI 946, 951 flüchtig. — XII 974, 976. — XIII die Minuskel von 1017, 1036, 1056, 1064 I u. II, 1067, 1074. — XIV die verlängerten Buchstaben und die Königsnamen v. 974, 976, (1017?), 1050, 1051, 1064 I u. II, 1074, 1081. — XV die Textschrift von 1081, 1083 I, 1084 I, 1086. — XVI die Invocation von 1084 II u. 1085. — Diese italienisch geschriebenen Nummern sind meist für Italiener und den Deutschen Orden bestimmt, für deutsche Empfänger sind darunter: (751 II Denkendorf), 951 für Kempten, 1030 für Frankfurt a. M., 1056 für den Grafen von Freiburg, 1074 für Baiern, 1081 für Ottobeuren. — Von besonderer politischen Wichtigkeit sind die Verträge mit Böhmen und Mähren 671, 672, 673, 874.

[1] Ficker hat dies in seinen Beiträgen II, §. 392 ff., dann aber besonders 420 ff. genauer untersucht. Seinen Auseinandersetzungen über den Einfluſs der Italiener und insbesondere der Sicilianer auf die neuen Datirungsformeln möchte ich durchaus beistimmen. Wenn er bei dem Schluſsresumé der Annahme, daſs regelmäſsig die genaueren Angaben von Acta und Datum dem Zeitpunkt der Fertigstellung der Reinschrift entsprechen, zuneigt, so begegnen sich auch darin unsere Endresultate. Die vollkommen andere Beweisführung aber, welche eine Entgegnung auf die einzelnen Auseinandersetzungen Fickers unmöglich macht, beruht darauf, daſs ich — was Ficker ja zunächst a priori auch annehmen zu müssen glaubte §. 397 — in einer bei weitem gröſseren Zahl von Fällen Nachtragungen bemerkte. Ich verkenne nicht, daſs es sich hier um sehr subtile Dinge handelt und daſs ich die Diplome jetzt, nachdem mir eine sehr groſse Zahl derselben Gattung durch die Hände gegangen ist, ganz anders ansehe, als vor Jahren (vergl. z. B. die von den in Wilmans Kaiserurkunden der Provinz Westfalen II, No. 275, S. 382 gemachten abweichenden Angaben bei B. F. 2103), und es mag übertreibend klingen, aber ich kann mich der Ueberzeugung nicht verschlieſsen, daſs auch auf diesem Felde die Uebung und die genaue Kenntniſs, welche Stücke ganz im Einzelnen zu untersuchen sind, die Augen schärft. Ich muſs es allerdings der Beurtheilung des

liegenden Nachtragungen meist von derselben Hand herrühren, mufs doch wohl seinen besondern Grund haben. Diese Zufügungen waren nicht bestimmt, zur Kenntnifs der Empfänger zu kommen, sie bezogen sich lediglich auf Vorgänge innerhalb der Kanzlei und hatten mit der Beglaubigung der Urkunde nach Aufsen nichts zu thun, man hat daher offenbar darauf gehalten, dafs sie vom Schreiber der Urkunde selbst gemacht wurden, wie das von Ficker Beiträge II. §. 300 und §. 443, wenn auch für die spätere Zeit, betont ist. Jedenfalls bietet die Herstellung der Urkunden in der Kaiserzeit vollständig entsprechende Erscheinungen. Dafs andererseits diese Sitte oder Kanzleivorschrift die Nachtragungen in vielen Fällen schwer erkennbar macht, erhellt von selbst; häufig wird sogar nur eine andere Richtung der Schrift dieselbe verrathen, und oft nur eine starke Unregelmäfsigkeit zu sehen sein.

Epochen. — Ueber die Formeln der Datirung und ihre Beeinflussung durch die Italiener und besonders die Sicilianer hat Ficker Beiträge II. §. 392 ff. erschöpfend gehandelt. Es erübrigt kurz die gebräuchlichen Epochen anzugeben. Die sicilianischen Königsjahre werden weitergezählt, wie in der vorhergehenden Zeit, die Jahre des deutschen Königthums vom 9. December 1212 (vergl. die Notiz zu B. F. 680 b). Der Jahresanfang war wohl durchgängig der 25. December vergl. B. F. 920, 921, 968, 1078 und 1079; darüber, dafs 1213 vielleicht erst der 25. März als Neujahrstag genommen wurde, vergl. die Bemerkung Böhmers zu B. F. 698; der Beginn der Indiction schwankte bis 1218 zwischen dem 24. und 1. September (vergl. Ficker Beiträge II. §. 422, S. 369), dann wurde der 1. September regelmäfsiger Termin. (Vergl. Huillard-Bréholles introduction XXIX ff.)

C. Die Urkunden Friedrichs aus der Kaiserzeit.

Uebergangsformen. — Aus der Zeit nach der Rückkehr Friedrichs in das Königreich finden sich wieder Urkunden, in welchen, wie in der ersten Periode, der Namen des Schreibers genannt ist (B. F. 1260, 1277, 1280—85 u. s. w.). Diese Schreiber sind Italiener nach ihren Namen und ihrer Schrift zu urtheilen. Während auch schon in der deutschen Königszeit Sicilianer Urkunden schrieben, so gewannen sie doch auf die Formulirung der Urkunde kaum Einflufs. Jetzt aber wurden nach Abzug des deutschen Kanzlers (Ende 1220 oder Anfang 1221) auch die alten Formeln wieder hervorgeholt. Allerdings sind es nur Beurkundungen für Einwohner des Königreichs, auch halten sie sich während der ganzen Kaiserzeit in den freilich im Laufe der Jahre immer seltener werdenden Privilegien. Aber dieses Vorwalten der Italiener in der Kanzlei ist auch auf die spätere regelmäfsige Gestaltung der Urkunden für Angehörige des Kaiserreiches von mafsgebendem Einflusse geworden. Die für das Kaiserreich ausgestellten Urkunden der Jahre 1221 und 1222 lehnen sich noch durchaus an früheren Brauch an, sind aber schon oft von sicilianisch gebildeten Schreibern gefertigt. Im Frühjahre 1223 (etwa v. B. F. 1403 an)[1]) dagegen trat eine Regelung nach neuen Satzungen ein, über die wir jedoch nicht durch eine Kanzleiordnung unterrichtet sind; wir können sie aber aus dem durchaus gleichmäfsigen Aeufseren der Urkunden der Folgezeit in ihren Wirkungen genügend erkennen und daher einigermafsen feststellen und ich möchte sie auf die Einwirkung italienischer Kanzleibeamten zurückführen.

Schrift. — Von jener Zeit an nämlich zeigen zunächst die Urkunden eine im Allgemeinen gleichmäfsige, in ihren Einzelheiten freilich vielfach verschiedene Schrift, die wir als Kanzleischrift bezeichnen müssen. Es ist nun ja schwer, den Charakter einer Schriftgattung mit Worten zu umschreiben; soviel jedoch kann man über diese Schrift sagen, dafs sie von der päpstlichen Kanzleischrift ausgeht, sich dann aber selbständig weiterbildet; während im Gegensatze dazu das Aeufsere der päpstlichen Schrift mit Absicht und Erfolg durch Jahrhunderte möglichst gleichmäfsig erhalten wird. Von dem Schriftcharakter in den Urkunden der älteren deutschen Könige, die monumental grofs erscheint und besonders stark die Ober- und Unterlängen betont und verziert, unterscheidet sie sich in so fern, als sie klein und zierlich ist mit verhältnifsmäfsig kurzen Ober- und Unterlängen. Der einzige Schmuck dieser letzteren sind in der früheren Zeit senkrecht gegen den Grundstrich gestellte Ausläufer, die bei weiterer Ausbildung sich erst nach aufsen, dann aber nach innen ausrunden und schliefslich besonders bei den Unterlängen, sobald die Züge flüchtiger sind, in einen spitzen Winkel zum Schafte gestellt werden. Dadurch bilden sie die Grundlage der Haarstriche, mittelst deren man bei schneller Schrift von den Ober- und Unterlängen zu den M-Strichen zurückkehrte, ohne die Feder abzusetzen, und bahnen so den Uebergang zu der flotten Schrift des 14. Jahrhunderts und zu unserer heutigen Schrift. Des weiteren bildet sich diese Kanzleischrift in so fern fort, als die späteren Schreiber alle senkrechten Striche, sowohl Ober- und Unterlängen als auch M-Striche, nicht mehr steil herunter führten, sondern sie mit einem ausrundenden Schwung zogen. Ein gemeinsames Charakteristikum der durch verschiedene Formulirung einzelner Buchstaben, besonders g, s, p, q, d, sich unterscheidender Hände ist das Festhalten an der Rundung bei den M-Strichen gegenüber der sonst sich zeigenden Neigung, die Feder spitz umzuwenden. Auch ist die Schrift darin meist sorgfältig, dafs sie ni, in und m sowie n und u deutlich unterscheidet. Die verlänger-

Lesers überlassen, ob er z. B. in der Datirung von B. F. 673 (Kaiserurkunden in Abbildungen VI. 10 b) mit mit Nachtragungen — selbstverständlich von der Hand des Heinricus de Parisius — sehen kann, oder mit Ficker §. 397 die Datumzeile als fortlaufend geschrieben annehmen will. Damit, ob diese Beobachtungen als richtig anerkannt oder als zu subtil zurückgewiesen werden, stehen und fallen selbstverständlich die ganzen vorstehenden Auseinandersetzungen. Ich verkenne selbst nicht, dafs die Zahl der auf den ersten Blick erkennbaren Nachträge verhältnifsmäfsig nicht sehr grofs ist; aber wie schon oben betont ist und auch Ficker andeutet (§. 201), sind die Urkunden mit fehlendem Datum doch nur durch das Vergessen der Nachtragung desselben zu erklären — nicht etwa aus der Absicht, um den Zeitpunkt der Geltung der Urkunden beliebig zurückrücken zu können — und weiter wird man ganz gleichmäfsig geschriebene Daten sehr selten finden.

[1]) 1402 bedarf noch einer besonderen Untersuchung.

ten Buchstaben sind ferner ähnlich wie die der früheren deutschen Schriften meist aus der Minuskel entwickelt, aber sie stehen schlank, gedrängt und meist sehr regelmäfsig neben einander. Dagegen sind die zur Zierde bei Anfängen benutzten Capitälchen gewöhnlich aus der runden Majuskel, wie sie gleichzeitig auch auf italienischen Inschriften (vergl. die Siegelaufschriften) begegnen, genommen und ahmen nicht mehr die in einzelne Striche aufgelösten Zierbuchstaben der deutschen Urkunden nach. Dieser Schriftcharakter ist so bestimmt, dafs jeder, der eine gröfsere Zahl von Diplomen dieser Art gesehen hat, ihn sich leicht einprägen wird, und er kehrt so regelmäfsig in allen Documenten aus der Kanzlei wieder, dafs man gegen ein mit anderem Duktus geschriebenes Diplom mit Recht den Verdacht der Fälschung erheben wird. Dabei ist er, wie schon hervorgehoben, doch andererseits nicht derartig gleichmäfsig, dafs nicht die einzelnen Hände gleichwohl ein charakteristisches Gepräge trügen und wenn auch oft schwer, so doch deutlich zu unterscheiden wären. Die beste Vorstellung von diesen Unterschieden innerhalb der gemeinsamen Schule gewährt das Neapolitaner Register, von welchem in den Kaiserurkunden in Abbildungen VI. 17 a u. b zwei Seiten phototypisch wiedergegeben sind. Es liefse sich daher, wie das bei den Urkunden älterer Könige angestrebt und auch vielfach erreicht ist, auch für die Erlasse aus der Kanzlei Friedrichs der jedesmal ausfertigende Kanzleibeamte nach Mafsgabe der Eigenthümlichkeiten seiner Schrift feststellen. Und eine derartige Arbeit wird auch bei der Zusammenstellung des ganzen Materials für die betreffende Diplomata-Abtheilung in den Monumenta Germaniae ausgeführt werden müssen. Ich konnte dieselbe jedoch nicht vornehmen, weil gerade das Material für diese Zeit am weitesten verstreut ist und mein Aufenthalt in Wien und München, wo verhältnifsmäfsig am meisten Urkunden dieser Epoche vereinigt sind, zu kurz war, um diese Stücke, welche schon durch ihren allgemeinen Schriftcharakter sich als Erzeugnisse der Kanzlei ausweisen, so eingehend, wie es in dieser Hinsicht wünschenswerth gewesen wäre, zu untersuchen. Ich habe sie jedoch nach zwei mir wesentlich erscheinenden Gesichtspunkten genauer geprüft. Zunächst schien mir zu untersuchen, ob in den, wie weiter unten zu erweisen ist, getrennten Kanzleien für das Kaiserreich und das Königreich dieselben Schreiber gearbeitet haben. Dafs dies der Fall ist, beweist neben anderem die Thatsache deutlich, dafs die Urkunden B. F. 3128 von 1240 Juli 11. für Frankfurt a. M. und B. F. 3374 von 1243 August für Worms beide von dem im sicilianischen Register so oft genannten Guillelmus de Tocco geschrieben sind. Man wird also, wenn sich Urkunden für deutsche und sicilische Empfänger von der Hand desselben Notars gefertigt darstellen, darin nichts Anstöfsiges finden dürfen.

Ferner schien es mir von Interesse, festzustellen, wie weit den Notaren bei der Fertigung der Urkunden Selbständigkeit zuzumessen sei; meine Forschungen reichen jedoch nicht aus, um hierüber auch nur einen annähernd genügenden Aufschlufs zu geben. Nur einige Bemerkungen seien hier gestattet. Zunächst scheint es in der Kanzlei Sitte gewesen zu sein, die auf denselben Gegenstand bezüglichen Beurkundungen demselben Notare zu übertragen. Es sind uns ja in den meisten Fällen nur die Haupturkunden erhalten, aber es ist wohl sicher, dafs mit fast allen Privilegien und rechtlichen Entscheidungen eine gröfsere Zahl von Mandaten an die betheiligten Persönlichkeiten ausgefertigt wurden, die entweder dadurch verloren gingen, dafs sie den betreffenden insinuirt und dann von diesen nicht weiter beachtet wurden oder in der Registratur des Hauptempfängers liegen blieben und später als werthlos vernichtet wurden. (Vergl. über analoge Verhältnisse Lindner, Urkundenwesen Karls IV, S. 7 u. 140.) In Einzelfällen erhielten sie sich jedoch: so z. B. die grofse Zahl der im Mai, Juni und Juli 1226 (B. F. 1614 ff.) für den Bischof Konrad von Hildesheim gefertigten Erlasse. Sie sind fast sämmtlich von demselben Notare flüchtiger oder sorgfältiger geschrieben. Da liegt denn doch die Annahme nahe, dafs dieser Notar mit der Bearbeitung der ganzen Sache — freilich nach mehr oder minder ausführlichen, ihm von höheren Beamten mitgetheilten Concepten — beauftragt war. Eine weitere Möglichkeit, die selbständige Thätigkeit der Notare festzustellen, würde eine genaue Nachprüfung der Urkunden, welche auf des Kaisers weiteren Fahrten ausgestellt wurden, bieten. Denn es ist höchst wahrscheinlich, dafs sowohl bei dem vorübergehenden Aufenthalt in Deutschland 1235, 1236 und 1237, als besonders auf dem Kreuzzuge nur wenige, aber um so tüchtigere Kanzlisten mitgenommen wurden. Dieses letztere ist für die Kreuzzugsurkunden erweisbar. Die wenigen von mir eingesehenen Originale, welche aber wohl den bei weitem gröfsten Theil der erhaltenen darstellen, zeigen nur zwei Schreiberhände, es sind nämlich B. F. 1716 und 1732, sowie 1748, 49, 50 und 55 je von demselben Notare gefertigt. Wie weit diesen Notaren aber Einwirkung auch auf den Inhalt und die Formulirung der Urkunden zuzuschreiben ist, mufs einer eingehenderen Bearbeitung vorbehalten bleiben.

Dafs nun eine solche Gleichmäfsigkeit der Schrift ungefähr 30 Jahre lang bei stetig und häufig wechselnsem Personale in der Kanzlei aufrecht erhalten werden konnte, läfst sich, glaube ich, nur durch die Annahme erklären, dafs mit der Kanzlei selbst eine Schule verbunden war, in welcher junge Leute — selbstverständlich aber nicht blos im Schreiben, sondern für den Kanzleidienst überhaupt — ausgebildet wurden. Und zwar möchte ich vermuthen, dafs die ersten Lehrer nicht Mitglieder der alten sicilianischen Kanzlei waren, sondern ihre Bildung in der päpstlichen Kanzlei erhalten hatten, da die fridericianische Kanzleischrift sich näher an die päpstliche, als an die alte sicilianische anlehnt. Die Zahl der ausgebildeten Notare wird den eigentlichen Bedarf der Kanzlei überschritten haben, wenigstens könnte ich mir sonst nicht die Thatsache erklären, dafs nicht nur die Schreiberei Konrads IV. sofort nach ihrer Einrichtung mit entsprechend ausgebildeten Notaren genügend besetzt werden konnte (s. unten), sondern auch so viele deutsche Fürsten, ja der Gegenkönig Heinrich Raspe derart geschulte Schreiber für ihre Urkunden fanden und sogar eine grofse Zahl der italienischen Notare, die selbständig arbeiteten — wie wenigstens der mir gewordene Eindruck ergab — denselben Duktus anwenden konnten. Aber nicht allein im Aeufserlichsten, in der Schrift, zeigt sich Gleichmäfsigkeit, sondern auch darin erkennen wir die straffere Ordnung gegen frühere Perioden, dafs für diese Zeit die Urkunden nach der durch den Inhalt bedingten Form scharf gesondert werden, wie das ja bei den gleichzeitigen Erzeugnissen der päpstlichen Kanzlei längst beobachtet wurde.

Urkundenarten. — Die gröfsten und feierlichsten Ausfertigungen sind die Privilegien. Die für das Kaiserreich erlassenen haben regelmäfsig ein Chrismon: Invocation und Titel füllen in verlängerten Buchstaben die erste Zeile, die weiter nichts enthält; der Königsnamen ist dabei häufig in neben einander oder paarweise übereinander geordneten mit Schreiberzügen umrahmten Capitälchen geschrieben, ohne dafs man in der einen oder anderen Art der Schreibung etwas anderes, als eine Laune des gerade ausfertigenden Notars zu sehen hätte. Mit der zweiten Zeile beginnt der eigentliche Text der Urkunde, deren einzelne Theile durch verzierte Capitälchen am Anfange markirt werden; am Schlusse finden sich die Zeugen. Darauf folgt in besonderer Zeile mit Abstand die Königsunterschrift in verlängerten Buchstaben; auch hier ist der Königsnamen häufig wie in der ersten Zeile hervorgehoben: innerhalb derselben — aber nicht zwischen bestimmten Worten — steht das Monogramm, dessen unterer Theil gewöhnlich in die darunter stehenden Datirungen, aber nie in die darüber stehenden Zeilen hineinragt. Hieran reiht sich in seltenen Fällen die Kanzlerrecognition in Minuskel und mit dem Folgenden ohne Absatz verbunden, gewöhnlich aber das ausführliche Acta. Das Datum schliefst in besonders abgesetzter Zeile die Urkunde. Die so geformten Ausfertigungen stellen sich inhaltlich als Verleihungen von Rechten dar, sind also, um den Ausdruck der päpstlichen Kanzlei zu gebrauchen, de gratia gegeben. (S. Tafel II). Ihnen gegenüber steht die Verfügung, das Mandat, welches, de justitia erlassen, eine Rechtsentscheidung und noch öfter eine Anweisung enthält. Diese letzteren Urkunden gingen theils wie die Privilegien unter Hängesiegeln, theils in der Form von offenen und geschlossenen Briefen. In der einfachsten Form und dann meist als offene oder geschlossene Briefe gestaltet enthalten sie den Kaisernamen gewöhnlich nur in den Initialen FR. und beginnen mit einem Grufse an den persönlich namhaft gemachten Empfänger: den Inhalt bildet der knapp gehaltene Befehl, am Ende steht das Datum, bestehend aus Angabe des Orts, des durchgezählten Monatstages und der Indiction. (Tafel IV). Neben diesen finden sich aber noch mandatartige Ausfertigungen unter Hängesiegel, die sich nach Inhalt und Form den Privilegien nähern. Sie enthalten den Kaisernamen oft ausgeschrieben und verziert, die Anrede geht nicht an einen Einzelnen, sondern ist eine allgemeine Promulgationsformel, der Text ist durch Einleitung u. s. w. erweitert: am Schlusse stehen Zeugen und das Acta; unten meist durch mehrere Zeilen getrennt das Datum, wie in den Privilegien. Die am einheitlichsten ausgebildeten Stücke dieser Art sind nach Art der päpstlichen Protectionsbullen gestaltet; in diesem Falle sind auch die einzelnen Theile des Textes durch mehr oder minder elegant ausgeführte Anfangsbuchstaben erkennbar gemacht: inhaltlich sind es vielfach wirklich Schutzbriefe, doch betreffen sie nicht selten andere Gegenstände. (Vergl. Tafel III.) Nie habe ich in diesen Ausfertigungen eine Invocation oder verlängerte Buchstaben gefunden. Die einfacheren Beurkundungen für das Königreich entsprechen in ihrem Aeufseren vollständig den für das Kaiserreich erlassenen, dagegen ist die Form der Privilegien eine andere.[1]) Sie ahmten bis auf die Kanzlerunterfertigung die alten sicilianischen Urkunden nach. Sie haben in so fern weniger Bedeutung, als sie nur in der Anfangszeit der Kaiserregierung häufiger vorkommen, später aber immer seltener werden, ja sich gar nicht mehr finden.

Sehen wir nun von der geringen Zahl dieser sicilianischen Privilegien ab, in welchen der Schreiber sich nennt, so ergiebt sich aus dem oben gesagten die auffallende Thatsache, dafs den Urkunden der Kaiserzeit jede beglaubigende Formel fehlt: denn im Monogramme ist offenbar kein Zug mehr vom Kaiser eigenhändig gezogen und die selten vorkommende Kanzlerrecognition zeigt keinerlei Mitwirkung dieses Beamten an der Reinschrift, da sie mit dem folgenden Acta in einem Zuge geschrieben ist.[2])

Diese Beobachtung könnte nun zu dem Schlusse verleiten, dafs auch für die Urkunden der Kaiserzeit die einzige Beglaubigung im Siegel gelegen hätte. Aber bei der grofsen Sorgfalt, welche auf das Aeufsere der Urkunde verwendet wurde, ist das höchst unwahrscheinlich. Ich glaubte nun eine Zeit lang, dafs in der Kanzlei Friedrichs ebenso, wie in der päpstlichen (vergl. Diekamp, Neuere Literatur, Historisches Jahrbuch IV, 279), noch bestimmte für Laienaugen schwer erkennbare Feinheiten in ausschliefslicher Anwendung bestimmter Abkürzungen u. dergl. vorgeschrieben gewesen seien; aber sehr genaue Durchsicht einer grofsen Zahl einschlägiger Documente hat mich belehrt, dafs das nicht der Fall ist. Denn die allerdings gewöhnliche aber niemals streng durchgeführte Anwendung des verschlungenen Abkürzungszeichens und die verhältnifsmäfsig seltene Anwendung der Sigle für con und ähnliches können höchstens aus Gewohnheiten der Kanzlei, nicht aber aus Vorschriften für dieselbe hergeleitet werden, da sonst eine strengere Durchführung zu erwarten wäre.

Kanzleiordnung. — Aufschlufs über diese Dinge sollte man nun aus der Kanzleiordnung erwarten (gedruckt: Winkelmann Acta I. 736 ff.): sie stammt zwar erst aus der späteren Zeit Friedrichs II. (etwa Januar 1244, wie unten nachzuweisen ist), aber die nach derselben erlassenen Urkunden unterscheiden sich zu wenig von den früher gefertigten, als dafs man nicht diese Ordnung im Allgemeinen auch schon als früher geltend und auf Grund älterer Satzungen erlassen ansehen müfste. Vergleichen wir sie mit den entsprechenden päpstlichen Edicten (vergl. Diekamp, a. a. O. 279), so zeigt sich in so fern ein durchgreifender Unterschied, als die kaiserliche Verfügung offenbar nicht nur eine Anweisung für die Kanzleipersonen darstellt, sondern vor Allem dazu bestimmt war, mit den übrigen Constitutionen veröffentlicht zu werden, um jedem, der bei Hofe Geschäfte hatte, den Geschäftsgang der Kanzlei bekannt zu machen. Nur wenn man sie so ansieht, wird es verständlich, dafs alle Bestimmungen über die äufsere Ausstattung der Diplome fehlen: da ja doch die obigen Auseinandersetzun-

---

[1]) Die abweichenden Formen der Constitutionen, Manifeste und Hofgerichtserlasse sind unten besonders zu besprechen. — [2]) Die nur kurze Zeit vom Januar 1244 (B F. 3411) — Mai 1246 (3556) nachweisbare Contrasignatur des Philippus und die am Ende der Regierung wieder eingeführte Kanzlerunterschrift in der Datum per manus-Formel (Juli 1247 B. F. 3637) ist weiter unten zu besprechen.

gen genügend beweisen, dafs diese Verhältnisse sehr genau geregelt waren. Die auf dies Letztere bezüglichen Bestimmungen, welche etwa den päpstlichen Kanzleiregeln entsprechen würden und in welchen sich dann wohl auch sicher Instructionen über das Register, dessen die veröffentlichte Kanzleiregel mit keinem Worte Erwähnung thut, vorfanden, waren offenbar gesonderten und secretirten Erlassen vorbehalten. Sie sind bis jetzt noch nicht wieder aufgetaucht. Wir lernen jedoch aus dem Erhaltenen den Geschäftsgang und die Betheiligung der einzelnen Beamten an der Beurkundung genügend kennen.

Die Eingaben von Privatpersonen sollen täglich zweimal von einem bestimmten Beamten in Empfang genommen und an je drei Wochentagen vom kaiserlichen Kaplan Philippus vor den Magistern Petrus de Vinea und Taddeus de Suessa verlesen werden; ebenso die Eingänge an den Kaiser — das heifst die Berichte u. s. w. von Behörden — durch den Magister Guilielmus de Tocco. Nach der Verlesung soll die Antwort von diesen höheren Beamten auf den Rücken der Eingänge geschrieben und die Ausfertigung dem betreffenden Magister und den Notaren der Kanzlei zugetheilt werden. Die Ausfertigungen müssen dann vor dem Ausgang d. h. vor der Besiegelung vor denselben Beamten verlesen werden und zwar die Verfügungen auf Eingaben von Privatpersonen öffentlich, um denjenigen, die etwa sich dadurch benachtheiligt fühlen, den Widerspruch zu ermöglichen. Nach der Verlesung sollen sie von einem der beiden Magister mit deren Privatsiegel versehen werden; das berechtigt dann die Siegler das Königssiegel anzuhängen. Dadurch war die Urkunde zur Aushändigung fertig gestellt. Aehnlich sollen Hofgerichtsentscheidungen von den beiden gerade sitzenden Hofrichtern unterschrieben und darauf durch das Hofgerichtssiegel bestätigt werden. Die Siegler sollen die Urkunden dem Kaplan Philippus überliefern, welcher sie den Empfängern nur gegen den Schwur aushändigt, dafs sie keinerlei Zahlungen an einen der betheiligten Beamten geleistet haben; er soll zum Zeugnifs dafür sein Zeichen beisetzen. Dem Kaiser werden nur in besonderen Fällen die Eingänge zur Entscheidung vorgelegt, vor Allem, wenn sie auf seine persönlichen Verhältnisse selbst oder die seiner nächsten Umgebung Bezug haben.

Der Kaiser war also bei dem bei weitem gröfsten Theile der unter seinem Namen ausgehenden Erlasse vollkommen unbetheiligt; die betreffenden ein für allemal mit Vollmacht versehenen Beamten erledigten sie durchaus selbständig; als Aufsicht für sie war wieder der Kaplan Philippus bestellt; er hatte jedoch auf den Inhalt der Urkunden keinerlei Einflufs, sondern nur darüber zu wachen, dafs Bestechungen vermieden wurden. Für den Inhalt waren demnach die beiden Magister verantwortlich; die Uebernahme dieser Verantwortlichkeit machten sie auch äufserlich durch die Besiegelung kenntlich; aber diese Besiegelung verschwand — wie die Urkunden selbst beweisen — nach der Aufprägung des Kaisersiegels. Von ihr bekam weder der Empfänger Kenntniss, noch konnte sie, falls die Urkunde der Kanzlei wieder vorgelegt wurde, um auf Grund derselben Ansprüche zu erheben, aus dieser selbst erkannt werden; sie hatte allein Werth den Sieglern gegenüber. Für den Empfänger war also die Besiegelung die einzige Beglaubigung und man sollte daher annehmen, dafs die Siegler oder Siegelbewahrer besonders wichtige Personen waren; aber ihre Namen werden nicht einmal in der Kanzleiordnung genannt; es sind offenbar untergeordnete Beamte. Wurde der Urkunde auch für die Kanzlei keine andere Beglaubigung gegeben als durch das Siegel? Es scheint nach dem Vorhergesagten fast so zu sein. Es ist aber kaum denkbar, da in diesem Falle die Urkunden in ihrem Aeufseren gar zu wenig Sicherheit geboten hätten. Denn wenn es auch nicht zweifelhaft sein kann, dafs eine besondere Instruction die verschiedenen Formen der Ausfertigung genau regelte, so genügte doch Kenntnifs einer geringen Zahl von Originalen, um diese Formen erkennen und nachahmen zu können und die betreffende Schrift lernten, wie schon oben angedeutet, so viele, dafs es auch in den meisten Fällen unschwer gewesen sein mufs, einen entsprechenden Schreiber zu finden. Daher ist diese Annahme, wenn wir vergleichend hinzunehmen, mit welcher Umsicht und Klarheit sonst die Kanzleiverhältnisse geregelt waren, unglaublich. Die Kanzlei besafs andere Mittel, die Urkunden auf ihre Glaubwürdigkeit zu prüfen, nämlich die Register. Wir sind so glücklich, ein Originalbruchstück desselben zu kennen. Eine eingehende Untersuchung desselben wird die Frage lösen.

Register. — Dieses Registerbruchstück [1]) ist der im Generalarchive Neapel als besonders werthvoller Schatz behütete Kleinfolioband: Regestum Frederici. Er besteht aus 116 Blättern Baumwollenpapier von einer ungefähren Höhe von 26*cm* und einer Breite von annähernd 19*cm*. Die ursprüngliche Eintheilung nach Lagen ist jetzt nicht mehr zu erkennen, da die einzelnen Blätter mit grofser Sorgfalt je in eine Art Rahmen von weifsem starkem Papiere gespannt und dann neu gebunden sind. Die Ausgabe von Carcani (Constitutiones regum regni utriusque Siciliae. Neapoli 1786. S. 233 ff.) druckt die Stücke in etwas anderer Reihenfolge, als sie jetzt vorliegen, offenbar nach einer früheren Heftung, aber sie waren damals falsch gebunden; die jetzige Zusammenstellung führt die Blätter wieder in richtiger Ordnung auf. Aus diesen Umständen erklärt sich der Unterschied der alten und neuen Blattzählung. Der Band mufs zeitweise sehr verwahrlost gewesen sein; schwere Wasserflecken gehen durch fast alle Blätter und die Anfangsfolien sind sehr stark zerstört. Das Papier ist rauh und wohl reines Baumwollenpapier; eine genaue Untersuchung konnte ich bei meinem kurzen Aufenthalte in Neapel darüber nicht anstellen. Dafs der Band nicht vollständig ist, erhellt auf den ersten Blick, wahrscheinlich umfaste er ursprünglich ein Indictionsjahr vom 1. September bis zum 31. August des folgenden Jahres. Huillard-Bréholles Band V, S. 409, vergl. préface S. XII hat gegen Carcani die ursprüngliche Ordnung, welche jetzt auch im Originale befolgt ist, wiederhergestellt. Danach entstammen die ersten Eintragungen dem Anfange October 1239 (B. F. 2493), die letzten sind vom Ende Mai 1240 (B. F. 3108), denen sich dann noch vereinzelte Nachträge aus dem Juni d. J. anschliefsen (z. B. 3116—3118).

Dafs wir das Original und nicht wie in den Registerexcerpten zu Marseille (Winkelmann Acta I, 599) eine

[1]) Wir sind in der Untersuchung desselben dadurch etwas beeinträchtigt, dafs sich keines der darin aufgeführten Stücke im Original erhalten hat; aber die Ausfertigungen der vorhergehenden, wie der nachfolgenden Zeit sind untereinander so gleichmäfsig, dafs wir für die Originale der Erlasse jener Zeit gleiche äufsere Form mit voller Berechtigung voraussetzen dürfen.

Abschrift späterer Zeit vor uns haben, beweist die Verschiedenheit der darin erkennbaren Hände (vergl. für das folgende die beiden Facsimilia in „Kaiserurkunden in Abb.“ VI. 17 a u. b). Inhaltlich enthält das Register nur Verfügungen an Beamte des Königreichs; es finden sich weder Urkunden für Angehörige des Kaiserreichs noch Stücke, welche an Auswärtige gerichtet sind.

Die äufsere Anlage (vergl. darüber und über den Abdruck bei Huillard-Bréholles: Ficker, Beiträge zur Urkundenlehre II, S. 15 ff., 37 ff. und „K.-U. i. A.“ VI. 17 den Text) ist derart, dafs über jeder Seite ein Monatsnamen und eine Ortsangabe steht, geschrieben jedesmal von der Hand des Notars, welcher den ersten Eintrag auf der betreffenden Seite machte. Dann folgen die Regesten mit Voransetzung des Monatstages; diese Angabe ist bei Erlassen von demselben Tage selten wiederholt, sondern meist mit eodem die wieder aufgenommen. Die Eintragungen folgen sich in so fern streng chronologisch, als nie ein Stück auch nur um einen Tag früheren Datums zwischen späteren oder umgekehrt steht.[1]) Jede Seite enthält nur Stücke, welche an demselben Orte und in demselben Monate ausgefertigt sind; änderte sich eine dieser beiden Angaben, so ist eine neue Seite angefangen; Stücke aus verschiedenen Tagen desselben Monats finden sich öfter auf derselben Seite vereinigt. Diese Einrichtung vereinfachte die Eintragungen in so fern, als sie die Beigabe der vollen Datirung bei jedem einzelnen Stücke überflüssig machte; dieselbe ist daher auch nur sehr selten und dann aus besonderen Gründen zugefügt. Dieses Streben nach möglichster Vereinfachung und Kürzung zeigt sich nun auch darin, dafs die stets gleichmäfsig gestalteten Grufsformeln am Anfange weggelassen sind. Ferner erfahren wir nur selten etwas über Besiegelung, meist nur, wenn die Erlasse als littere aperte oder clause bezeichnet sind; das als selbstverständlich unerwähnt Gelassene, scheint die Bestätigung durch Hängesiegel gewesen zu sein. Dagegen finden wir hier Notizen, welche in den Originalen regelmäfsig fehlen; sie hatten für den Empfänger keine Bedeutung, waren aber um so wichtiger für die Kanzlei. Es sind dies die mit vollkommener Regelmäfsigkeit im Anfange jedes Erlasses wiederkehrenden Angaben über den höheren Kanzleibeamten, welcher den Beurkundungsbefehl gab,[2]) also in der Regel auch wohl das Concept machte und über den Schreiber, der die Urkunde ausfertigte; daran ist dann der Namen des Empfängers angeknüpft, welcher im Original in der Grufsformel steht. Die betreffende Einzeichnung lautet gewöhnlich: de mandato imperatoris facto per Petrum de Vinea scripsit Laurentius B. Pisson. justitiario Aprutii. Am Rande ist meist ein kurzes Regest ausgeworfen und zuweilen auch der Namen des Boten, der das Mandat überbrachte, angemerkt.

Es ist schon oben ausgeführt, dafs sich in dem Register deutlich verschiedene Hände unterscheiden lassen; dieselben rühren aber nicht etwa von gleichzeitig in der Kanzlei neben einander beschäftigten Registratoren her, sondern die Schriftvergleichung ergiebt unzweifelhaft, dafs jedesmal der Notar, welcher als Ausfertiger des Originals genannt ist, auch die Eintragung in's Register besorgte.

Die Thatsache nun, dafs diese besprochenen Einrichtungen in dem ganzen Bande mit peinlicher Genauigkeit festgehalten und durchgeführt sind, beweist, dafs sie nicht dem Zufalle oder allmählich eingebürgerter Gewohnheit ihre Einführung verdanken, sondern auf Verordnungen zurückgehen und bestimmten Zwecken dienen. Die Anordnung, dafs der jedesmalige Schreiber der Ausfertigung auch das Regest eintrug, ermöglichte in dem Falle, dafs auf Grund der Urkunde am Hofe Ansprüche erhoben wurden, den Schriftbeweis. Es war ein solcher Schutz um so nöthiger, als die Siegel, besonders auf den Briefen, leicht in Verlust gerathen konnten. Die übrigen Angaben dienten zur Controle der einzelnen Kanzleibeamten und gereichten jedem zum Schutze gegen Nachlässigkeiten oder Unregelmäfsigkeiten des anderen. Die ganze Eintragung wieder controlirte den Siegler. Wie war der aber gegen die anderen Beamten gesichert, dafs ihm nicht unterschobene Erlasse zur Siegelung gegeben wurden? Mir scheint nur dann, wenn es ihm möglich war, sich selbst von der regelrechten Eintragung der ihm zur Siegelung überwiesenen Stücke zu überzeugen. Das letztere war aber nur möglich, wenn die Regestirung nach der Reinschrift vorgenommen wurde, da er sonst keine Gewifsheit haben konnte, dafs Regest und Reinschrift gleichhändig war. Mit dieser Frage, ob nach dem Concept oder der Reinschrift registrirt worden sei, hat sich Ficker (Beiträge zur Urkundenlehre II, bes. S. 37 ff.) eingehend beschäftigt. Seine ganze Auseinandersetzung geht jedoch von der Voraussetzung aus, dafs das Register von Registratoren geschrieben sei. Durch den Nachweis, dafs die ausfertigenden Notare das Register selbst führten, verschiebt sich die Sache und es ist nicht möglich, auf alle Einzelheiten von Fickers Beweisführung einzugehen. Meines Erachtens müssen nun zunächst die Erlasse stets an den Tagen, deren Datum sie tragen, in's Register eingeschrieben sein, da sonst die genaue Innehaltung der chronologischen Ordnung unmöglich aufrecht zu erhalten gewesen wäre. Denn auch die Annahme, dafs immer je für einen gewissen Zeitraum eine gröfsere Anzahl von Concepten zusammengenommen und dann geordnet eingetragen worden wäre, ist unhaltbar, weil es — abgesehen von der Weitläufigkeit eines solchen Vorgehens — sicher in vielen Fällen ganz unmöglich war, den Schreiber der Reinschrift nachträglich zur Eintragung in das Register anzuhalten. Auch würde eine solche Annahme die Voraussetzung bedingen, dafs das Datum und die Angaben über den Beurkundungsbefehl und die Fertigung den Concepten stets beigefügt gewesen seien. Hierzu fehlen uns alle Anhaltspunkte. Es bleiben daher

[1]) Der einzige mir bekannte Ausnahmefall, dafs ein Diplom vom 23. Januar erst am 26. regestirt wurde, ist besonders motivirt; vergl. darüber Ficker Beiträge II, S. 38. — [2]) Vergl. hierüber die eingehende Auseinandersetzung Fickers, Beiträge II, S. 15; dort sind auch Zusammenstellungen über die betheiligten Personen gemacht. Er glaubt in den als Schreiber erwähnten Beamten die Fertiger der Concepte sehen zu sollen; ich kann das nach Mafsgabe der Kanzleiordnung — die Ficker noch nicht vorlag — nicht annehmen, da dort ausdrücklich gesagt ist, die Antwort solle von den höheren Beamten auf dem Rücken der Eingabe geschrieben und dann den Notaren überwiesen werden. Auch seine Annahme, dafs die genannten Notare nur ausnahmsweise selbst ausgefertigt hätten, glaube ich, wird nach Mafsgabe des Folgenden nicht aufrecht zu erhalten sein. Den Ausdruck de mandato imperatoris beziehe ich nicht auf einen in jedem Einzelfalle gegebenen Beurkundungsbefehl, sondern ebenfalls mit Rücksicht auf die Kanzleiordnung auf eine ein für alle Mal zur Erledigung bestimmter Geschäfte gegebene Vollmacht.

nur die beiden Möglichkeiten übrig, dafs entweder sofort nach der Ausgabe der mit dem Datum des Beurkundungsbefehls versehenen Concepte nach diesen oder nach den Reinschriften registrirt worden ist, und zwar würde es in letzterem Falle das Wahrscheinlichste sein, dafs gerade der Tag und der Ort der Registrirung in der Reinschrift vermerkt wurde; es ist darauf unten zurückzukommen. Gegen die erste Annahme spricht nun der Umstand, dafs alle etwaigen nachträglichen Correkturen und Aenderungen in den Concepten, die man sich doch nicht ganz ausgeschlossen denken wird, auch wieder im Register Nachträge und Correkturen hätten hervorrufen müssen. Hiervon fehlen aber alle Spuren im Register: die wenigen dort sich findenden Correkturen bessern fast alle nur Abschreibeversehen. Ein durchschlagender Grund gegen diese Annahme scheint mir aber der zu sein, dafs sich durchweg von allen Wochentagen Erlasse finden, während laut der Kanzleiregel[1]) nur an Montagen, Mittwochen und Freitagen Concepte zur Ausfertigung angewiesen wurden. Es bliebe somit am meisten Wahrscheinlichkeit für die Vermuthung, dafs die Registrirung nach den Reinschriften erfolgte. Für diese letztere Annahme spricht auch die von Ficker (Beiträge II, S. 309) weitläufiger begründete Ansicht, dafs das Datum sehr häufig den Zeitpunkt der Ausfertigung der Reinschrift giebt. Wir finden nun weiter bei einer sehr grofsen Zahl von Originalen das ganze oder einen Theil des Datums nachgetragen (vergl. die Regesten). Da scheint mir denn die Annahme am nächsten zu liegen, dafs der betreff. Notar mit der bis auf das Datum fertig gestellten Reinschrift zum Register ging, dort zunächst den Namen seines Auftraggebers, seinen eigenen und den des Urkundenempfängers einschrieb, dann den inhaltlich werthvollen Tenor der Urkunde eintrug und schliefslich der Reinschrift Ort und Tag nach den ihm im Register meistens vorliegenden Materialen beifügte. Erkennt man diese Auseinandersetzung als richtig an, so möchte es wohl kaum zweifelhaft sein, dafs die Registrirung vor der Siegelung geschah, da die Urkunde sonst vom Notar zum Siegler, vom Siegler zum Notar zurück zur Registrirung hätte wandern müssen.

Vergleicht man nun die Ergebnisse dieser Untersuchung über das fridericianische Register mit dem, was wir bis jetzt über Einrichtung und Zweck der Register anderer Kanzleien, besonders der mit Recht als besonders gut organisirt angesehenen päpstlichen, wissen, so übertrifft es sie alle bei weitem durch seine bis in's Einzelnste durchdachte Anlage und die Sorgfalt, mit der dieselbe durchgeführt und aufrecht erhalten worden ist. Die päpstlichen Regesten konnten nur zwei Aufgaben erfüllen:[2]) die Eintragungen in dieselben erhielten der Kanzlei authentische Kenntnifs von dem Inhalte der ausgegangenen Urkunden und gestatteten dem entsprechend auch Nachprüfung der der Kanzlei wieder vorgelegten Urkunden. Diese Zwecke erreichte das fridericianische Register in noch weiter ausgedehntem Umfange — wegen des Schriftbeweises — gewährte aber aufserdem allen bei der Ausfertigung betheiligten Beamten Sicherheit gegen einander und gab die Möglichkeit, nachträglich jeden einzelnen derselben für seine Betheiligung bei der Beurkundung zur Rechenschaft zu ziehen. Weiter scheint es mir eine sehr verständige Mafsregel, dafs auf den Originalen kein Registraturvermerk angebracht wurde, und es ist wohl kein Zufall, dafs die Vorschriften darüber, wie zu registriren sei, sich ebenso wenig wie die Instructionen über die äufsere Ausstattung der Urkunden gemeinsam mit der allgemeinen Kanzleiregel erhalten haben; diese Anordnungen waren eben nicht für die Oeffentlichkeit, sondern nur für die Kanzleibeamten, bestimmt und daher geheim gehalten.

Sind wir nun berechtigt, die so wohl überlegte und fein ausgedachte Anlage der Register den Kanzleibeamten Friedrichs selbst zuzuschreiben? Als ich zuerst an die Untersuchung dieser Verhältnisse ging, glaubte ich, diese ganzen Anordnungen würden sich als Nachahmungen der päpstlichen Kanzleiregeln herausstellen. Das ist nicht der Fall. Ich möchte daher glauben, dafs das Vorbild und die Anregung anderwärts und zwar bei den Byzantinern zu suchen ist. Leider wissen wir über das Urkundenwesen der Byzantiner zu wenig, um diesem Gedanken nachgehen zu können.

Resultate. — Nach dem Vorhergesagten haben wir uns also die Entstehung der Urkunden während der Kaiserzeit im Allgemeinen folgendermafsen zu denken. Einer der Grofsen des Hofes weist ein entweder auf Grund der ihm generell gegebenen Vollmacht oder in seltenern Fällen nach besonderem Vortrag beim Kaiser abgefafstes Concept einem der Notare zur Ausfertigung zu. Nachdem dieser die Reinschrift ausgeführt hat, reicht er sie seinem Auftraggeber zur Durchsicht und öffentlichen Verlesung zurück: erhält sie dann wieder um sie zu registriren und datiren; schliefslich giebt er die fertig geschriebene Urkunde dem Siegler zur Bestätigung durch das Siegel und zur Aushändigung an den Empfänger.[1])

Es steht nun noch die Frage zu beantworten, ob wir berechtigt sind, diese aus Documenten verschiedener

[1]) Ich gehe hier von der durchgehends festgehaltenen Annahme aus, dafs die Kanzleiregel in ihren Grundzügen auf frühere Verordnungen zurückgreift und daher auch für frühere Zeiten als im Wesentlichen bestehend vorausgesetzt werden darf. — [2]) Ich habe leider bei meinem kurzen Aufenthalte in Rom es versäumt, mir die zeitlich entsprechenden päpstlichen Registerbände anzusehen, da ich nach dem, was bis dahin über den Neapolitaner Band bekannt geworden war (Ficker a. a. O.), nicht voraussetzen konnte, dafs dasselbe ein Stück des Originalregisters sei. Durch freundliche Vermittlung des Herrn Dr. Diekamp sind mir aber die Correkturbogen der eingehenden Arbeit Kaltenbrunners im 5. Bande der Mittheilungen des österreichischen Instituts zugänglich gewesen. Aus derselben geht, was auch eine Einsicht des in der Facsimilesammlung der école de chartes No. 97 mitgetheilten Registerblatts erweist, zur Evidenz hervor, dafs die erhaltenen Register der Päpste aus dem dreizehnten Jahrhundert zum weitaus gröfsten Theile Reinschriften sind, in welchen die Ursprünglichkeit der Eintragung vollkommen verwischt ist, so dafs sie nur durch Erhaltung des Inhalts und der Formulirung der Briefe für die Kanzlei Werth hatten. Sie bieten keine Vergleichungspunkte mit Friedrichs Register. Eine Nebeneinanderstellung ist nur mit den „Kladden“ möglich, welche Kaltenbrunner S. 213 ff. genauer behandelt. Aber auch diese Register sind von Registratoren nicht immer unter strenger Innehaltung der chronologischen Folge geführte Copiebücher, deren Eintragungen auch nur durch Aufbehaltung des Inhalts und der Formulirung der Briefe, nicht aber durch Beigabe von Notizen über Verfasser und Schreiber der Urkunden der Kanzlei Nutzen gewährten. Diesen Verhältnissen gegenüber erscheint es sehr auffällig, dafs die angiovinischen Register nicht nach dem Vorbilde des so viel feiner ausgedachten fridericianischen, sondern der päpstlichen angelegt sind, also einen Rückschritt darstellen; vergl. darüber Fanta in den Mittheilungen des österreichischen Instituts IV, S. 450 ff.

[1]) Ueber die Thätigkeit des Philippus vergl. oben S. 29 u. unten.

Zeit: dem Register (1239/40) und der Kanzleiordnung, deren Zeit gleich zu bestimmen sein wird, gezogenen Schlüsse auf die ganze Zeit der Kaiserregierung Friedrichs, d. h. von 1223—1250, auszudehnen oder ob wir nicht vielmehr allen Grund haben, in den betreffenden Verhältnissen Aenderungen und Verbesserungen anzuerkennen und nicht auch in der Lage sind, einige derselben festzustellen und zeitlich genauer zu fixiren. Zu diesem Zwecke ist nun zunächst die Entstehungszeit der Kanzleiordnung genauer zu definiren. Die wesentliche Arbeit hierfür haben schon Winkelmann in der Einleitung zu der Kanzleiordnung (Acta I, 733 ff.) und Ficker (B. F. 3391) geliefert. Den dort gegebenen Ausführungen, daſs die Kanzleiordnung gegeben sein müsse und in Geltung war, während die Stelle des Groſshofjustitiars unbesetzt war (1242—1246 Nov.), ist durchaus zuzustimmen, und die Annahme, daſs die Angabe des Richard von S. Germano, obwohl er einen unrichtigen Anfang für die Constitution giebt, ebenfalls unsere Kanzleiordnung im Auge hat, halte ich für durchaus richtig. Ich bin in der Lage, jene Annahme durch eine thatsächliche Beobachtung bestärken zu können. Die Gegenzeichnung nämlich des Philippus, welche die Kanzleiordnung vorschreibt und mit der schon Huillard-Bréholles das von Winkelmann in Holzschnitt gegebene Zeichen ph s mit Recht identificirt hat, habe ich nämlich auf den mir vorgekommenen Originalen aus der Zeit von 1244 Januar bis 1246 Mai (B. F. 3411—3556) mit geringen Ausnahmen, worüber noch besonders zu handeln ist, gefunden: ich möchte daher annehmen, daſs die Kanzleiordnung am 1. Januar 1244 in Kraft trat (3408 hat die Gegenzeichnung noch nicht, aber wie das 1243 des Datums erweist, gehört dieses Diplom eigentlich dem vorhergehenden Monate an und ist erst im Januar ausgefertigt; es hat jedoch auch 3411 die Jahreszahl 1243) und in ihrem ganzen Umfange, d. h. unter Wahrung der Aufsichtstellung des Kaplans Philippus, bis gegen den November 1246 (die Pariser Urkunden 3584, 3585 haben die Gegenzeichnung nicht mehr) in Kraft blieb. Es ist dies der Zeitpunkt, an welchem Richard v. Montenigro Groſshofjustitiar wurde (Winkelmann a. a. O. 734). Das Register, von welchem wir ein Originalbruchstück, allerdings nur für die Jahre 1239/40 besitzen, wurde aber nach Ausweis der Marseiller Excerpte in gleicher Weise schon seit 1230 und bis 1248 geführt (Winkelmann a. a. O. 604 ff.). Es ist wohl nur Zufall, daſs für die frühere Zeit und die beiden letzten Jahre keine Excerpte vorliegen. Nehmen wir aber die Einrichtung der Register für die ganze Zeit von 1223—1250 als bestehend an, so ist damit zugestanden, daſs für alle in dieser Zeit gegebenen Urkunden der Schriftbeweis durch eigenhändige Eintragung der Regesten in das Copiebuch von der Kanzlei intendirt war und das erklärt wieder umgekehrt die oben festgestellte Thatsache, daſs alle Urkunden jener Zeit in einer bestimmten Kanzleischrift ausgefertigt wurden. Ebenso müssen wir annehmen, daſs während der ganzen Zeit bestimmten Personen das Recht gegeben war, die Notare zu Ausfertigungen anzuweisen, sei es nun, daſs sie für bestimmte Geschäfte generelle Vollmacht besaſsen, oder jedesmal vom Kaiser den Auftrag dazu erhielten. Es würde allerdings von besonderem Interesse sein, festzustellen, wie weit auch in den Zeiten vor 1244 der Kaiser bei den unter seinem Namen ausgefertigten Urkunden wirklich persönlich betheiligt gewesen ist. Um das zu entscheiden sind wir zwar schlecht unterrichtet, aber doch nicht ganz ohne Nachricht. In den Constitutiones I, 39 (Carcani S. 35) ist schon dem Groſshofjustitiar eine groſse Befugniſs zu selbständiger Erledigung von Geschäfen ertheilt. Ficker setzt diese Constitutionen in den April 1240 (B. F. 2950 b). Es ist dies aber doch auch wohl nur eine Neuordnung früherer ähnlich gestalteter Verhältnisse. Bei der mangelhaften Erhaltung und deutlich erkennbaren Ueberarbeitung der Constitutionen in späterer Zeit kann der Verlust der entsprechenden älteren Anordnungen nicht verwundern. Ganz genau die Competenz der einzelnen Beamten auch in früherer Zeit festzustellen hat wohl unüberwindliche Schwierigkeiten, aber wir werden ähnliche Verhältnisse, wie sie die Kanzleiordnung von 1244 voraussetzt, auch für die frühere Zeit vorauszusetzen haben. So möchte ich denn annehmen, daſs wir die Urkunden Friedrichs schon seit 1223 uns so entstanden denken dürfen, wie es für die Zeit von etwa 1240—1246 oben nachgewiesen ist. Aber selbstverständlich nur im Allgemeinen. Aenderungen in den Einzelheiten haben stattgefunden. Die in den Jahren 1244—1246 ausnahmsweise eingerichtete Beaufsichtung der Kanzlei durch den Kaplan Philippus ist schon oben berührt. Wir wissen aber noch von anderen, die ebenso wie diese ihren Ausdruck in den Unterfertigungen finden.

Unterfertigungen. — Zunächst ist da, wie schon Huillard-Bréholles Introduction S. CXXI und Andere bemerkt haben, die Kanzlerrecognition zu beachten und zwar während der Zeit, daſs der Kanzler Siegfried von Regensburg bei Hofe ist, d. h. 1231 December (B. F. 1916 ff.) und 1236/1237 (B. F. 2167 ff.), bei dem Aufenthalte in Deutschland. Man kann jedoch kaum annehmen, daſs diese Nennung des Kanzlers darin ihren Grund hat, daſs wirklich in jener Zeit Siegfried die Leitung des Beurkundungsgeschäfts in die Hand genommen hat. Die Erwähnung ist einerseits verhältniſsmäſsig selten und andererseits oft ohne einen für uns jetzt erfindlichen Grund unterlassen; so finden sich eine groſse Zahl von Privilegien (z. B. 2219 ff.), in welchen der Kanzler als Zeuge erscheint, ohne daſs die Recognition zugefügt wäre. Da in jener Zeit keine Kanzleigebühren gezahlt wurden (vergl. die Kanzleiordnung), so ist auch nicht anzunehmen, daſs der Kanzler etwa in jener Zeit Theil an den betreffenden Sporteln gehabt hätte. Ich kann mir daher die Erwähnung nur Ehren halber geschehen denken. Daſs trotzdem der Kanzler Einfluſs auf die Beurkundungen dieser Zeit gehabt hat, halte ich für sicher, aber ich glaube nicht, daſs dieser Einfluſs bei den Urkunden, die seine Recognition enthalten, durch diese festgestellt werden kann und bei den anderen zu läugnen ist.

Wesentlicher dagegen scheinen mir zwei andere Gegenzeichnungen zu sein. Die erste findet sich in Urkunden für den Deutschorden. B. F. 1590 liegt in zwei Originalausfertigungen in Venedig vor; die Datumformel lautet darin: Datum per manus Simonis venerabilis Tyrensis archiepiscopi et regni Jerusalemitani cancellarii (ich citire den Wortlaut nach Ficker a. a. O., da ich in Venedig den Tenor nicht abgeschrieben habe, auch auf die orthographischen Einzelheiten nichts ankommt). In dem einen Exemplare ist leider die betreffende Stelle gerade sehr zerstört, in der anderen dagegen glaube ich Symonis als nachgetragen zu erkennen. Ich möchte nach dieser Beobachtung um so eher an eine persönliche Betheiligung des Erzbischofs Symon an der Ausfertigung dieser Diplome glauben, als sie hauptsächlich die Besitzungen des Ordens im Königreiche Jerusalem bestätigen und andererseits in den lateinischen Fürstenthümern des Orients die Aushändigungsformel gebräuchlich war (vergl. z. B. die von Perlbach in der altpreufsischen Monatsschrift XIX. S. 647 abgedruckten Urkunden). Ich glaube, dafs wir hier den Versuch, eine besondere jerusalemitische Kanzlei zu constituiren, festzustellen haben. Ich sage absichtlich einen Versuch, weil entsprechende weitere Urkunden nicht bekannt geworden sind (vergl. Ficker, Beiträge II, S. 378) und die Kreuzzugsurkunden, welche auch Verhältnisse des heiligen Landes regeln (B. F. 1740—55), in ihrer äufseren Ausstattung durchaus den anderen Urkunden Friedrichs gleichsehen.

Eine zweite ebenso vereinzelt dastehende Unterfertigung findet sich unter dem gleichfalls für den Deutschen Orden ausgestellten Privilegium B. F. 3479 von 1245 Juni: sie lautet: Datum Verone per manus magistri Friderici Werdensis prepositi imperialis aule notarii. Auch hier sind Nachtragungen unzweifelhaft; ich wage jedoch nicht zu sagen, was im Einzelnen zugefügt, was ursprünglich ist. Welcher besondere Grund diesen Zusatz veranlafst hat, vermag ich nicht anzugeben; ich glaube aber, dafs die Schwierigkeit, welche die Zeugenreihe und besonders die Erwähnung des Abtes Konrad v. Ellwangen macht, hiermit in Zusammenhang zu bringen ist. Vielleicht haben wir es mit einer Neuausfertigung zu thun.

Ferner ist über die Gegenzeichnung des Philippus, von der schon mehrfach die Rede war, noch Einiges zu sagen. Ich habe sie auf allen Originalen aus der Zeit von Januar 1241 bis November (ausschl.) 1246 gefunden, mit alleiniger Ausnahme von B. F. 3434, 3438 und 3439, 3511. Diese Urkunden sind nun alle für das Kaiserreich erlassen; Ausfertigungen für das Königreich aus jener Zeit sind mir im Originale nicht vorgekommen. Die Gegenzeichnung steht immer, wie auf Tafel III ersichtlich, am rechten Rande der Urkunde: sie ist manchmal gröfser, manchmal kleiner, aber stets so gleichmäfsig,[1]) dafs man annehmen mufs, sie sei immer von derselben Hand geschrieben; zuweilen läfst sich ein Tintenunterschied gegen die Schrift der Urkunde feststellen. Die bei Winkelmann, Acta I. S. 735, und Ficker, Beiträge II, 17 sich findende Angabe, dafs diese Gegenzeichnung auch auf B. F. 2274 in München stehe, ist ein Irrthum. Ich selbst habe sie bei meiner Durchsicht der Münchener Originale nicht gesehen und eine besondere, auf meine Bitte ausgeführte Nachprüfung des Stückes gab nach gütiger Mittheilung des Herrn Geheimraths von Löher dasselbe negative Resultat.

Huillard-Bréholles, introduction CXXXV, löst die Sigle zuerst richtig als Philippus auf; er glaubt in dem Philippus den Propst von Werden sehen zu sollen, dessen Gegenzeichnung der Deutschordensurkunde oben besprochen ist; er kannte das Original nicht, in welchem der Unterfertiger ausdrücklich Friedrich heifst, sondern hat nach einer abgeleiteten Quelle gedruckt, in welcher der

[1]) Auf B. F. 3418 ist es etwa variirt; der von Winkelmann Acta I, 735 gegebene Holzschnitt stimmt nicht ganz genau.

Vorname ausgefallen war. Richtiger hat Winkelmann a. a. O. ihn mit dem Kaplan dieses Namens identificirt, dessen die Kanzleiordnung gedenkt, und damit zugleich festgestellt, dafs dieser Beamte, während die Stelle des Grofshofjustitiars unbesetzt war, beauftragt war, darüber zu wachen, dafs an die Kanzleibeamten keinerlei Zahlung geleistet wurde, was zu Bestechungen hätte führen können. Daraus erklärt sich denn auch das Fehlen dieses Zeichens in B. F. 3434, einem Manifeste und der Gesandtenvollmacht 3511 von selbst, da an deren Ausfertigung nur der Hof Interesse hatte. Schwierigkeiten macht dagegen 3438. Es ist in der Contextschrift kanzleimäfsig, die verlängerten Buchstaben der ersten Zeile sind etwas auffällig, aber es hängt eine echte Goldbulle dem Anscheine nach ursprünglich befestigt an. Ich zweifle, ob man das Diplom wegen des Fehlens der Gegenzeichnung verdächtigen soll: es ist ja aufserdem eine Bestätigung einer Fälschung; oder ob man annehmen soll, dafs dies Zeichen fehlt, weil die Goldbulle anhängt, die wahrscheinlich besonders zu bezahlen war. B. F. 3439 habe ich nicht selbst eingesehen; es trägt aber nach Alfred Maury's gütiger Mittheilung — verglichen mit einer Phototypie — das echte Siegel. Ob das Stück gefälscht ist, kann ich nicht beurtheilen. Es ist noch hervorzuheben, dafs die Gegenzeichnung sowohl in Urkunden für das Königreich, wie die Kanzleiordnung beweist, wie in Erlassen für das Kaiserreich, wie der Befund der Originale ergiebt, angewendet wurde.

Die letzte, aber für die Geschichte des Kanzleiwesens wichtigste Gegenzeichnung ist die in B. F. 3637 vom Juli 1247 zuerst[1]) nachweisbare Unterschrift des Petrus de Vinea, der zuerst im April zu Cremona (B. F. 3622) als protonotarius und logotheta genannt wird. Sie findet sich dann sehr häufig bis zum Sturze des Petrus; im Januar 1249 (B. F. 3755) zuletzt. Der Wortlaut ist: Datum per manus Petri de Vinea imperialis aule protonotarii et regni Sicilie logotete. Neben derselben pflegt auch am Schlusse des Urkundentextes der ausfertigende Notar genannt zu werden und zwar in der Weise, wie es in den Urkunden aus der sicilianischen Königszeit Sitte war. Wir müssen daher in diesen Formen ein Zurückgreifen auf alten sicilianischen Brauch sehen. Diese Analogie geht so weit, dafs, wie eine Schriftvergleichung sofort erweist, auch in dieser Zeit die in den Diplomen genannten Notare die wirklichen Ausfertiger waren und weiter in der Aushändigungsformel sich Unregelmäfsigkeiten der Schrift finden, welche Nachtragungen innerhalb derselben über allen Zweifel erheben: (B. F. 3708, 36, 37, 38, 40, 43 habe ich daraufhin geprüft). Aber auffallender Weise hört die Analogie da auf, dafs die Unterfertigung nicht wie in der früheren Zeit bei grofsen Ausfertigungen sich überall findet, bei Briefen, Mandaten u. s. w. regelmäfsig fehlt, sondern sie steht unter Privilegien und kleinen Ausfertigungen und fehlt auch wieder z. B. in

[1]) Ganz ausnahmsweise findet sich die Formel auch in B. F. 3360 vom Mai 1243, die Schrift des Stücks ist durchaus kanzleimäfsig, leider ist das Siegel verloren. Dafs das Stück, weil Petrus schon die Titel Protonotar und Logotheta führt, nicht viel vor April 1247 ausgefertigt worden sein kann, ist mit Ficker anzunehmen. Eine Entscheidung über Echtheit oder Unechtheit ist schwer zu fällen, weil das Siegel fehlt und ich andere angeblich von demselben Notar geschriebene Stücke nicht zur Vergleichung heranziehen kann; nach dem Aeufseren möchte ich aber eher an Rückdatirung als an Fälschung denken.

den grofsen Privilegien B. F. 3733, 34, 35, 39, ohne dafs man einen Grund dafür finden könnte, da ja der Protonotar in mehreren dieser Stücke als Zeuge genannt ist. Diese wenigen an den Urkunden selbst gemachten Beobachtungen nun genügen nicht, um sich ein klares Bild von dem Beurkundungsverfahren jener Zeit zu bilden und zwar um so weniger, als andere Quellen uns im Stiche lassen. Auch eine Beachtung der Urkunden der Folgezeit giebt nichts aus. In den Urkunden der letzten Jahre Friedrichs habe ich keine Unterfertigung durch einen höheren Kanzleibeamten gefunden, dagegen begegnen noch hier und da die Schreibernamen. In den Urkunden der Nachfolger Friedrichs aber, Konrads IV. und Manfreds, wird dann, wie ich wenigstens nach gelegentlichen Wahrnehmungen zu erkennen glaube, der alte sicilianische Brauch wieder vollkommen aufgenommen (s. unten bei Konrad IV.). Trotzdem ist aber eine durchgreifende Aenderung der Kanzleiordnung festzustellen, als deren Urheber wir wohl mit Fug und Recht Petrus de Vinea ansehen können. Die Neuerung findet sich erst, nachdem er höchster Kanzleibeamter des Kaiserreichs (protonotarius) und zugleich des Königsreichs (logotheta) geworden ist. Nachdem er in Ungnade gefallen war, verschwindet sie wieder. Nach der Analogie der altsicilianischen Urkunden haben wir anzunehmen, dafs die Nennung des Notarnamens die Ermöglichung des Schriftbeweises zum Zwecke hatte, gleichzeitig war der Notar dadurch für die richtige Ausfertigung des ihm vorgelegten Concepts verantwortlich gemacht, die Ausfüllung der Gegenzeichnung des Protonotars geschah nach der Prüfung der Reinschrift durch denselben und ermächtigte den Siegler zur Besiegelung. Vergleicht man dieses Resultat mit den für die Zeit bis 1246 oben construirten Verhältnissen, so möchte man darin um so mehr einen Rückschritt sehen müssen, als die neue Ordnung, wie wir oben sahen, nicht einmal regelrecht durchgeführt scheint. Dafs die damaligen Verhältnisse dem Petrus de Vinea eine ganz aufsergewöhnliche Machtfülle in die Hand gaben, geht ja aus den Ausführungen hervor: aber ich kann mich schwer zu der Annahme entschliefsen, dafs der Kaiser zugegeben haben sollte, dafs die ganze so fein ausgedachte Ordnung über Bord geworfen werde, nur um diesen Mann, auf den er ja schon lange und besonders seit der Verschwörung von 1246 (B. F. 3551 ff.) ein so grofses Vertrauen setzte, mit aufserordentlichen Vollmachten an die Spitze der Geschäfte zu bringen. Ich möchte vielmehr glauben, dafs einerseits praktische Gesichtspunkte mitsprachen, anderseits aber wohl doch noch Trümmer der früheren Organisation gerettet wurden. Die oben besprochene Einrichtung der Register u. s. w. setzte einen sehr geregelten Geschäftsbetrieb voraus und es wird bei dem Umherwandern der Kanzlei im Gefolge des Königs für die ausfertigenden Notare oft genug mit Schwierigkeiten verbunden gewesen sein, rechtzeitig die Registereintragungen zu machen, zumal ihnen die Kanzleiordnung Abwicklung ihrer Geschäfte in sehr kurz bemessenen Terminen vorschrieb. Dieser Schwierigkeit war durch Anstellung von eigenen Registratoren, wie sie in der päpstlichen Kanzlei schon lange thätig waren und wie sie offenbar auch später die angiovinische Kanzlei beschäftigte (vergl. die oben citirte Abhandlung von Fanta) leicht abzuhelfen. Dann liefs sich auch eine weitergehende Trennung der Register nach Materien, wie sie offenbar sowohl in der päpstlichen als der späteren angiovinischen Kanzlei statthatte, einführen. Dadurch wurde der Geschäftsgang aufserordentlich erleichtert. Aber in diesen Fällen mufste darauf Bedacht genommen werden, den Beweis der Schriftvergleichung durch anderweitige Mafsregeln zu ermöglichen. Vielleicht hat man nun den in der Urkunde genannten Notar auch im Register verzeichnet, gleichzeitig aber Schriftproben aller in der Kanzlei arbeitenden Ausfertiger zurückbehalten. Freilich sind es nur ganz vage Vermuthungen, die wir hierüber hegen können.

Nach der Beseitigung des Petrus de Vinea hört, wie schon oben bemerkt, die Gegenzeichnung auf; dafs man aber wieder zu den alten Kanzleigebräuchen zurückkehrte, ist mir um so weniger wahrscheinlich, als die Erwähnung der ausfertigenden Notare sich, wenn auch nicht regelmäfsig, so doch öfter findet, und auch die von den Nachfolgern Friedrichs, Konrad IV. und Manfred, erlassenen Urkunden sich in ihrer äufseren Form den von Petrus de Vinea gegengezeichneten Stücken eng anschliefsen.

Zwei Kanzleien. — Im Vorhergehenden ist die Urkundenhinterlassenschaft Friedrichs II. stets als eine einheitliche Masse behandelt, wenn auch häufig genug ein Hinweis auf Unterschiede zwischen Erlassen für Einwohner des Kaiserreichs und Königreichs nothwendig war. Auch die strenge Scheidung, welche der Gebrauch der verschiedenen Siegel erkennen läfst, hätte vielleicht von vorne herein eine gesonderte Besprechung der Kanzleigebräuche für Königreich und Kaiserreich angezeigt erscheinen lassen können. Aber schon der zu Anfang erbrachte Nachweis, dafs dieselben Notare in beiden Kanzleien arbeiteten, die weiter gemachte Beobachtung, dafs der Magister Philippus in den Jahren 1244—1246 alle Diplome contrasignirte, die Bestellung des Petrus de Vinea gleichzeitig zum Protonotar des Kaiserreichs und zum Logotheta des Königreichs beweisen zur Genüge, dafs eine vollständige Scheidung nie beabsichtigt gewesen ist und nie bestanden hat. Zunächst haben die Urkunden für das Königreich, entsprechend der büreaukratischen Regierung dieses Landes, meist den Charakter von Erlassen und Verfügungen an Beamte und die an Privatleute gerichteten Stücke betreffen meist richterliche Verhandlungen, Citationen und Entscheide; Privilegien kommen in den ersten Jahren nach 1221 noch etwas häufiger vor; es waren vielfach die Bestätigungen älterer auf Grund der bekannten Constitution (B. F. 1260 b) zur Prüfung und Anerkennung vorgelegter Urkunden; in späterer Zeit hören sie fast ganz auf. Bei den Urkunden für das Kaiserreich ist das Verhältnifs beinahe umgekehrt. Aber der einzige formelle Unterschied, den ich zwischen Stücken dieser einzelnen Urkundenarten, je nachdem sie für Angehörige des Kaiserreichs oder Königreichs bestimmt sind, habe finden können, ist der, dafs in sicilianischen Urkunden noch dann und wann sich der Namen des ausfertigenden Notars findet und in Urkunden für Angehörige des Kaiserreichs sporadisch der Kanzler recognoscirt. Eben so wenig aber, wie nach den obigen Auseinandersetzungen der Kanzlerrecognition in diesen Bedeutung beizulegen ist, möchten auch aus den Notarerwähnungen Schlüsse für jene zu ziehen sein.[1]) Die Verschiedenheit der Besiegelung ist schon erwähnt und mufs bei

[1]) Die Nennung des Notars erscheint geradezu überflüfsig, da derselbe schon im Register sich eingezeichnet hatte.

Besprechung der Siegel noch kurz behandelt werden. Ein weiterer Unterschied ist der, daſs für die sicilianischen Ausfertigungen, wie der Neapolitaner Band beweist, ein gesondertes Register geführt wurde. Von den Registern für Reichssachen ist bis jetzt keine Spur nachgewiesen; daſs sie aber und zwar gesondert geführt wurden, kann wohl keinem Zweifel unterliegen. Damit scheinen mir aber auch die Differenzen erschöpft und bei ihrer Geringfügigkeit ist man daher wohl berechtigt, die Urkunden als eine verhältniſsmäſsig gleichartige Masse anzusehen.

Von dem Kanzleipersonale, über das uns vielfache Nachrichten vorliegen, hier genauere Zusammenstellungen zu geben, halte ich nicht für angezeigt, der wichtigsten Personen ist schon vorher gedacht worden. Ueber Notare geben die Register Huillard-Bréholles' und Winkelmanns vielfache Auskunft. Eine erschöpfende Bearbeitung würde ein eingehendes Studium des ganzen einschlägigen Urkundenmaterials unter fortwährender Heranziehung der Originale zur Schriftvergleichung verlangen. Mir fehlt dazu das Material; es wäre eine Vorarbeit für eine Neuausgabe der ganzen Urkundenmasse.

Besondere Urkundenarten. — Bis jetzt haben nur die häufig vorkommenden gewöhnlichen Urkundenarten: Privilegien, Mandate, Briefe eine Besprechung gefunden; neben denselben erscheinen noch andere Ausfertigungen, wenn auch verhältniſsmäſsig selten, die in ihrem Aeuſsern wesentlich von den regelmäſsigen Formen abweichen. Als solche sind mir aufgefallen: Constitutionen, Manifeste und Hofgerichtsurtheile.

Von den Gesetzen haben sich selten die Originalausfertigungen erhalten, gewöhnlich sind sie nur in Sammlungen, in Handschriften auf uns gekommen. Von der Ketzerordnung von 1232 Februar, März (B. F. 1940, 42) aber liegen in Dominikanerarchiven mehrfache Ausfertigungen vor. Eine derselben ist in „Kaiserurkunden in Abbildungen" VI. 11 phototypirt. Diese Stücke sind von in der Kanzlei geschulten Notaren geschrieben, haben zum Theil eine einfache Promulgationsformel; dann folgt der Wortlaut der Gesetze und schlieſslich ohne Absatz und in den mir bekannt gewordenen Stücken in einem Zuge mit der Urkunde geschrieben das Datum. Obwohl das Siegel angehängt ist, fehlt jede Ankündigung desselben; diese Urkunden sind eben als einfache unter Siegel ausgefertigte Duplicate anzusehen. Ob aber die ursprüngliche für das kaiserliche Archiv bestimmte Ausfertigung weitläufiger ausgeführt war und etwa durch Zeugenaufführung Zustimmung und Beirath der Groſsen des Reichs erklärte, vermag ich nicht zu sagen; es ist eben zu wenig der Art erhalten. Existirt doch an gleichzeitiger Tradition von dem berühmten Landfrieden von 1235 August (B. F. 2100) nur eine ganz unbeglaubigte Einzel-Abschrift (vergl. Fickers Notiz zu der Nummer). Zu den Constitutionen stehen die Manifeste in einer gewissen Parallele; auch sie sind unter Beglaubigung des Siegels ausgegebene Duplicate, aber sie enthalten noch weniger Formeln; ich kenne drei Exemplare der Art, das eine ist das in den „Kaiserurkunden in Abb." VI. 16 gegebene vom 20. April 1239 (B. F. 2431) aus Wien; in Imola sah ich ein Original von B. F. 1715 von 1227 December 6; in Rom das undatirte Stück B. F. 3434. Sie enthalten zu Anfang den Kaisernamen mit entsprechender Adresse in Gruſsform, dann folgt einfach der Tenor; am Ende ist das Datum in einfachster Form angefügt, doch legte man, wie das vaticanische Exemplar von B. F. 3434 beweist, darauf wenig Werth. Besiegelt waren die meisten mit dem gewöhnlichen Wachssiegel; doch hatte das Exemplar von 2431, welches an Richard von Cornwallis gesandt wurde, nach Matthäus Paris Goldbulle. B. F. 1715 war mit dem Wachssiegel in ähnlicher Weise verschlossen, wie die päpstliche Kanzlei die Bleibulle gebrauchte, und als Brief versandt. Auf Schrift und Inhalt habe ich nur B. F. 2431 genauer untersucht und mich darüber bei Winkelmann, Acta II. S. 29 ff. geäuſsert. Das Stück ist offenbar nach Dictat von einem Schreiber gefertigt, der den Inhalt kaum halb verstand und in der lateinischen Orthographie sehr unsicher war. Die vielen hierdurch erklärlichen Fehler sind nur zum Theile durch einen Corrector herausgebracht. Daſs das nach England geschickte Exemplar, welches Matthäus Paris abschrieb und das Trierer Exemplar nicht besser waren, ist aus den a. a. O. gegebenen Varianten zu ersehen. Ich möchte daher annehmen, daſs nach Feststellung des Wortlauts eine groſse Zahl von Schreibern in einem Raume versammelt und ihnen dann gemeinsam dictirt wurde, um so gleichzeitig eine möglichst groſse Zahl von gleichlautenden Exemplaren fertigzustellen, wie das schon bei römischen Buchhändlern Sitte war. Bei dieser Entstehung der Manifeste erscheint es als berechtigte Forderung, daſs beim Abdrucke derselben, wenn eben möglich, mehrere an verschiedene Personen gerichtete Traditionen zu Rathe gezogen werden; ist letzteres nicht möglich, so sollten einer Besserung durch verständig angewandte Conjektur nicht zu enge Schranken gezogen werden.

Von den Hofgerichtsurkunden gehört streng genommen nur ein geringer Theil in den Rahmen dieser Arbeit. Ausgeschlossen sollen sein alle Stücke, welche nicht auf des Kaisers Namen gehen. Die in den letzteren gebräuchlichen Formeln hat Winkelmann Acta I. S. 721 ff. als Formulae magnae Curiae mitgetheilt. Die Trennung ist jedoch schwer und Ficker hat wenigstens einige der nach 1235 von deutschen Hofrichtern erlassenen Urkunden in die Regesten aufgenommen; nach B. F. 2100 sollte der deutsche Hofrichter einen eigenen Notar haben; die mir im Originale bekannt gewordenen Stücke B. F. 2137 von 1236 Februar und von 1247 Januar 13 sind freilich von verschiedenen Hofrichtern ausgestellt, aber auch von ganz verschiedenen Schreibern gefertigt, von denen wohl keiner in der kaiserlichen Kanzlei ausgebildet war. Weitere Besonderheiten bietet die Hofgerichtsurkunde mit Unterschriften. Die Kanzleiordnung von 1244 erwähnt sie (Winkelmann I. S. 736), wenigstens möchte ich das approbate et signate auf die Unterschriften deuten. Weitere Angaben über die Siegelung stehen ebendort und in Constitutiones I. 39, aber theils sind diese Festsetzungen nicht klar, theils entsprechen sie nicht dem Befunde der wenigen erhaltenen Originale. Eins derselben (B. F. 3458) ist „Kaiserurkunden in Abb." VI. 19a in Phototypie gegeben, aber es zeigt 5 Unterschriften und war auf 6 berechnet und steht so im Gegensatze zu der Kanzleiordnung, welche 2 Unterschriften verlangt; diese Abweichung ist wohl dadurch zu erklären, daſs hier der Anspruch einer Gesammtsitzung des Hofgerichts publicirt wird; aber weiter findet sich auch keine Spur eines Siegels, nicht einmal ein Bug. Dagegen fehlt nicht die Gegenzeichnung des Philippus, ein Beweis dafür, daſs das Stück, wenn es auch von dem Schreiber des Hofjustitiariats gefertigt ist, doch durch die Kanzlei ging. Die Unterschriften sind ohne Zweifel eigenhändig: vor ihnen stehen Kreuze, welche in ihrer Form eine Nachbildung der Kardinalkreuze zu sein scheinen. Das zweite ebenfalls in Siena befindliche Stück ist B. F. 2013. Von ihm hat Winkelmann durch Banchi ein Facsimile der Unterschrift des Petrus de Vinea erhalten, deren Eigenhändigkeit zweifelhaft erscheinen muſs (vergl. Kanzleiordnungen). Sie ist ganz die Unterfertigung eines Notars, aber Petrus war ja aus dem Stande der Notare hervorgegangen. Dieses Stück war besiegelt. Die in der ersten Kaiserzeit noch öfter vorkommenden vom Kaiser publicirten sententiae principum sind nicht besonders zu erwähnen; sie werden in gewöhnliche Urkundenform gekleidet.

Formeln. — Eine einigermaſsen genügende Bearbeitung der Formeln, welche in den Urkunden gebraucht werden, hier zu geben, ist nicht angängig; sie kann nur bei einer Verarbeitung der ganzen Masse zu einer Neuausgabe ausgeführt werden. Dann müſste man auch, wie Sickel es für die Urkunden der sächsischen Kaiser mit Erfolg durchgeführt, mit Hülfe derselben die Thätigkeit einzelner höherer Kanzleibeamten genauer festzustellen versuchen. Nur Einiges sei hier erwähnt. Bei groſsen Privilegien findet sich seit 1223 Frühjahr meines Wissens nur noch die Anrufung der heiligen Dreieinigkeit; dann folgt der Titel für sich allein gestellt, nicht in Verbindung mit einer Anrede oder Promulgation oder gar mit in perpetuum. Die Siegelankündigung pflegt bei Wachssiegel in die Formel: Ad huius rei memoriam et robur perpetuo valiturum oder Unde ad futuram memoriam et robur perpetuo valiturum oder ähnlichen Phrasen presens privilegium — scriptum u. s. w. fieri et sigillo maiestatis oder celsitudinis nostre iussimus communiri eingekleidet zu werden, die Ankündigung der Goldbulle lautet gewöhnlich ebenso, dann: et aurea bulla typario nostre magestatis impressa iuss. com. Die Zeugen werden gewöhnlich durch die einfachen Worte: Huius rei testes sunt, eingeführt; doch ist eine gröſsere oder geringere Variirung dieser Sätzchen häufig und bietet keineswegs Anlaſs zur Verdächtigung. Die Signumzeile pflegt nur eine Zeile einzunehmen. Das Monogramm ist dasselbe, wie in der Königszeit, meist sorgfältig oft verziert gezeichnet, ohne erkennbaren Vollziehungsstrich; es erscheint bemerkenswerth, daſs die unter dem Protonotariat de Petrus de Vinea ausgefertigten Privilegien häufig ganz bedeutend variirte Monogramme haben (schon in B. F. 3580 fehlt der X Strich, dann 3733, 3734 I, 3735 II, 3736, 3739 II, 3740), ohne daſs man darum die Echtheit dieser Stücke in Frage ziehen müſste. Die interessanteste Formel ist die Datirungsformel. Ficker hat dieselbe in seinen Beiträgen zur Urkundenlehre II. S. 364 ff. eingehend untersucht. Es muſs daher hier genügen einige Notizen beizubringen. Die Formel ist regelrecht, in das Acta, welches Incarnationsjahr, Monat, Indiction und Regierungsjahre (objectiv gegeben) enthält und mit feliciter amen schlieſst, und das Datum getheilt, welches in eigener Zeile geschrieben in der Regel nur den Ort selbständig bringt, während die anderen Angaben durch: (die) anno mense et indictione prescriptis aus dem Acta wieder aufgenommen werden. Ueber die Herleitung dieser umständlichen Datirung aus den älteren Kaiserurkunden und das Eindringen in diese letzteren durch den Einfluſs der Mainzer Kanzlei ist Fickers Auseinandersetzung zu vergleichen. Ebenso hat schon Ficker bemerkt, daſs die Datirung nur nach dem Monate wohl deshalb angenommen und festgehalten wurde, weil ihre Ungenauigkeit, etwaige Nichtübereinstimmung von Ort und Zeit leichter verbergen läſst. Aber die Kanzlei war doch in diesen Dingen noch vorsichtiger: sie behielt diese engsten Bestimmungen des Orts und Monats dem letzten Stadium der Beurkundung auf: wenigstens glaube ich in einer groſsen Zahl von Fällen Nachtragung[1]) des Monatsnamens und in den meisten des Ortsnamens wahrgenommen zu haben. Diese letztere Beobachtung möchte den Schluſs nahelegen, daſs auch die Privilegien die genaueren Angaben der Datirung erst bei der Registrirung erhielten (s. oben), dagegen wurden die Jahresangaben oft vorgefertigt: es ist dadurch erklärlich, daſs verhältniſsmäſsig häufig Stücke aus dem Januar das Incarnationsjahr um eine Ziffer zu niedrig haben. Man könnte versucht sein, aus dem strengen Festhalten an der gespaltenen Datirung den Schluſs zu ziehen, daſs die Worte: Acta und Datum nach ihrem genauen Wortsinne zu nehmen seien, so daſs Acta irgend einen Augenblick der Handlung, Datum aber den Termin der Aushändigung bezeichnete. Das ist jedoch für unsere Zeit durchaus unannehmbar. Abgesehen davon, daſs in diesem Falle das Itinerar ganz andere Schwierigkeiten bieten würde, ersehen wir aus dem einen sehr significanten Falle das Gegentheil: die verschiedenen Ausfertigungen des Privilegiums B. F. 1917 von 1231 December sind bis in den Mai des folgenden Jahres aus den verschiedensten Orten datirt (Ficker II. S. 375). Ich möchte überhaupt annehmen, daſs regelmäſsig den Urkunden Friedrichs das Datum nicht zugefügt wurde, um den Zeitpunkt zu bezeichnen, von welchem an die in denselben festgestellten Rechte oder der darin gefällte Spruch in Geltung treten sollte, sondern um den Zeitpunkt der Vollendung der Urkunde, der mit der Eintragung ins Register eintrat, zu bezeichnen. Da verkenne ich nun nicht, daſs gerade bei der Monatsdatirung diese Annahme auf Schwierigkeiten stöſst. Wir wissen eben nicht, wie die Register für das Kaiserreich, für welches ja meistens die Privilegien bestimmt waren, eingerichtet gewesen sind; in dem sicilianischen Register hätten diese Documente allerdings kaum ihren richtigen Platz gefunden.

In den privilegienartigen Mandaten sind die Formeln im Ganzen ähnlich, wie in den groſsen Ausfertigungen, nur pflegt mit dem Titel eine Promulgationsformel verbunden zu sein und die Prunkformeln fehlen regelmäſsig, dagegen ist das Datum häufig in Acta und Datum getheilt. Bei Mandaten unter Hängesiegeln ist mir noch aufgefallen, daſs nicht selten das Datum durch mehrere Zeilen vom Texte getrennt genau über der Oberkante des Bugs steht. Ich bin im Unklaren darüber, ob diese Lücke gelassen wurde, um eventuell noch Zeugen zuzufügen, oder ob die Pergamentstücke vielleicht schon im Voraus zurecht-

[1]) Dabei ist zu bemerken, daſs die nicht vollendete, weil zu corrigirende Ausfertigung v. B. F. 3510 in Venedig diese Angaben enthält. Es ist dieses Stück das einzige mir bekannte conceptartige Diplom, aber es scheint so eigenthümlichen Verhältnissen seine Entstehung zu danken, daſs es für allgemeinere Erörterungen kaum verwendbar erscheint. (Winkelmann, Acta I, 337).

geschnitten und unten umgefalzt in der Kanzlei vorlagen und so das zu grofs genommene Blatt besser ausgefüllt werden sollte. Dafs etwa das Datum vorgefertigt gewesen wäre, möchte ich kaum glauben.

Von einer Zusammenstellung der Resultate vorstehender Untersuchungen stehe ich ab, da sie ja doch nur eine Wiederholung des vorigen geben würde, aber es ist hervorzuheben, welche Regelmäfsigkeit und Ordnung in der Kanzlei während der Kaiserzeit geherrscht hat. Wenn nun auch schwerlich anzunehmen ist, dafs der Kaiser die Kanzleiregeln selbst erdacht hat, so ist ihm doch anzurechnen, dafs er Beamte zu wählen gewufst hat, die diese praktisch und logisch durchgebildeten Ordnungen nicht nur aufgestellt, sondern auch über ihre sorgfältige Beobachtung gewacht haben. Nach diesem Gesammtresultat sollte ich meinen, dafs ganz aufserhalb dieses Rahmens stehende Urkunden nicht als echt anerkannt werden könnten. Nun hat Ficker vor längeren Jahren (Wiener Sitzungsberichte LXIX, 275 ff.) einigen auf den Namen Friedrichs gestellten Urkunden, die nach ihrer Datirung sicher nicht von der Kanzlei ausgestellt sind und auch inhaltlich viele Schwierigkeiten bieten, eine eingehende Untersuchung gewidmet und ist für ihre Echtheit eingetreten. Es sind die Regestennummern B. F. 1446 und 1447. Seine ganze Auseinandersetzung steht und fällt meines Erachtens mit der Möglichkeit, ob die einzige bis jetzt bekannt gewordene Urschrift B. F. 1447 als wirkliches Original angesehen werden kann. Ich habe sie auf Tafel XI in Phototypie wiedergeben lassen. Sie ist kaum vor dem letzten Viertheil des Jahrhunderts geschrieben und nach ihrem Aussehen am ersten mit den Urkunden Adolfs von Nassau über die Verpfändung Kaiserswerths an Köln zusammenzubringen (Lacomblet II. 937). Schon Ficker erkannte die Schwierigkeit der Annahme, dafs Friedrich zur Ausstellung jener Urkunden in Deutschland, wo er ja in seinem Sohne Konrad IV. einen vollmächtigen Vertreter hatte, Vollmacht gegeben habe und ordnete sie daher den Regesten Konrads ein, aber ich sehe damit die Schwierigkeit nicht gehoben, da Konrad diese Versprechungen an die niederrheinischen Fürsten unter solchen Umständen doch wohl unter eigenem Namen und Siegel gegeben hätte. Ich mufs die Stücke für Fälschungen halten. Trotzdem ist die Möglichkeit, dafs Urkunden unter Friedrichs Namen und Siegel auch entfernt vom Hoflager ausgefertigt wurden, nicht zu läugnen, denn wir haben davon ein authentisches Beispiel, dafs nämlich die Kanzlei ein besiegeltes Pergament an eine Vertrauensperson zum Einschreiben einer Urkunde sandte, aber dieser Ausnahmefall erkärt sich durch die Unfähigkeit der Kanzlei, diese Urkunde — in arabischer Sprache und Schrift — auszufertigen B. F. 2893 (s. oben S. 3). Sonst aber wissen wir von Membranen, wie sie von König Wenzel verwendet wurden (Lindner, Kanzleiwesen 181), aus dieser Zeit nichts und bei der straffen Kanzleiordnung sind sie undenkbar; ist doch die obenerwähnte Membrane gleichwohl registrirt.

D. Die Urkunden Heinrichs (VII.).

Sicilianische Urkunden. — Die gröfste Zahl derselben ist bei Winkelmann gedruckt (Acta imperii inedita I, S. 371 ff.). Sie sind meist nur in Abschriften erhalten, an Originalen kenne ich nur ein Stück und es ist auch meines Wissens das einzige bis jetzt bekannte (B. F. 3837); es reiht sich den kleineren Privilegienausfertigungen des Vaters an, und die Schrift entspricht durchaus der Schrift der Urkunden Friedrichs. Auch die nur in Abschriften erhaltenen gröfseren Privilegien sind in den in der Kanzlei des Vaters gebräuchlichen Formeln abgefafst. Die Beglaubigung des Kanzlers fehlt durchgängig.

An ausfertigenden Notaren werden genannt Johannes de Brundusio (B. F. 3836), Nicolaus de Petralia (B. F. 3840) und Aldoinus (B. F. 3841), die oben schon unter den Notaren des Vaters aufgeführt sind. Ob der am meisten genannte Philippus (3837, 3838, 3841) mit Philippus von Salerno identisch ist, kann nicht entschieden werden, da das verdächtige B. F. 552, aus welchem man alleine die Schrift dieses Notars kennen könnte, zwar mit der Schrift von B. F. 3837 nicht übereinstimmt, aber andererseits wegen des darauf liegenden Verdachts als ausschlaggebend in dieser Frage nicht angesehen werden kann. Adam und Guillelmus de Castro Joanne kommen in Urkunden Friedrichs nicht vor.

Die ersten nach der Abreise Heinrichs zum Vater im Juli 1216 erlassenen Urkunden sind für das Herzogthum Schwaben bez. Burgund bestimmt und mit dem Herzogtitel sowie unter Herzogsiegel ausgefertigt (B. F. 3845, 47, 48, 49). Von denselben ist mir nur 3845 und 3849 im Originale bekannt geworden. Ueber die erstere Nummer sind die bei Ficker zum Regeste, Winkelmann in den Acta I, 377 und in den Kaiserurkunden in Abb. VI, 20, beigebrachten Notizen zu vergleichen: 3849 bietet keine Veranlassung zu weiteren Bemerkungen. B. F. 3850, 51, 52 verdienen um so weniger gesonderte Besprechung, als in denselben Heinrich schon als erwählter römischer König erscheint und sie, wenn sie auch mit dem Herzogsiegel bekräftigt sind, mit demselben Rechte als Königsurkunden angesehen werden können, wie die Diplome Friedrichs II. mit dem Electensiegel (B. F. 670 u. 675).

Deutsche Urkunden. — Obwohl es bei der Prüfung der Königs-Urkunden Heinrichs (VII.) nahe läge, von der Voraussetzung auszugehen, dafs ebenso wie am Hofe des Vaters im Anfange der 20er Jahre auch in der Kanzlei des Sohnes feste Regeln für die Ausfertigung der Diplome angenommen wären, so ergiebt doch Durchsicht der im Originale erhaltenen Stücke, dafs unter Heinrichs (VII.) Regierung vielmehr Zustände herrschten, welche denen der deutschen Königszeit Friedrichs durchaus ähnlich sahen. Besonders unter den Ausfertigungen der ersten Jahre finden sich Nachahmungen aller möglichen Urkundenformen, sowie Schriften des allerverschiedensten Charakters. Neben Urkunden einfachsten Aeufserns, welche der Mandatform sich annähern, kommen Diplome vor, welche die ältern Kaiserurkunden mit all' ihren Förmlichkeiten zum Vorbilde nehmen, ja nicht selten sind die päpstlichen Privilegien nachgeahmt. Und es ist lediglich das dem betreffenden Concipisten zufällig vorliegende Vorbild, welches diese Form bedingt und nicht etwa die Wichtigkeit der in dem betreffenden Stücke bewilligten Rechte oder die Rücksicht auf die Person des Empfängers, welche die Art und Ausdehnung der Feierlichkeit der Ausfertigung bestimmt. So ist die Helmarshauser Urkunde B. F. 3902 z. B. offenbar nach dem im Originale verlorenen Diplome Konrads III. (St. 3482), die Privilegienbestätigung für das Kloster Wald (B. F. 3845; vergl. Kaiserurkunden in Abbildungen VI, 20, allerdings noch eine Herzogsurkunde) sklavisch genau nach der entsprechenden Urkunde König Friedrichs (B. F. 870) gearbeitet, so lehnt sich das elegante Bebenhauser Privilegium (B. F. 4257) genau an das kurz vorher gegebene Protectorium Kaiser Friedrichs (B. F. 1961) an. Die Salzburger Diplome (B. F. 3927 8, 9) tragen ihren eigenen Charakter und ahmen päpstliche Privilegien nach. Eine ganze Reihe von Stücken ferner benutzte Privaturkunden — z. B. Bischof-Urkunden — als Vorlagen. Es fehlt mir dabei jedoch selbstverständlich an genügender Kenntniſs des Materials, um diese Verhältnisse bei jeder Urkunde verfolgen zu können und es muſs das eingehenderer Untersuchung vorbehalten bleiben. Das Gesammtergebniſs aber ist dasselbe, wie für die deutsche Königszeit Friedrichs: in einer groſsen, ja wohl der gröſsten Zahl von Fällen sind die Urkunden der Kanzlei fertig geschrieben zur Prüfung vorgelegt und in derselben nur besiegelt worden.

Bei dieser Lage der Dinge ist es daher selbstverständlich, daſs die Urkunden dieser Periode sich noch weniger, wie die der Königszeit Friedrichs, scharf nach ihren Kriterien in verschiedene Arten theilen lassen. Der Zahl nach herrschen die mandatähnlichen Ausfertigungen vor, sei es nun, daſs sie als Mandate unter Hängesiegel ausgingen oder in Briefform besiegelt waren. Dabei ist zu bemerken, daſs die verhältniſsmäſsig groſse Zahl der offenen Briefe sowie das einzige geschlossene Schreiben Heinrichs (B. F. 4221), welches ich gesehen habe, durchaus ebenso wie die entsprechenden Stücke aus Friedrichs Kanzlei gefaltet und gesiegelt sind (s. oben S. 14). Vom Mandate bis zum Privilegium sind nun allerlei Zwischenstufen vertreten. Die groſsen Privilegien mit Chrismon, Invocation, den vollständigen verlängerten Buchstaben in der ersten Zeile und der Königsunterschrift sowie vereinzelt der Recognitionszeile sind verhältnifsmäfsig selten: am häufigsten sind sie in den ersten Jahren und zwar 1222—1224 (offenbar durch den Einfluſs des Kanzlers Konrad) und gegen Ende der Regierung von 1232—1234, was wohl mit der gröſseren Machtbefugniſs, welche der König nach der ersten Aussöhnung mit seinem Vater erhielt, zusammenhängt. Das in diesen Privilegien gebrauchte Monogramm entspricht dem Friedrichs, aber der Querstrich durch die Diagonale welcher das X und die Abkürzung des et vertritt, findet sich häufiger auf der oberen Hälfte der Diagonale, ohne daſs dieser Verschiedenheit tiefere Bedeutung beizulegen wäre. Im Uebrigen sind diese Ausfertigungen derart unter sich verschieden, daſs es unmöglich ist, sie gemeinsam zu behandeln.

Höhere Kanzleibeamte. — Während eine gewisse Stätigkeit und Regelmäſsigkeit im Gebrauche der Unterfertigungsformeln in der Kanzlei Friedrichs eine Untersuchung derselben auf ihre durchgängige Bedeutung während des ganzen Zeitraumes gestattete und diese Untersuchung ein Ergebniſs zu bieten schien, so ist das für die Urkunden König Heinrichs (VII.) kaum möglich. Damit soll jedoch nicht behauptet werden, daſs diese Formeln stets — was ja in manchen Einzelfällen nicht zu läugnen ist — gedankenlos gebraucht sind; es ist vielmehr zu untersuchen, welche Personen maſsgebenden Einfluſs in der Kanzlei besaſsen und wie sie diesen ausübten. Da finden wir nun schon gegen Ende des Jahres 1221 (B. F. 3865) den alten bewährten Kanzler Konrad von Metz bei Hofe und schon bald (3870) als „Aushändiger", dann (3877, 3878, 3906, 3913) als „Recognoscent", in den meisten Fällen aber nur als „Zeugen" (3871, 3874, 3875, 3890, wo er mit oder für den König siegelt, 3891, 3893, 3912, 3914) genannt. Nun vermag ich aber aus dem diplomatisch-palaeographischen Befunde der Originale, in welchen der Kanzler als mitthätig bei der Ausfertigung der Diplome, sei es als Aushändiger (hier ist 3902 hinzu zu ziehen, in welcher die Formel datum per m. cancellarii nostri offenbar gedankenlos geschrieben ist), sei es als Recognoscent aufgeführt wird, genügende Anhaltspunkte nicht zu entnehmen, wie wir uns im Einzelnen seine Theilnahme an der Beurkundung vorstellen sollen, und ich denke nicht, daſs sie bedeutender war, als in den Urkunden, in welchen er als Zeuge vorkommt. Er wird eben, wie die anderen Fürsten, wenn auch vielleicht in erster Linie, vor Genehmigung der betreffenden Stücke um Rath gefragt sein; daſs er aber durch Anwendung der betreffenden Formeln in diesen vereinzelten Urkunden gerade für diese eine besondere Verantwortung übernommen oder für Ausfertigung derselben besondere Vollmachten erhalten habe, kann ich nicht annehmen. Er starb am 24ten März 1224 (vergl. Fickers Bemerkung zu No. 3916).

Bald nach Konrads Tode findet sich der alte Protonotar König Friedrichs, Heinrich von Tanne, bei Hofe (B. F. 3919, 1224 April 3) und er wird dann auch bis zum August 1230 (B. F. 4163) zuweilen als Zeuge, zuweilen als Aushändiger (B. F. 4018) genannt, jedoch verhältniſsmäſsig so selten, daſs sich daraus kein Eingreifen desselben in das Beurkundungsgeschäft selbst erschlieſsen läſst. Im December desselben Jahres tritt der Reichskanzler Siegfried von Regensburg (vergl. Huillard-Bréholles introduction CXXI) beim Könige auf und bleibt mit mehrfachen Unterbrechungen bis in den März 1234 (B. F. 4314) jedesmal längere Zeit bei Hofe; in dieser Zeit habe ich keine Erwähnung eines Protonotars gefunden. Aber auch Siegfried erscheint in weitaus den meisten Fällen nur als Zeuge und nur in B. F. 4205, 4280, 4288 meines Wissens als Recognoscent, also sind auf seine Mitthätigkeit bei der Ausfertigung der Urkunden selbst aus diesen Notizen Schlüsse kaum möglich.

Am 18. März 1234 finden wir endlich den letzten[1]) Protonotar des Königs Thegenhart, der schon als Würzburger Domscholaster mehrfach beim Könige war und auch unter den Vertretern Heinrichs beim Schweriner Vertrag (B. F. 3909) genannt wird. Als er das Amt des Protonotars übernahm, war er Propst zu St. Johann in Haug (Würzburg) und Vitzthum von Magdeburg. Auch er wird in den Urkunden nicht sehr häufig erwähnt und nie in einer Formel, welche auf eine besondere Einwirkung bei der Ausfertigung schlieſsen lieſse. Dennoch glaube ich, daſs er mehr und regelrechteren Einfluſs auf die Beurkundung gehabt hat, als sein Vorgänger, ja wohl auch als die beiden kaiserlichen Kanzler; dies wird jedoch erst bei der Besprechung der Schrift der Urkunden erweisbar sein.

[1]) Die Erwähnung des Protonotars Sigelons in B. F. 3900 beruht, wie Ficker bei der Nummer bemerkt, auf einer gedankenlosen Wiederholung einer Zeugenreihe aus der Zeit Heinrichs VI.

Die Gesammtheit dieser Beobachtungen über die höheren Kanzleibeamten jener Zeit ist also dahin zusammenzufassen, daſs zwar ein gewisser, zeitweise sehr groſser Einfluſs derselben auf die Fertigung der Urkunden nicht abzuleugnen aber auch eine regelmäſsige und regelrechte Betheiligung derselben an der Beurkundung selbst nicht zu erweisen ist. Da entsteht nun die Frage, welche bei der oben erwähnten Unregelmäſsigkeit der Urkunden, die als meistens von den Empfängern hergestellt bezeichnet wurden, doppelt berechtigt ist, welche Persönlichkeit wir denn als eigentlich verantwortlich für die richtige Ausfertigung der Diplome zu vermuthen haben.

Notare. — Da liegt es nahe an die nächst höheren Kanzleibeamten, die Notare, zu denken, deren Namen uns zum Theile bekannt sind. Am häufigsten begegnet uns in der ersten Zeit Marquart, den wir schon als einen der einfluſsreichsten Notare Friedrichs kennen gelernt haben. Wir ersehen aus B. F. 3672, daſs er Pfarrer in Ueberlingen war und begütert gewesen sein muſs, da er in jener Urkunde ein von ihm selbst zu Ulm gebautes Haus an das Kloster Salem schenkt. Seine häufige Nennung als Zeuge (1222 Juni B. F. 3884, 3887, 3888, 3890, 3897, 3906, 3960, 3961 und zuletzt 3968 1225 April 25) läſst zwar auch keinen unmittelbaren Schluſs auf seine Betheiligung bei der Urkundenfertigung selbst zu, wohl aber die beiden Stücke, in welchen er als „Aushändiger" genannt wird (B. F. 3907 und 3937). Ich habe nun zwar das Original von 3907 nicht eingesehen, aber in 3937 scheint mir, wie in den entsprechenden Urkunden Friedrichs II. der Namen „Marquardi" nachgetragen; ich folgere daraus, daſs hier die Formel bewuſst und in derselben Bedeutung, wie es oben für Friedrichs Kanzlei wahrscheinlich gemacht wurde, gebraucht ist. Wir müſsten also für diese Urkunden annehmen, daſs sie unter der Verantwortung des Marquart (für die Reinschrift) ausgefertigt sind. Einen weiteren Beweis für diese verantwortliche Thätigkeit dieses Notars in der Kanzlei giebt der Befund von 3899. Auf dem Buge dieses Stückes findet sich die Notiz, daſs der Bischof von Würzburg den Fertigungsbefehl gegeben habe (Dominus Herbipolensis episcopus precepit). Diese Angabe ist dann radirt. Auf der Rückseite des Siegels ist ferner ein kleines Siegel aufgeprägt, welches sich bei genauerer Untersuchung als das: Sigillum Marquardi ergiebt (Tafel IX. 7). Diese ungewöhnlichen Zusätze kann ich mir nun nur in der Weise erklären, daſs der Siegelbewahrer sich weigerte, die Urkunde zu siegeln, ohne daſs noch ein anderer die Verantwortung dafür übernähme. Dann wurde auf dem Buge der Bischof von Würzburg namhaft gemacht, der allerdings damals bei Hofe war (B. F. 3902, 3906, 3907), aber in der Urkunde nicht als Zeuge vorkommt; weshalb seine Bürgschaft nicht anerkannt wurde, vermögen wir nicht zu ersehen; daſs sie aber nicht anerkannt wurde, beweist die Rasur der Notiz. Schlieſslich übernahm der Notar Marquart durch Aufdrückung seines Privatsiegels auf der Rückseite des Königssiegels die Verantwortung. Dieser Fall steht für die hier besprochene Zeit ganz vereinzelt, er findet aber mancherlei Analogien; wie es denn im Anfange des 14. Jahrhunderts in Herford Sitte war, das Stadtsiegel mit dem persönlichen Siegel — des Bürgermeisters? — zu contrasigniren, und wie unter Karl IV. das Fürstenthumssiegel durch das rückwärts aufgedrückte Siegel der Kanzler beglaubigt wurde (Lindner, Urkundenwesen S. 49), vergl. Westf. Urkbch. III, 738. Ich möchte aus dieser Thatsache folgern, daſs Marquart bei Heinrich (VII.) die Functionen, welche wir für die Königszeit Friedrichs dem Protonotare zuschreiben, mehrfach ausübte. Wenn jedoch oben die Vermuthung ausgesprochen wurde, daſs der Protonotar wohl gleichzeitig die Verfügung über das Siegel gehabt habe, also Siegelbewahrer gewesen sei, so ist diese Annahme nach der obigen Auseinandersetzung über B. F. 3899 für Marquart nicht angängig. Aber es ist auch andererseits nicht wahrscheinlich, daſs zu jener Zeit einem einzelnen noch dazu verhältniſsmäſsig untergeordneten Beamten die Bewahrung des Siegels anvertraut gewesen ist, vielmehr ist anzunehmen, daſs alle oder ein Theil der Mitglieder des Vormundschaftsraths das Siegel in derselben Weise in gemeinsamem Verschlusse gehabt haben, wie wir es von Siegeln von Corporationen besonders von Städten anderweitig wissen; so ist ja im Kölner Stadtarchiv noch jetzt das Kästchen erhalten mit seinen Schlössern, zu denen je verschiedene Rathspersonen die verschiedenen Schlüssel bewahrten. Um diese Verhältnisse jedoch im Einzelnen aufzuklären, wäre eine sehr eingehende Untersuchung besonders der zum Theil sich inhaltlich widersprechenden Diplome von 1230 31 (B. F. 4159 und 4181 vergl. Böhmers Bemerkung zu der letzten Nummer) vorzunehmen; dieselbe muſs jedoch hier als zu weit führend bei Seite gelassen werden, zumal sicherer Erfolg auch hieraus nicht zu erwarten ist, weil zu wenig anderweitige Nachrichten zu Hülfe kommen. Es fragt sich nun noch, wie lange für Marquart dieser Einfluſs auf die Urkundenfertigung mit einiger Wahrscheinlichkeit anzunehmen ist. Ich glaube nicht weit über sein letztes Auftreten als Zeuge hinaus, da er von da an am Hofe überhaupt nicht wieder begegnet. Wer aber nach dieser Zeit und ob überhaupt noch eine einzelne Person nach ihm eine entsprechende Stellung bekleidet hat, ist nach Maſsgabe des Materials nicht zu entscheiden. Daſs Thegenhart im letzten Jahre der Regierung wirklich wieder die Geschäfte des Protonotarius ernsthafter aufgenommen hat, soll — wie schon oben angedeutet — unten wahrscheinlich gemacht werden. Neben Marquart finde ich als notarii oder scribae genannt Ulricus (B. F. 4010, 4071, 4131, 4164, 4257, 4296), Conrad (B. F. 3989), Lupold (B. F. 4010, 4071, 4164), Wernherus (B. F. 4209, 4257, 4366), Waltherus (B. F. 4164).

Es ist mir aber bis jetzt nicht gelungen, Genaueres über die Thätigkeit derselben im Einzelnen festzustellen, oder gar bestimmte Diplome als von einem oder dem anderen geschrieben zu erkennen. Die Untersuchung der Schrift der einzelnen Urkunden dagegen ergiebt, daſs einzelne Schreiber in verhältniſsmäſsig viel weiter ausgedehntem Maſse als ständige Kanzleibeamte anzusehen sind, als zur Regierungszeit Friedrichs als König. Dahin gehört zunächst der Schreiber von 3888, dessen Hand ich noch in B. F. 3888; 4035; 3894, 95, 99; 3903, 9, 11, 14, 15, 19(?), 46; 4052, 56, 66, 81, 82, 83, 93(?); 4130, 61, 70, 86, 88, 95 II, 99; 4203, 17, 20, 21, 25, 28, 36, 37, 42, 47, 55, 61 dem Zettel, 68(?), 71(?), 88; 4318, 19, 41, 56, 70, 71, 77 wiederfinde. Er war also fast während der ganzen Zeit der Regierung König Heinrichs (VII.) in der Kanzlei beschäftigt. Seine Schrift ist offenbar durch die Schulung der päpstlichen

Kanzlei beeinfluſst, sie läſst sich in ihrer Entwicklung in so weit verfolgen, als er in der ersten Zeit seines Auftretens stets dasselbe Anfangs-H hat und in der Ausführung der Buchstaben d, g, m (am Ende), s (am Ende), dem r mit Unterlänge und x am charakteristischsten sich zeigt. Als er dann nach längerer Unterbrechung wieder Diplome ausfertigt, schwankt er in der Ausführung des Initials offenbar unter dem Einflusse des zweiten gleich zu besprechenden Schreibers, von dem er auch die obere Verzierung der Schäfte von s und f zu übernehmen scheint; gleichzeitig verschwindet allmählich die Unterlänge des r und es bilden sich die so eigenthümlichen Capitälchen aus. Diesen Charakter behält seine Schrift in der Folge, aber er nimmt wieder von den früheren etwas verschiedene Initialen an und schreibt häufig sehr flüchtig und unregelmäſsig (vergl. das Facsimile unter A auf Tafel XII). Der zweite Schreiber, den ich öfter und zwar in den Nummern 4062, 69, 72, 76, 97; 4110, 20, 58, 63, 65, 67; 4240, 41, 81; 4355 wiederzufinden glaube, ist aus derselben Schule hervorgegangen, wie der erste, so daſs beider Schrift oft schwer zu unterscheiden ist; er hat jedoch ebenfalls eine eigenthümliche Initiale, an deren Stelle er nur selten eine setzt, die denen des ersten Schreibers ähnelt und unterscheidet sich von diesem besonders durch die charakteristische Form des g, m (am Ende), s (am Ende), r (ohne Unterlänge) und x; auch seine Capitälchen bildet er eigenartig (vergl. Tafel XII, B). Der dritte Schreiber, den ich in den Nummern 4323, 24, 30, 31, 37; Winkelmann II. 71; 4350, 51, 61, 65, 66, 82 nachweisen kann, hat eine ganz charakteristische Schrift, er ist offenbar schon in der kaiserlichen Kanzlei Friedrichs ausgebildet, zeichnet sein Anfangs-H immer gleichmäſsig und ist besonders durch die geraden Fahnen an den Oberlängen der Buchstaben kenntlich (vergl. Tafel XII, C). Ueber die Namen und Herkunft dieser Schreiber vermag ich nicht einmal gegründete Hypothesen aufzustellen. Anfangs vermuthete ich, daſs der erste Schreiber mit dem Notare Marquart zu identificiren sei, aber die früheste von ihm geschriebene Urkunde (3888) fällt zeitlich zu spät hinter Marquarts erstes Vorkommen (3872) und anderseits finden wir Urkunden des betreff. noch aus dem Jahre 1235, während Marquart schon seit 1225 April (3968) nicht mehr bei Hofe vorkommt; trotzdem halte ich es für nicht unwahrscheinlich, daſs dieser scriba durch Marquart in die Kanzlei gebracht wurde. Für den Zusammenhang des dritten Schreibers mit dem Protonotare Thegenhart spricht sein Auftreten mit diesem zusammen; er hält mit ihm bis zu Ende aus; ich bin jedoch nach Maſsgabe aller Analogien der Ansicht, daſs die unter C charakterisirte Schrift nicht etwa des Protonotars eigene Schrift, sondern die eines von ihm abhängigen Schreibers ist. Es ist weiter zu bemerken, daſs die von diesen Kanzleischreibern gefertigten Urkunden meist einfache Mandate sind, so daſs diese Form als die in der Kanzlei selbst gebräuchlichste anzusehen ist. Sie sind in ihrer Fassung den Mandaten der kaiserlichen gemäſs. Ueber die in den übrigen Urkunden angewandten Formeln läſst sich zusammenhängend nichts sagen, da sie ebenso wie das Aeuſsere dieser Diplome nach Vorbild aller möglichen Diplome gewählt sind. Sogar der Titel ist schwankend; über die Zeugen ist dasselbe zu sagen, wie bei den Urkunden Friedrichs II. aus der deutschen Königszeit. S. oben.

Datirung. — Die Datirung entspricht im Allgemeinen dem Itinerare und es ist anzunehmen, daſs viele Daten, welche Schwierigkeiten machen, nach Auffindung der Originale oder besserer Abschriften sich ebenfalls in diesen Rahmen fügen werden. Daneben aber begegnen Räthseldaten, auch in Originalen, über deren Echtheit kein Zweifel aufkommen kann. Es ist Sache der Einzelforschung diese Unregelmäſsigkeiten aus der Entstehung der Diplome zu erklären. Wohl das auffallendste Beispiel ist B. F. 3845, dessen Datum eine einfache Wiederholung des entsprechenden Theils im gleichlautenden Diplome Friedrichs II. (B. F. 870) ist (abgebildet „Kaiserurkunden in Abbildungen" VI, 20). Auch B. F. 3861 gehört hierher. Für Einreihung ganz undatirter Stücke kann nur der Inhalt und das Siegel Anhalt gewähren. In den meisten derartigen Fällen ist jedoch einfach vergessen worden, die Datirung zuzufügen, wie das oft schon geschriebene Dat. und der Umstand beweist, daſs noch Raum gelassen ist.[1] Diese Erscheinung führt ferner zu dem Schlusse, daſs die in diesen Fällen unterbliebene, aber doch beabsichtigte Nachtragung der Datirung in der Reinschrift häufiger vorgekommen sei und das wird durch eine genaue Untersuchung einer groſsen Zahl von Originalen bestätigt (vergl. schon Ficker, Beiträge II. §. 443). Dieser Umstand läſst aber wieder auf Datirung nach dem Tage der Reinschrift schlieſsen und legt die Vermuthung nahe, daſs gerade die Zufügung der Datirung den Abschluſs der Beurkundung überhaupt bildete und gleichzeitig eine Art von Beglaubigung darstellte. Man würde dann sich die Ausfertigungen der Reinschrift ähnlich geschehen denken, wie wir es oben für die Urkunden der Kaiserzeit Friedrichs nachgewiesen haben: d. h. die Vollendung der Urkunde durch Zufügung der Datirung und Siegelung abhängig von der Eintragung in ein Register. Doch möchte diese Annahme erst für die spätere Zeit und kaum für die Zeit des vorwiegenden Einflusses des Kanzlers Konrad statthaft sein. War aber ein Register vorhanden, so ist es jedenfalls nicht mit der Sorgfalt und Regelmäſsigkeit, wie das Kaiser Friedrichs, geführt worden und die Eintragung in dasselbe durch die jedesmaligen Schreiber kaum denkbar; vielmehr macht die Wahrnehmung, daſs die Datirungsnotiz an B. F. 4261 von der Hand von 3888 zu sein scheint, es wahrscheinlich, daſs gerade die ziemlich ständig in der Kanzlei thätigen Schreiber auch die Register führten. Wir würden also demnach etwa annehmen müssen, daſs bei den undatirten Stücken auch die Registrirung vergessen war, während die Siegelung sie doch schon zu den von der Kanzlei anerkannten Urkunden gestempelt hatte.

Ueber die Einzelangaben der Datirung ist Huillard-Bréholles Introduction XXIX ff. zu vergleichen. Eine bestimmte Angabe über den Anfang des Jahres Christi ist nicht möglich (l. c. XXXIV). die Indiction schwankt zwischen kaiserlicher und griechischer (Anfang am 1. und 24. September, l. c. XLVI). Die Regierungsjahre sind verhältniſsmäſsig selten zugefügt und so verschieden gezählt, daſs bei denselben von einer in der Kanzlei festgehaltenen Epoche nicht die Rede sein kann (l. c. LII).

[1] Auch ist der Fall denkbar, daſs die Jahrzahl bis auf die Einer eingetragen und dann deren Zufügung vergessen wurde, so wird auch die Datirung von B. F. 3853 zu erklären sein, das doch höchst wahrscheinlich mit D. F. 3980 zusammengehört.

Das sicherste chronologische Merkmal für die Urkunden Heinrichs (VII.) ist somit das Incarnationsjahr und, da dieses oft bei den kleinen Ausfertigungen fehlt, die Indiction.

Als Ergebnifs der vorstehenden Untersuchungen stellt sich heraus, dafs das einzig sichere Kriterium für die Urkunden König Heinrichs (VII.) — bei selbstverständlich vorauszusetzender gleichzeitiger Schrift — das der Datirung entsprechende Siegel mit ursprünglicher Befestigung ist. In zweiter Linie ist dann noch die Hand der wenigen uns bekannten Schreiber zu beachten, die auch bei jetzt der Siegel beraubten Exemplaren die Echtheit verbürgen kann. Im Gegensatze hierzu aber dürfen Unregelmäfsigkeiten der Abfassung, Eigenthümlichkeiten der Schrift — sobald sie nicht zeitlich unmöglich sind — nicht dazu verleiten, Diplome als unecht anzusehen, die echt besiegelt sind, ja sie genügen nicht einmal, Stücke zu verdächtigen, die der Siegel beraubt sind.

E. Die Urkunden Konrads IV.

Deutsche Urkunden. — Ueber die deutschen [1]) Urkunden Konrads IV. ist, da sie sehr gleichmäfsig ausgefertigt sind, verhältnifsmäfsig wenig zu sagen. Aeufserlich haben sie durchweg die Form der Mandate, die theils unter Hängesiegel, theils als offene oder geschlossene Briefe ausgegeben sind. Der Namen pflegt in bestimmt abgekürzter Form Conr. [2]) (s. Kaiserurkunden in Abbildungen VI, 18d) zu stehen, doch findet er sich auch vereinzelt ausgeschrieben (z. B. B. F. 4494, 4502, 4530) oder auch als Cunradus (z. B. B. F. 4433, welches überhaupt abweicht s. unten 4451, 4445, 4490 Cunr.). Invocation begegnet ebenfalls vereinzelt (z. B. 4427, die erste, aber auch einzige deutsche Urkunde vergl. Kaiserurkunden in Abbildungen VI, 19b. 4433, 4443 I u. II). Die Schrift ist durchweg gleichmäfsig, von Schreibern, die in der Kanzlei Friedrichs geschult sind, und lehnt sich am meisten dem Ductus des unter C. bei Heinrich (VII.) charakterisirten Schreibers an (vergl. Kaiserurkunden in Abbildungen VI, 18d u. 19b); es sind jedoch deutlich mehrere Schreiberhände zu unterscheiden, aber meine z. Th. flüchtigen Notizen genügen nicht vollkommen, um jedem seine Urkunden — von den 65 von mir eingesehenen — zuzuweisen. Unter dieser Zahl habe ich nur 4431, 4433, 4494 (und die Fälschung 4521) als nicht von Kanzleibeamten geschrieben gefunden, während 4591 von einer Hand geschrieben ist, wie sie in den späteren Urkunden Friedrichs II. und denen Manfreds (ich sah B. F. 4726, geschrieben von Johannes de Brundisio, und 4728) vorkommt. Der Titel lautet in den beiden ersten (B. F. 4384, 85) Urkunden: Conradus dei gratia rex Ierosolimitanus gloriosi Romanorum imperatoris natus, dann seit der Königswahl (zuerst B. F. 4387): C. divi augusti Fr. imperatoris filius dei gratia Romanorum in regem electus semper augustus et heres regni Ierosolimitani oder Jerusalem. Er wird seit Februar 1251 (vergl. Böhmers Bemerkung zu B. F. 4531) in Romanorum in regem electus semper augustus Jerusalem et Sicilie rex geändert. Die übrigen Formeln schliefsen sich den in den Mandaten des Kaisers gebräuchlichen an. Zeugen finden sich, wie es die Form des Mandates mit sich bringt, selten [4384, 85, 89, 96; (4405, 6) 4407, 26, 27, 28, 30, 69, 74, 82, 83, 84, 85, 86; (4515) 4563]. Kanzleimäfsige Unterfertigungen fehlen ganz. An Kanzleipersonal finde ich nur erwähnt den Notar Konrad von Ulm in B. F. 4407, 4432, 4433 und den Nummern 4443 I u. II, in welchen er als Mitaussteller erscheint und mitsiegelt; nach der zuletzt erwähnten Urkunde scheint er in verwandtschaftlicher Beziehung zu Marquart, dem Notare Friedrichs und Heinrichs (VII.), gestanden zu haben. Ich finde keine Handhaben, um seine besondere Thätigkeit in der Kanzlei genauer festzustellen, aber ich glaube in ihm den eigentlichen technischen Leiter derselben zu sehen. Dafs er an dem Schreibgeschäfte selbst häufiger Theil nahm, möchte ich kaum annehmen, jedenfalls ist 4433, worin er als Zeuge vorkommt, nicht von einer Kanzleihand geschrieben (4407 habe ich im Originale nicht gesehen).

Die Jahresdaten bestehen meist einfach in Indiction und Incarnationsjahr, oft blos in der Indiction, über die Zählung der letzteren bemerkt Böhmer zu B. F. 4431, dafs sie die kaiserliche war. Die genaueren Angaben schwanken zwischen Nennung des Monatstages und des Monats überhaupt. Die Untersuchung der Originale ergiebt, dafs die Daten zur grofsen Mehrzahl ganz oder zum Theile nachgetragen sind. Daraus folgt die Beziehung zur Reinschrift und im Vergleiche mit den Gewohnheiten der kaiserlichen Kanzlei ist die Vermuthung auf Führung eines Registers begründet.

Als sicherstes und hauptsächlichstes Kriterium für die Urkunden ergiebt sich demnach das Siegel; jedoch bietet die Schrift besonders für Urkunden, deren Siegel verloren sind, in zweiter Linie ein bedeutendes Hülfsmittel, wenn sie auch ebenso wie die Eigenthümlichkeiten im Schreiben des Königsnamens nicht unbedingt Ausschlag gebend ist.

Sicilianische Urkunden. — Sobald der König in Italien für Italiener urkundet, macht sich der sicilianische Kanzleigebrauch geltend. Obwohl ich keines dieser Stücke im Originale untersuchen konnte, halte ich es doch für Pflicht, über diese Stücke folgende ganz kurze Notizen zu geben. Dabei mufs im Voraus bemerkt werden, dafs die für deutsche Empfänger bestimmten Urkunden dieser Zeit (z. B. B. F. 4589, 4591) den früheren Charakter beibehalten. Die eigentlichen italienischen Urkunden dagegen knüpfen vollkommen an den alten sicilianischen Gebrauch an, indem die gröfseren den Schreiber namhaft machen und die Aushändigungsformel aufweisen. Ich vermuthe für sie, nach der Analogie der älteren sicilianischen Urkunden Friedrichs und der von mir eingesehenen Originale Manfreds (B. F. 4726), dafs auch in diesen der Aushändigungsvermerk Nachtragungen aufwies und wir uns den Gang des Beurkundungsgeschäfts gleich oder ähnlich wie bei den entsprechenden Urkunden Friedrichs II. zu denken haben. Als Kanzler erscheint der schon in Friedrichs II. letzten Lebensjahren hervortretende Gualferius de Ocra (B. F. 4564 ff.).

[1]) Ich hebe dies im Gegensatze zu den auf dem italienischen Zug für italienische Empfänger ausgefertigten Diplomen hervor. Ueber diese unten einige Worte. Die beiden vor die Wahl fallenden Urkunden 4384 u. 4385, in welchen der König als König von Jerusalem erscheint, sind schon ganz in der Art der späteren Urkunden gehalten. — [2]) Auf der ersten bekannten Urkunde 4384 findet sich diese Sigle unten auf dem Buge von etwas anderer Hand, als die Urkunde, wohl als Vorbild gezeichnet.

II. Abschnitt.

Die Siegel.

A. Einleitung.

Verschluss mit angehängtem Siegel. — Im Allgemeinen sind in der Zeit, von der hier zu handeln ist, die angehängten Wachssiegel die gebräuchliche Form der Beglaubigung von Urkunden. Sie hatten, obwohl sie, wie augenscheinlich ist, eher umständlicher als einfacher[1]) befestigt waren, wie die eingehängten Siegel, diese seit etwa der Mitte des 12. Jahrhunderts verdrängt. Da ich nicht annehmen kann, daſs es sich bei diesem Vorgange um einen reinen Wechsel der Mode handle, so glaubte ich mir diese Thatsache nur so erklären zu können, daſs die Besiegelung durch Hängesiegel einen bis jetzt noch nicht erkannten Vortheil gegen den Gebrauch der eingehängten Siegel voraushabe. Dieser scheint mir nun darin zu bestehen, daſs das Hängesiegel neben der Beglaubigung ursprünglich zum Verschlusse der Urkunden diente. Ich sehe das Hängesiegel als eine Nachahmung der Bulle, vornehmlich der päpstlichen Bleibulle an, deren Anwendung zum Verschlusse Diekamp (Mittheil. des österreich. Instituts III, S. 610 ff.) nachgewiesen hat. Mich führte vor allem die Länge der aus dem Siegel herabhängenden Faden- oder Band-Enden auf diese Vermuthung. Bei genauerem Zusehen ergab sich nun, daſs neben einer groſsen Anzahl von Urkunden, bei denen Gleiches zu vermuthen ist, die Nummern B. F. 622, 623, 736, 1018, 1036, 1148, 1288, 1559, 1595, 1615, 1616, 1625, 1634, 1651, 1756, 3219, 3374 (Friedrich II.); 3881, 3938, 4120, 4209, 4217, 4220 4339 (Heinrich (VII.)); 4544 (Konrad IV.) unzweifelhaft mit den unten herabhängenden Enden der Siegel-Fäden oder Bänder geschlossen gewesen waren; bei den meisten derselben war die Schlinge nur abgestreift, nicht aufgeknotet.[2])

Nun kann selbstverständlich aus der verhältniſsmäſsig beschränkten Anzahl von Fällen, in welchen der Gebrauch der Hängesiegel zum Verschlusse mit Sicherheit nachgewiesen ist, nicht gefolgert werden, daſs alle Stücke aus den betreffenden Kanzleien ähnlich behandelt worden sind; und zwar schon deshalb nicht, weil diese Mode nicht erst in dieser Zeit aufkam, sondern schon als das Erbtheil mehrerer Jahrzehnte überliefert wurde;[3]) nichts desto weniger aber möchte ich annehmen, daſs von den Urkunden Friedrichs der gröſste, von denen Heinrichs ein gröſserer und von denen Konrads wohl nur ein geringer Bruchtheil in dieser geschlossenen Form ausgegeben worden ist. Zunächst sind nämlich die Urkunden, an denen Pergamentstreifen zur Besiegelung angewendet wurden,[4]) wohl nur selten mittelst derselben zugebunden worden, dann aber hatten die meisten Urkunden Friedrichs eine weite Reise zu machen, ehe sie in die Hände der Empfänger gelangten, während die Diplome Heinrichs (VII.) oft und die Konrads meist in der Nähe des Wohnorts oder am Wohnorte der Empfänger selbst erlassen sind. Der besprochene Verschluſs diente ja doch nur dazu, das Siegel zu schützen und dem Boten die Ueberbringung zu erleichtern, nicht aber dazu, die Beglaubigung zu verstärken oder den Inhalt vor den Augen Unberufener zu schützen. Denn es ist einerseits in fast allen Fällen sehr leicht gewesen, das Band abzustreifen oder den Knoten zu lösen, ohne Siegel, Urkunde oder Band zu schädigen, und andererseits besaſs man andere Mittel Urkunden (Briefe) so zu verschlieſsen, daſs sie ohne Verletzung eines jener Bestandtheile nicht eingesehen werden konnten. Ueber diese Verschlüsse und die den Urkunden (Briefen) selbst aufgehefteten Wachssiegel vergl. oben S. 11 die Besprechung der Briefe.

Auch die Goldbullen dienten zum Verschlusse, wie sich bei B. F. 673, 1971 I, 2029, 2060, 2065, 2275 noch deutlich erkennen läſst; diese Urkunden wurden zum Theil gefaltet, zum Theil gerollt versandt, wie daraus hervorgeht, daſs einige gar keine Längsfalten haben (B. F. 1746, 1749, 1752 1755 u. a.). Die Seidenfäden gehen jedoch durch diese Bullen — abweichend von den päpstlichen Bleibullen — durch, wie bei der

---

1) Das eingehängte Siegel war jedenfalls besser geschont durch die darüber zusammengefaltete Urkunde, als das herabhangende; die Befestigung des hängenden Siegels war theurer, da sie mehr und meist kostbareres Material — Seide — zum Anhängen forderte, dazu gefährdete das schwere nur an wenigen Punkten der Urkunde angehängte Siegel den unteren Rand der Urkunde und erschwerte die Aufbewahrung. — 2) Vergl. die Skizzen auf Tafel XII. Es sind die drei mir bekannt gewordenen Verschluſsarten; jedes Stück ist von Vorder- und Rückseite gezeichnet.

3) Ich habe bei dem geringen Materiale, welches mir an Urkunden der Kaiser und Könige Friedrich I., Heinrich VI., Philipp und Otto IV. zur Verfügung steht, keine Beobachtungen darüber machen können, durch wessen Einfluſs die Neuerung in die königliche Kanzlei eingeführt und wie strenge sie später gehandhabt worden ist, dagegen zeigte eine Untersuchung einer gröſseren Anzahl erzbischöflich Kölnischer Urkunden aus der 2. Hälfte des 12. Jahrhunderts bes. Philipps von Heinsberg, daſs deren Urkunden sehr häufig nicht nur mittelst der herabhangenden Siegelfäden zugebunden, sondern daſs sie ganz ähnlich, wie die päpstlichen Bullen in eine unten aus dem Siegel herabhängende Schleife eingesteckt waren (daher der sonst unerklärliche Ausdruck sigillo nostro inclusi bei Seibertz U. B. des Herzogthums Westfalen No. 77 von 1179). Ich hoffe, Herr Dr. Diekamp wird in seinen Nachträgen zu den Westfälischen Urkundensammlungen hierauf näher eingehen. — 4) Das kommt bei Friedrich selten, bei Heinrich häufiger, bei Konrad oft vor.

Bulle von B. F. 1927, welche ich mit höherer Erlaubnifs öffnen liefs und B. F. 814 und 949, die aufgesprungen sind, sich deutlich ersehen liefs.[1])

Wachssiegel. — Die Herstellung der Wachssiegel geschah während der ganzen hier in Frage kommenden Periode ziemlich gleichmäfsig. Ich habe jedoch diesen Gegenstand nicht mit gleicher Genauigkeit untersuchen können, da ich zu chemischen Analysen der Siegel weder Kenntnisse noch auf Reisen die nöthigen Mittel besafs und andererseits auch nach meiner Ansicht wesentliche und wichtige Anhaltspunkte für die kritische Beurtheilung der Urkunden dieser Zeit sich aus Kenntnifs der chemischen Zusammensetzung kaum gewinnen lassen.

Am verschiedensten sind die Handgriffe bei der Herstellung der Siegel selbst gewesen. In der sicilisch-normännischen Kanzlei Friedrichs (vergl. Winkelmann Otto IV., S. 498) waren durchgehend und in seiner späteren Kanzlei für das Königreich noch vielfach hölzerne Siegelkapseln mit Deckeln in Gebrauch. Die Siegel Friedrichs aus den Jahren 1212—1220 erscheinen meist aus der Hand geformt. Zuweilen sind die Fäden oder Bänder in die Wachsplatte hineingeknetet, oft ist auch das Siegel von Anfang an in zwei Theilen geformt; man kann dann zuweilen den unteren Teller, der in der Mitte gefurcht ist, um die Siegelfäden u. s. w. aufzunehmen, und einen Rand hat, damit das zur Stempelung nachher aufzugiefsende Wachs nicht abläuft, deutlich erkennen; in anderen Fällen fand ich zwei dem Durchmesser des Stempels entsprechende Tafeln auf einander geprefst. Da ist aber hervorzuheben, dafs nicht etwa der obere Theil, n a c h d e m er gestempelt war, dem unteren Teller aufgeheftet wurde (wie von Buchwald, Fürsten- und Bischofsurkunden S. 177 ff. meint), sondern es läfst sich z. B. daraus, dafs der obere Theil sich gerade an der Stelle, wo das Siegelband darunter liegt, geworfen hat, und aus anderen kleinen Anzeichen deutlich erkennen, dafs die Aneinanderpressung eben durch Aufdrücken des Stempels auf die obere Hälfte ausgeführt wurde; vergl. auch die Notiz zu B. F. 3813. Aehnlich sind auch die Siegel Heinrichs (VII.) im Grofsen und Ganzen gefertigt. Die Siegel aus der kaiserlichen Kanzlei Friedrichs sind offenbar vielfach in Modeln geprefst, wie ihre glatte abgerundete Rückseite beweist; die Konrads IV. weisen der Mehrzahl nach rückwärts einen von oben nach unten quer überlaufenden Grad auf, was mit Sicherheit auf Fertigung in einer Model schliefsen läfst.

Die Anhängung geschah meist mittelst seidener Fäden, die am häufigsten roth oder rothgelb gefärbt sind; es finden sich jedoch in der deutschen Zeit Friedrichs (1212—1220), so wie zur Zeit Heinrichs (VII.) und Konrads auch ebenso häufig ganz bunte gemischte Stränge. In der sicilischen Periode Friedrichs ist roth die streng eingehaltene Regel. Neben Seidenfäden sah ich dann aber Seidenkordeln, Seidenbänder, Wollen- und Leinen-Fäden und -Bänder und auch in späteren Zeiten immer häufiger Pergamentstreifen.

Im Allgemeinen ist zu bemerken, dafs der Stoff der Siegel durchgängig gemischtes Wachs ist, das etwa nach den von Grotefend (Sphragistik S. 23) mitgetheilten Recepten gefertigt sein mag; durchsichtiges reines Wachs habe ich nur an wenigen Urkunden Friedrichs aus der Zeit von 1212—1220 und vereinzelt an Siegeln Heinrichs (VII.) beobachtet. Häufig fand ich die Siegel mit einer in Wasser löslichen Farbe, unter andern schwarzer, äufserlich angestrichen. Die Siegel aus der sicilischen Periode, welche ich sah, waren alle aus einer harten rothen Masse, die man ebenso wie eine Reihe späterer Stücke, welche an Urkunden für Deutschherrn-Commenden und Cisterzienserklöster hängen, als Maltha bezeichnen möchte (vergl. meine Notiz in Löhers Archivalischer Zeitschrift 1882, S. 284). Es war mir nicht möglich, eine gröfsere Zahl derselben chemisch untersuchen zu lassen, aber Herr Corpsstabsapotheker Dr. W. Lenz hierselbst, dem ich dafür lebhaften Dank sage, hatte die grofse Freundlichkeit, ganz geringe Proben der Siegel von B. F. 939, 982, 1067 u. 1083 H, welche ich ihrer Härte wegen auch als Malthasiegel ansehen zu sollen glaubte, zu prüfen: es zeigte sich aber, dafs dieselben aus Wachs mit Fett-(Talg-)Zusatz bestanden und ihnen nur so viel Bleioxyd bez. Mennig zugesetzt war, als zur ausgiebigen Färbung des Siegels nothwendig schien. Die Härte der Siegel glaubte Herr Dr. Lenz auf die chemische Einwirkung des Bleioxyds bei der Bereitung der Siegel aber auch im Laufe der späteren Aufbewahrung zurückführen zu müssen. Nur das Siegel von B. F. 779 ergab beim Verbrennen einen 30,8% betragenden Ascherückstand, welcher soweit das nach den disponibeln wenigen Milligrammen Substanz beurtheilt werden konnte, der Hauptsache nach aus rothem Bolus bestand. Die Zusammensetzung der älteren sicilianischen Siegel konnte ich, da mir keine Proben zu Gebote standen, nicht feststellen lassen. Es ist jedoch nach Herrn Dr. Lenz Vermuthung wahrscheinlich, dafs bei ihrer Bereitung dem Wachse, wie bei B. F. 779, ein hoher Procentsatz gepulverter Mineralien beigemischt war, um sie gegen die Hitze der südlicheren Gegenden widerstandsfähiger zu machen. Die Verschiedenheit der Siegelstoffe erklärt sich offenbar daher, das der Kanzlei Friedrichs beim ersten Aufenthalte in Deutschland und der Heinrichs (VII.), sowie der Konrads, wenn auch seltener, das Siegelwachs von den Urkundendestinatären geliefert wurde. Es möchte sich jedoch kaum lohnen, des Näheren auf diese Erscheinung einzugehen.

Stempel. — Ueber die Form und das Material der Stempel läfst sich mit Sicherheit nichts angeben, da uns kein einziger erhalten ist. Nach mannigfachen Analogien ist aber anzunehmen, dafs sie in flache Silberplatten, denen ein Henkel auf der Rückseite angelöthet war, geschnitten gewesen sind.[2])

Der Werth der Stempel als selbständiger Kunstwerke und ihre Verwendbarkeit, um aus ihnen eine Vorstellung von der äufseren Erscheinung der betreffenden Könige zu erlangen, ist sehr verschieden: je nach-

[1]) Ueber die Befestigung der Bullen im Einzelnen sind bei Besprechung der Stempel Notizen gegeben. Der Goldwerth einer Bulle aus der Kaiserzeit wurde von Herrn Hofjuwelier Osthues auf etwa 10 Mark veranschlagt.

[2]) Von den Ringen finden sich häufig Abdrücke; die Zeichnungen entsprechender Stempel vergleiche bei Fürst Hohenlohe, Sphragistische Aphorismen Tafel XV, No. 158; eine ziemlich bedeutende Anzahl von Stempeln westfälischer Stadtesiegel des 13. Jahrhunderts, welche mir im vorigen Jahre vorlag, hatte durchweg dieselbe Form. Ueber die Einrichtung der Bullenstempel sind wir schlecht unterrichtet (vergl. jedoch die bekannte Stelle aus Wibalds Briefen Jaffe Mon. Corb., S. 506).

dem sie sich enger an ältere Vorbilder anschliefsen oder ihre Zeichnung freier und individueller gestaltet ist. Das Nähere darüber, sowie Vermuthungen über die Heimath der Stempelschneider soll bei Besprechung der einzelnen Stempel seine Stelle finden. Hier ist nur über die Siegel, welche man mit Recht als wirkliche Kunstwerke bezeichnen darf, einiges zu sagen. Es sind dies das jüngste Königssiegel Friedrichs, sein Kaisersiegel und das Königssiegel Heinrichs (VII.) (Tafel VII, 1. 2, 3; VIII, 1. 2, 4; IX, 2, 3, 4).

Von diesen sind die beiden ersten, wenn sie sich auch im Allgemeinen den älteren Typen anschliefsen, doch in ihren Einzelheiten so selbständige Compositionen, dafs man zur Annahme berechtigt ist, der Künstler habe ein individuelles Bild des Herrschers geben wollen, und dann weiter auch die Frage stellen mufs, wie weit er seine Aufgabe gelöst hat. Die sicherste Handhabe zur Beantwortung dieser Frage gewährt eine genaue Betrachtung der Darstellung des Ornates und der Zeichen der Herrscherwürde, weil wir darüber verhältnifsmäfsig gut unterrichtet sind, in so fern ein grofser Theil des noch erhaltenen Krönungsornats jenen Zeiten entstammt oder noch älter ist.

Da ergiebt sich nun zunächst, dafs die Darstellung des Thrones auf dem Königssiegel Friedrichs eine freie und verfeinerte Nachbildung des Thrones auf älteren Siegeln (Philipps s. Heffner Tafel V, 41) und daher wohl als ein Phantasiestück aufzufassen ist. Die Krone entspricht im Allgemeinen der von Bock (Krönungsornat Tafel IX) abgebildeten aus dem Aachener Schatze, welche jetzt das Reliquiar mit dem Kopfe Karls des Grofsen schmückt; freilich ist es fraglich, ob dieses Stück schon aus der Zeit Friedrichs stammt (s. Bock a. a. O.); das Scepter scheint ebenfalls nach älteren Siegeln gezeichnet, die noch erhaltenen sind sämmtlich schlichter. Der Reichsapfel in seiner einfachen Form entspricht den noch mehrfach unter den Insignien erhaltenen Stücken. Die Adlermuster der Tunica finden sich ähnlich auf dem im Metzer Schatze erhaltenen Kaisermantel (Bock a. a. O. Tafel XXII) wieder, die einfachen Muster am Saume des Mantels dagegen auf keinem der erhaltenen Stücke. Aehnlich verhält es sich mit dem Ornate auf dem Kaisersiegel. Die Krone soll offenbar die Kaiser Konrads aus dem Schatze von St. Peter (Bock Tafel I) darstellen; die Aehnlichkeit ist jedoch nicht gar zu grofs; dagegen ist die Bekrönung des Scepters ganz frei erfunden und die Verzierungen des Thrones sind mit Anlehnung an das Königssiegel selbständig gestaltet. An den glatt gezeichneten Gewändern macht sich eine Binde[1]) um den rechten Arm bemerkbar, die ich auf keinem der erhaltenen Gewänder wiedergefunden habe. Diese ganze Vergleichung nun scheint mir zu ergeben, dafs der Künstler zwar wohl einen Herrscher im Ornate hat darstellen wollen, auch über das Aussehen eines solchen im Allgemeinen unterrichtet war, die Einzelheiten aber nicht genauer kannte und so seiner Phantasie vielfach freien Lauf liefs. Ein gleiches Urtheil ist über die Darstellung der Gestalt des Königs um so mehr gerechtfertigt, als die Darstellung schematisch gehalten ist. Dagegen scheint es mir mit der Zeichnung des Gesichts anders zu stehen. Eine wenn auch nur allgemeine Aehnlichkeit der Köpfe auf dem Königs- und Kaisersiegel, die nach ihrer Verfertigungszeit 5—6 Jahre auseinanderliegen, glaube ich, ist unleugbar. Beide zeigen ein langes, schmales Gesicht mit spitzem Kinn, trotzig zugekniffenen Lippen und willenskräftig herabgezogenen Mundwinkeln. Jedenfalls hätte sich aus diesen Darstellungen, welche auch der Capuaner Statue[1]) nicht fern stehen, ein besseres Bild von dem Aussehen des Kaisers gewinnen lassen, als wir es jetzt im Römer zu Frankfurt vor uns sehen, wenn auch zugegeben werden mufs, dafs das Können der Stempelschneider dem Wollen nicht entsprach.

[1]) Sie erscheint schon auf dem Siegel Konrads III. (Heffner 45, vergl. Wilmans-Philippi Kaiserurkunden Westfalens, Tafel II, 22).

Auf dem Königssiegel Heinrichs (VII.) ist die ganze Anordnung und die Darstellung der Einzelheiten des Ornats zum Theile dem eben besprochenen Königssiegel seines Vaters zum Theile seinem Kaisersiegel — oder der zweiten deutschen Königs-Goldbulle (Tafel IX, 9 a) — entlehnt. Eigenthümlich allein ist das runde Brustschild, das ich nur als eine mifsverstandene Nachahmung des Brustbesatzes auf älteren Siegeln (z. B. Friedrichs I., Heffner 47, und Heinrichs VI., Heffner 50, Wilmans-Philippi, Tafel III, 23, 25) erklären kann. Der Kopf dagegen ist höchst charakteristisch und individuell in der Zeichnung von Stirne, Augen und Mund. Ich möchte behaupten, dafs der Künstler dieses Stückes das Gesicht des energischen, eigenwilligen Königsknaben nicht nur hat wiedergeben wollen, sondern dafs es ihm auch durchaus gelungen ist (Tafel IX, 3, 4).

Fälschungen der betreffenden Siegel sind mir nur in geringer Zahl vorgekommen und haben bei Besprechung der einzelnen Urkunden im Anhange ihre Erledigung gefunden.

Rücksiegel oder Secrete in dem Sinne als Gegensiegel sind mir nicht vorgekommen. Das auf der Rückseite des Siegels von B. F. 3899 abgedrückte Petschaft gehört dem Notare Marquart an; seine Bedeutung für die Urkunde ist oben S. 49 besprochen.

Wappen. — Wappen finden sich auf den Königssiegeln dieser Zeit noch nicht und wenn es auch schwerlich zufällig geschehen ist, dafs der Siegelstecher des zweiten deutschen Königssiegels Friedrichs Adler zur Ornamentirung des Gewandes wählte, so berechtigt uns diese Thatsache doch ebenso wenig, wie der Adler auf den Kehrseiten der Augustalen (s. die Abbildung vor dem I. Bande der historia Huillards) zu der Annahme, dafs der König einen Adler als Wappenbild im Schilde geführt habe, sondern wir haben in der Darstellung des

[1]) Eine Photographie oder einen Abgufs derselben habe ich nicht erhalten können. Raumer giebt in seinem 3. Bande der „Hohenstaufen" einen Stich nach einer Gemme, die wieder nach einem verloren gegangenen Abgusse gefertigt ist. Der Holzschnitt in Stackes Deutscher Geschichte, S. 503, ist zu klein. Ueber die Portraitähnlichkeit auch der aurei (abgebildet vor Huillard I mit einer verkleinerten Nachahmung der Raumer'schen Gemme) vergl. Winkelmann, Friedrich, I, 383 und Otto IV, 91, Anm. 1. — Die auf den Aurei gezeichneten Köpfe scheinen Nachbilder römischer Kaiserköpfe, aber es hat noch nicht gelingen wollen, das wirkliche Vorbild zu finden. Auf den Aurei des Karl von Anjou erscheint derselbe Kopf. Persönliche Mittheilung des feinsten Kenners auf diesem Gebiete, des leider der Wissenschaft entrissenen Julius Friedlaender, der wahrhafte Portraitdarstellungen auch auf italienischen Münzen erst seit der Mitte des 15. Jahrhunderts anerkennen wollte, vergl. die entsprechenden Bemerkungen, Die geprägten italienischen Medaillen S. 71.

Königs der Vögel nur eine symbolische Hindeutung auf das imperium zu erkennen.

Dagegen führt Heinrich (VII.) auf seinem Herzogssiegel in Schild und Fahne drei über einander schreitende Leoparden (das Wappen der Staufer vergl. Stälin, Schriften des Württembergischen Vereins 1875, S. 4). Ein anderes Wappen desselben Herrschers — das Königswappen — giebt Mattheus Paris in seiner historia minor bei der Nachricht seines Todes (Ausgabe von Madden S. 468): Gespaltenes Schild, vorne ein halber Adler, hinten ein halbes Ankerkreuz; die Beschreibung lautet: or, an eagle displayed sable impaling gules a cross cercelée argent both dimitated (Gold: ein schwarzer Adler mit ausgebreiteten Flügeln, daneben in Roth ein silbernes Ankerkreuz, beide getheilt). Ich habe nicht feststellen können, ob die vielfachen Wappenzeichnungen am Rande jener Chronik gleichzeitig sind und auf genauer Kenntniſs beruhen oder erst später zugefügt und z. Th. Phantasiewappen sind. Der letzteren Annahme widerspricht zwar die durchgehends — offenbar — richtige Zeichnung der englischen Wappen und des Schildes Kaisers Otto IV. (vergl. Winkelmann, Otto IV. S. 498). Nichts desto weniger möchte ich aber das Wappen Heinrichs als eine freie Erfindung ansehen, da ich seine zweite Hälfte durchaus nicht erklären kann; ist der halbe Adler deutlich auf das Reich bezüglich und entspricht er vollkommen dem Schilde Otto's, so müſste man in dem Kreuze eine Andeutung der Herkunft des Königs von väterlicher oder mütterlicher Seite vermuthen; aber weder Staufer noch Aragonesen führen dieses Creuz. Sollte hier nicht eine Verwechselung vorliegen und das Wappen der zweiten Gemahlin Friedrichs, der Mutter Konrads (IV.), das Jerusalemer Kreuz, hinein spielen? Bei dem Bilde Konradins im Manessischen Codex findet sich als Wappen ein ganz ähnliches silbernes Kreuz im goldenen Felde, doch wohl als Wappen des Königreichs Jerusalem, oder sollte dieses Kreuz ein altes sicilianisches Wappen darstellen? Auf einer kleinen Münze im Münzcabinet Berlin führt Konradin den Adler. S. die zugänglichsten Abbildungen bei Stacke, Deutsche Geschichte II, S. 521 u. 523.

Gebrauch der Stempel. — Wie lange die einzelnen Stempel gebraucht wurden, ist bei der Besprechung derselben angegeben, hier muſs jedoch hervorgehoben werden, daſs während die Stempel der Könige Heinrich (VII.) und Konrad IV. zeitlich nach einander angewandt wurden, in der Kanzlei Friedrichs stets mehrere Stempel gleichzeitig in Geltung waren. Daſs die in der ersten Zeit des Zuges nach Deutschland (B. F. 669) und zu Anfang des deutschen Aufenthalts (B. F. 671, 672, 673) neben dem Electensiegel gebrauchte Goldbulle ein Gegenstück des sicilianischen Königssiegels war, beweist ihr Gepräge, obwohl sie in sicilianischen Urkunden nicht einmal erwähnt wird, geschweige sich an solchen erhalten hat. Es ist nicht anzunehmen, daſs dieselbe an alle feierlicheren Ausfertigungen gehängt wurde, da auch sehr reich ausgestattete Urkunden (B. F. 622, 623 u. A.) mit Wachssiegel beglaubigt sind; ihre Verwendung wird vielmehr von Zahlung höherer Gebühren, dem Wunsche und der Würde des Urkundenempfängers abgehangen haben.[1])

[1]) Das gleichzeitig wahrscheinlich nur ein Stempel für Wachssiegel in Gebrauch war, soll bei Besprechung desselben bewiesen werden.

Neben dem zweiten und dritten deutschen Königssiegel geht ebenso je eine Goldbulle entsprechenden Gepräges her, die offenbar gleichzeitig mit denselben entstanden und gebraucht ist.[1]) Sie scheinen nur zur Bekräftigung feierlich ausgestellter Privilegien gebraucht zu sein, die aber auch, und zwar häufiger, unter Wachssiegel ausgegeben wurden. Dagegen sind in dieser Zeit beide, sowohl Wachssiegel wie Goldbullen, gleichmäſsig für italienische und deutsche Urkunden verwendet worden: wenigstens habe ich die Urkunden vom Februar 1219 für den Erzbischof von Turin (B. F. 980) und für die Stadt Parma (B. F. 991) mit dem zweiten deutschen Königssiegel gesiegelt gefunden und auch die Siegelbeschreibung des Transsumpts von B. F. 1162 läſst denselben Stempel erkennen.

Anders gestaltete sich die Sache nach der Kaiserkrönung; die geschiedenen Kanzleien führten auch verschiedene Stempel, sowohl Wachssiegel, wie Goldbullen. In der Kanzlei des Kaiserreichs waren neben einander mindestens drei verschiedene Stempel im Gebrauche: der groſse, wohl in mehreren Exemplaren (s. unten) für die anhängenden und die den Briefen aufgedrückten Wachssiegel, das Hofgerichtssiegel für Hofgerichtsurtheile und die Goldbulle, welche ich an allen Arten von Urkunden-Ausfertigungen bis auf die Hofgerichtsurtheile (also nicht an Briefen) gefunden habe. Die Zahl der im Originale erhaltenen Ausfertigungen der sicilianischen Kanzlei ist zu gering, um Genaueres über die Anwendung der verschiedenen Siegel bei den verschiedenen Urkundenformen festzustellen. Doch ist nach Analogie der Kanzlei des Kaiserreichs zu vermuthen, daſs das Wachssiegel bei den Mandaten unter Hängesiegel und mit aufgedrückten Siegeln verwendet wurde. Die Goldbulle — mir ist nur der eine Abdruck an B. F. 3581 bekannt geworden — scheint bei Gunstbezeugungen an Leute, die man besonders ehren wollte, gebraucht. Wie es um das Hofgerichtssiegel stand, läſst sich nicht einmal vermuthen.

Daſs Ausfertigungen für das Kaiserreich mit Siegeln aus der königlichen Kanzlei besiegelt worden wären oder umgekehrt, ist mir nicht bekannt geworden; wir wissen jedoch aus B. F. 3667 und 3670, daſs 1248 bei der Verwüstung von Vittoria die Stempel für das sicilianische Wachssiegel und die entsprechende Goldbulle in Verlust geriethen; darauf gingen die betreff. Ausfertigungen eine Zeitlang unter den Siegeln des Kaiserreichs; wie lange dieser Ausnahmezustand jedoch gedauert hat, habe ich nicht feststellen können und ebenso wenig, ob neue Stempel geschnitten wurden, sowie welchen Typus sie trugen. Es ist nicht zu vermuthen, daſs Reichssachen unter Siegeln des Königreichs erlassen worden sind, da ja die Reichskanzlei stets bei Hofe war; und zwar wohl während der Züge nach Deutschland (1235—1237) das ganze wesentliche Personal, während bei dem Kreuzzuge ein Theil selbständig zurückgeblieben zu sein scheint. Ich glaube wenigstens festgestellt zu haben, daſs sämmtliche Urkunden, welche auf dieser Reise erlassen wurden, Goldbulle hatten,[2]) und Ficker (Mittheilungen des österr.

[1]) Jedoch ist über die zweite die Bemerkung unten zu vergleichen. Sie sind beide nur äuſserst selten nachweisbar. —
[2]) Sie ist in denselben meist erwähnt; erhalten ist sie an keinem der in den Archiven von Pisa, Neapel, Venedig vorliegenden Stücke, aber die Transsumpte von B. F. 1744, 45 geben eine genaue Beschreibung der Kaiser-Goldbulle und ebenso Mattheus Paris.

Instituts 1883 S. 351) hat nachgewiesen, dafs dem Rainald von Spoleto für dieselbe Zeit ein Siegel anvertraut war. Ich vermuthe also, dafs der Kaiser den Stempel für Goldbullen mitnahm; das grofse Petschaft für Wachssiegel aber zurückliefs. Aber schon B. F. 1756 vom Juli 1229 aus Baroli ist wieder mit dem grofsen Wachssiegel beglaubigt. Gleichzeitig werden wohl die sicilianischen Stempel einer für das Königreich eingesetzten Verwaltungsbehörde anvertraut worden sein (vergl. dazu B. F. 1725 c), wie das sich ja bei der Regentschaft der Jahre 1235—1239 noch einmal wiederholte, über welche Winkelmann (Forschungen zur D. G. XII, S. 526 B. F. 2085 a) Näheres beigebracht hat.

(Ausgabe von Luard 378) in seiner Anmerkung zu B. F. 1738; — entgegen steht nur B. F. 1739 für Murbach, welches nach den mir gütigst mitgetheilten Angaben der Herren Dr. Niemann und Dr. Albrecht durchaus zeit- und kanzleigemäfs geschrieben ist. Vielleicht hat Friedrich also dennoch einen Wachssiegelstempel mitgeführt, oder sollte hier spätere Besiegelung — vielleicht aus Rücksicht auf Vermeidung von Kosten — anzunehmen sein?

B. Beschreibung der Siegel.

I. Siegel Friedrichs II.

Friedrich II., 1. Sicilianisches Königssiegel.[1] Tafel VI, 1, 2.

Mandelförmig; die Gesammtdarstellung ist eine Nachbildung des Siegels seiner Mutter der Kaiserin Konstanze (Tafel VI, 7, vergl. den Anhang); der König in einem byzantinischen Vorbildern entlehnten Ornate auf einem reichverzierten Throne sitzend, der mit einem runden, an den Spitzen mit Quasten verzierten Kissen bedeckt ist; der Kopf des Scepters erscheint als eine viereckige Tafel mit Quasten zu beiden Seiten, die Krone als einfacher Reif mit 3 Ringen auf dem oberen Rande; zu den Seiten des Kopfes hängen Troddeln herab; rechts im Siegelfelde ein nach oben offener Halbmond, links ein Stern; diese Verzierungen des Feldes sind häufig schlecht ausgeprägt, ich glaube aber Spuren derselben auf allen Abdrücken, die ich sah, erkannt zu haben.[2] — Umschrift: ✠ Fridericus dei gratia rex Sicilie, ducatus Apulie et principatus Capue. Gesehen habe ich Abdrücke an B. F. 541 (1209, August), 551, 622, 623, 640, 641, (1211); sie stecken alle in Kapseln von Olivenholz (Winkelmann Otto IV., 188), ebenso der Abdruck an der Urkunde von Monreale (1227?), von der mir durch gütige Vermittlung des Herrn Direktors Salinas ein Abgufs vorliegt (vergl. Salinas Suggelli Siciliani II, 11); in der Siegelsammlung des Staatsarchivs Neapel existirt ein Abdruck, der aus der Kapsel herausgefallen ist, seine Herkunft ist nicht mehr festzustellen.

Friedrich II., 2. Deutsches Electensiegel. Tafel VI, 3.

Mandelförmig, die Darstellung ist eine vergröfserte, verfeinerte Nachbildung des sicilianischen Königssiegels, die Beigaben im Siegelfelde fehlen. Ist jenes als sicilianische Arbeit anzusehen, so möchte dieses ebendort oder in Rom geschnitten sein. — Umschrift: (✠ Fridericus dei gracia (rex Sicilie ducatus (Apulie et principatus Capue in Romanorum imperatorem electus.

Vorkommen: 670 (1212 August) und 675 (1212 October).

Friedrich II., 3. Erstes deutsches Königssiegel. Tafel VI, 4.

Rund; plumpe Nachbildung des Siegels König Philipps (Heffner 53), auch die Stellung der einzelnen Theile der Umschrift zu den in sie hereinragenden Theilen des Bildes ist genau beibehalten, in der Zeichnung ist der zweite Besatzstreifen auf der linken Schulter zugefügt und das Zierband auf dem Reichsapfel wagerecht gestellt; der Stempel wird in Süddeutschland gefertigt sein, wo die Stempelschneidekunst gegen den Niederrhein noch zurück war. — Umschrift: Fridericus dei gratia Romanorum rex et semper Augustus, (im Siegelfelde:) et rex Sicilie.

Vorkommen regelmäfsig von 686 (1213/14) — 800 (1215/16), also wohl seit der Königskrönung vom 9. December 1212 bis zur Aachener Königskrönung am 25. Juli 1215 im Gebrauche.

Friedrich II., 4. Zweites deutsches Königssiegel. Tafel VII, 1, 2, 3.

Rund; im Allgemeinen Typus an das vorige anklingend aber sehr viel feiner und eleganter, über Kopf, Krone und Ornat vergl. die Einleitung; wohl in einer der Rheinstädte Köln oder Aachen entstanden (vergl. über die Herstellung der Siegel Friedrichs I. in Aachen, Monumenta Corb. ed. Jaffé 500); die Buchstabenformen der Umschrift deuten dagegen auf sicilianischen Einflufs. — Umschrift: ✠ Fridericus dei gratia Romanorum rex et semper Augustus et rex Sicilie.

Vorkommen 811 (1215/16) — 1161 (1220/21), also wohl von der Aachener Krönung bis zur Kaiserkrönung im Gebrauche.

Friedrich II., 5a und 5b. Deutsches Kaisersiegel. Tafel VIII, 1, 2, 4.

5a Rund; im Ganzen selbständige Zeichnung, es scheinen jedoch die zweite deutsche Königsbulle (s. unten) und das treffliche Kaisersiegel Ottos IV. (Heffner 54) nicht ohne Einflufs geblieben zu sein; über die Zeichnung des Kopfes und des Ornats vergl. die

[1] Winkelmann deutet in mehreren seiner Anmerkungen zu der Einleitung des zweiten Bandes der Jahrbücher Philipps (Otto IV.) an, dass er glaube, es seien zeitweilig (1208–1210) neben einander zwei Königssiegel in Gebrauch gewesen. Das ursprüngliche in der Gewalt der Familiaren bez. der Königswächter Markward und Wilhelm Capparone, das andere in den Händen des auf dem Festlande schaltenden Kanzlers Walter. Dass diese Annahme irrthümlich ist, kann ich in sofern nicht unmittelbar nachweisen, als sich an den Originalen aus den Jahren 1208–1210, die ich untersuchte, keine Siegel erhalten haben, aber die von Winkelmann beigebrachten Stellen: S. 42, An. 3, der Papst an die Familiaren 1208 August, quod super recepcionem sigilli regis operam dent et Walterus de P. non obediant ullo modo und S. 51, An. 2, 1202 April 22. W. de Palear ... [illegible] ... quod ipse [illegible] scheinen mir auch nicht zu erweisen, dass Walter „ein zweites mit sich genommen hatte" (S. 11 An. 3), ich glaube, dass es der ersten Stelle bedeuten wird, das Siegel aus Markwards Gewalt wieder an sich zu bringen — sonst wäre doch der Namen des Kanzlers schon in der ersten Satzhälfte genannt — und die zweite Gewalt sich auf die Zeit zurückbezieht, als Walter an der Spitze der Familiaren stand und als allseitig anerkannter Kanzler das Siegel benutzte. Das Siegel war offenbar in Palermo verblieben, wie das die von Winkelmann, S. 57, An. 3 citirte Urkunde für Wilhelm Capparone deutlich erweist. Dagegen halte ich Winkelmanns Ausdeutung der S. 41, An. 2 citirten Passus der Urkunde Walters von 1208 (1209 Oktober (Huillard I, 900): sigilli nostri impressione, gleich sigilli eius impressione nicht für gerechtfertigt. Muss auch die Fassung des Stückes als abweichend bezeichnet werden, so lassen sich die Ausdrücke fideles [illegible] und successores doch ganz gut auf die Stellung Walters als Regent des Festlandes beziehen. Dass die Urkunde sich aber durchaus nicht als Königsurkunde geben will, beweist die Nennung des Kanzlers am Anfange und seine eigenhändige Unterschrift am Schlusse (s. Tafel XII.), welche doch ganz unzweideutig seine persönliche Verpflichtung erweist. Die weiter in der betreff. Anm. citirten Urkunden scheinen dem Geschäftsgange des Palermitaner Collegiums für Handlungen des Kanzlers auf dem Festlande [illegible]. — [illegible] Huillard-Bréholles, introd. XCII, XCIII glaubte zwei Stempel scheiden zu sollen, in dem er Zufügung von Mond und Stern etwa 1211 (nach Monatsbeginn) annahm. Aehnlich Winkelmann Otto IV. 188, der die Zufügung zwischen December 1210 bis Januar 1211 ansetzt. Letzteres ist sicher irrthümlich, da schon das Siegel von B. F. 623 (1210 Januar, s. Tafel VI, 1) die Beizeichen aufweist. Auch glaubt Winkelmann, diesen Verzierungen eine besondere Bedeutung beilegen zu sollen und denkt an eine Nachahmung des Kaisersiegels Ottos IV.; ich glaube nicht, dass der Stempelschneider mit der Anbringung der Formen eine besondere Idee hat zum Ausdrucke bringen wollen, sondern ohne weiteres Nachdenken älteren Vorbildern (vielleicht dem von Winkelmann angezogenen Siegel Richards Löwenherz) gefolgt ist. Ursprünglich soll das Anbringen der Himmelslichter im Siegelfelde neben oder meist über der Figur des Siegelers doch wohl andeuten, dass die Figur unter freiem Himmel zu denken ist.

Einleitung. Ich zweifle nicht, daß von diesem Stempel mehrere absichtlich möglichst gleichmäßig geschnittene Exemplare, die neben und nach einander in der Kanzlei gebraucht wurden, vorhanden waren, da bei den verschiedenen Abdrücken sich kleine Maßunterschiede erkennen lassen, auch auf einzelnen Exemplaren die Figur schmaler und schlanker erscheint, als auf anderen; aber trotz genauer Untersuchung einer großen Zahl von Abdrücken war es mir nicht möglich, die einzelnen Stempel von einander zu scheiden. Auch dieses Stück wird wohl am Niederrheine gefertigt und mit über die Alpen geführt sein. — Umschrift: † Fridericus dei gratia imperator Romanorum et semper Augustus (also ohne rex Sicilie).

Vorkommen: 1373 ($1222^{1}/_{3}$) — 1578 (1225 August).

5b nach der Krönung zum Könige von Jerusalem ($1225^{9}/_{11}$) wird dieser Titel: et rex Jerusalem in den bis dahin gebrauchten Stempeln im Siegelfelde zugefügt.

Vorkommen: 1585 (1226 März) — 3818 (1250 Mai).

Friedrich II., 6a und 6b. Siegel des Königreichs. Tafel VIII, 2.

6a Rund; verkleinerte Nachbildung der vorigen Nummer, die Figur gedrungener gezeichnet, auch ist am Gewande auf der Brust eine rautenförmige Verzierung, welche dem Brustschilde auf dem Siegel Heinrichs (VII.) (s. unten) ähnelt, bemerkbar. Wohl in Italien gefertigt. — Umschrift: + Fridericus dei gratia Romanorum imperator et semper Augustus et rex Sicilie.

Vorkommen: 1269 (1221 Januar) und 1519 (1225 Juni).

6b mit der Zufügung et rex Jerusalem im Felde, wie in 5b an 2030 (1233 Juni) und nach der Angabe des Neapolitaner Siegelrepertors an 1420 (1222 December) gewesen. — An 1549 und 1420 in Kapseln, wie das erste sicilianische Siegel.

Friedrich II., 7. Sicilianische Königsgoldbulle. Tafel VI, 5a und 5b.

Rund; treffende Beschreibung des Genueser Transumpts v. B. F. 669: ab una parte erat forma dicti regis, qui sedebat in cathedra cum pomo in manu et circumscriptum erat: Fredericus dei gratia rex Sicilie ducatus Apulie et principatus Capue, ab alia parte erat castrum et circa ipsum castrum: regnum Sicilie, circa sigillum: Christus vincit, Christus regnat, Christus imperat; weder für die Darstellung der Vorder- noch der Rückseite habe ich genauer entsprechende Vorbilder gefunden, für die Hauptseite konnte ein französisches Königsiegel (Natalis de Wailly II, Tafel C) mittelbar oder unmittelbar den Typus geliefert haben. Die beiden Platten sind auf einen ziemlich breiten Rand aufgelöthet, wie das ja auch bei den Bullen König Friedrichs I. geschah, es fehlen jedoch hier die eingelegten Stäbchen, welche die Platten in der Mitte auseinander halten. Eigenthümlich ist die Befestigung der Seidenfäden; sie sind in oben und unten an die Bulle eingelötheten Ringen eingeknotet, gehen aber dennoch durch, es scheint das geschehen zu sein, um das einfache Herunterziehen der Bulle von den Fäden zu hindern.

Vorkommen: 669 ($1212^{9}/_{1}$, vergl. die Beschreibung oben) 671, 672, 673 ($1212^{10}/_{5}$).

Friedrich II., 8. Erste deutsche Königsgoldbulle. Tafel VI, 6a, 6b, IX, 8.

Rund; die Vorderseite ist eine genaue verkleinerte Nachbildung des ersten deutschen Königsiegels (Friedrich II., 3), nur ist die Inschrift im Siegelfelde verkehrt gravirt und der Königsnamen lautet: Fredericus (von einem Italiener angegeben?); die Rückseite zeigt ein schematisirtes Städtebild, welches von Karl IV. (Heffner 107) und Siegmund (Heffner 128) wieder aufgenommen wurde, zur Seite Ringe und Rosen; im Thore: Aurea Roma. — Umschrift: † Roma Caput mundi regit orbis frena rotundi. Die Zusammensetzung der Platten und Befestigung ist wie bei der ersten Bulle.

Vorkommen: 814 ($1215^{10}/_{1}$), 874 ($1216^{10}/_{1}$), die von Huillard-Bréholles (introduction CII, III) citirte Bulle (B. F. 787) hängt nicht mehr an.

Friedrich II., 9. Zweite deutsche Königsgoldbulle. Tafel IX, 9a, 9b.

Rund; Vorderseite Nachbildung des zweiten deutschen Königsiegels (Friedrich II., 4), es fehlt aber die Adlerverzierung des Gewandes und der Saum des Mantels. — Umschrift: † Fridericus dei gratia Romanorum rex et semper Augustus et rex Sicilie. — Rückseite: schematisirte Stadtdarstellung in den Formen des Uebergangsstils, eine Erweiterung der Stadtzeichnung auf Kölner Denaren (z. B. Cappe, Kölnische Münzen, Tafel IX, 147, 149); im Thore: Aurea Roma. — Umschrift: † Roma caput mundi regit orbis frena rotundi. Die Zusammensetzung der Platten und die Befestigung ist wie bei der ersten Bulle.

Vorkommen: 935 ($1218^{16}/_{1}$) und 949 ($1218^{16}/_{9}$); Huillard-Bréholles (introduction, CII) hält diese Bulle mit der vorigen für identisch und citirt noch 850, 1070, 1153; ich sah die Originale nicht; der bei Heda Historia epp. Ultraject. 202 zu 1114 gegebene Holzschnitt ist sehr ungenau. Bei der Aehnlichkeit mit dem zweiten Königsiegel ist anzunehmen, daß diese Bulle gleichzeitig mit diesem nach der Aachener Krönung ($1215^{25}/_{7}$) in Gebrauch genommen werden sollte, sie muß jedoch nicht rechtzeitig fertig geworden sein, da 874 (s. oben) noch mit der älteren Bulle bekräftigt ist.

Friedrich II., 10. Deutsche Kaisergoldbulle. Tafel VIII, 5 und 6.

Rund; Vorderseite eine Nachbildung des Kaisersiegels (Friedrich II., 5). — Umschrift: + Fridericus dei gratia Romanorum imperator et semper Augs, die Inschrift im Siegelfelde: stus et rex Sicilie et Jerusalem, das zweite et steht aber vor Sicilie; dieser Fehler und das Einklemmen des Namens Jerusalem lassen wohl darauf schließen, daß der zweite Theil des Titels, ebenso wie auf dem Stempel für Wachssiegel, später zugefügt wurde; ich kenne aber keinen Abdruck, auf dem er fehlte, auch nicht an 1368 ($1221^{17}/_{11}$). — Rückseite: etwas schlankere Nachbildung der Rückseite der zweiten Königsgoldbulle (Friedrich II., 9), jedoch ohne die Inschrift im Thore. — Umschrift: † Roma caput mundi regit orbis frena rotundi. Durch diese Bullen gehen die Seidenfäden ohne besondere Befestigung glatt durch, bloß ist zum Ankleben und wohl auch zur Ausfüllung etwas Wachs in die Bulle gegossen; die Platten sind aufeinandergelegt — und wie mir Herr Hofjuwelier Osthues hier sagte — die Ränder der jedesmal größeren mit einem weichen — etwa hölzernen — Instrumente, über die kleinere herübergebogen und dann stark geglättet.

Vorkommen: 1368 ($1221^{17}/_{11}$) — 3511 (1245 September); 3626 ($1247^{9}/_{4}$, aber wohl nicht zugehörig, sondern von 3480, 1245 Juli stammend); Huillard-Bréholles citirt (introduction CV) noch 3663 (1248 Januar), ich habe es nicht eingesehen.

Friedrich II., 11. Kaiserbulle für das Königreich. Tafel VIII, 7a und 7b.

Rund; die Vorderseite ist mit demselben Stempel geprägt, wie die der vorigen Nummer, daher erklärt sich wohl, daß auf derselben auch der sicilianische Titel sich findet, der auf den Stempeln für Wachssiegel des Kaiserreichs fehlt. Die Rückseite enthält eine kleine Karte des Königreichs (Insel und Festland).[1] Umschrift: † Regnum Sicilie, ducatus Apulie et principatus Capue.

Vorkommen: 3581 (1247 November); die von Huillard-Bréholles Introduction CIII No. IX citirte Bulle aus Monreale hängt nach freundlicher Mittheilung von Professor Salinas in Palermo nicht mehr an.

---

[1] Huillard-Bréholles, Introduction CIII, 9 und VI Vorsatzblatt erwähnt eine Ansicht (vergl. Douët d'Arcq, Collection des sceaux No. 1660? le plan d'un port de mer, Messina), welche in der Zeichnung den Hafen von Messina sehen will; es ist aber doch offenbar, daß die neue Zeichnung der Rückseite im Gegensatze zu der älteren Bulle, auf welcher das regnum Sicilie ganz widersinnig als ein einzelnes Kastell gezeichnet war, gewählt wurde, um der Umschrift entsprechend das ganze Königreich darzustellen.

Friedrich II., 12. Hofgerichtssiegel. Tafel X, 4.

Nach den von Huillard-Bréholles, introduction CXL und CXLI angezogenen Stellen aus den Constitutionen (I, 39, 1) und der von Winkelmann (Acta I, 730, 42) publicirten Kanzleiordnung steht es fest, dafs in Friedrichs Kanzlei ein besonderes Hofgerichtssiegel geführt wurde. Nach Analogie späterer Hofgerichtssiegel (bes. Karl IV. und seiner Nachfolger, Heffner 108) hatten wir uns als Bild dieses Siegels den Kaiser mit dem Schwerte, statt des Scepters, zu denken. Ficker glaubte nun das an 2137 (1236 ^{a},) hängende Siegel als den Stempel des **kaiserlichen** Hofgerichts ansehen zu sollen, und dem entspricht auch der Titel des Ausstellers der Urkunde. Ich möchte aber glauben, dafs dieser Stempel für deutsche Ausfertigungen besonders bestimmt war, und zwar deshalb, weil er (s. unten) eine Nachbildung des Siegels König Konrads IV. ist, auch während der Abwesenheit des Kaisers gebraucht wird (vergl. die Solothurner Ausfertigung von 1237 ^{10}/, aus Ulm), auch nach Abzug des Kaisers in Deutschland zurückgeblieben zu sein scheint (vergl. unten die Tridentiner Urkunde v. c. 1242). Ich möchte daher annehmen, dafs der eigentliche Stempel des Hofgerichtssiegels 1235 in Italien bei der Regentschaft zurückgelassen wurde, der vorliegende aber mit der Bestimmung, von Konrad nach seiner Königswahl gebraucht zu werden, gestochen wurde. Ich habe ihn daher als das Hofgerichtssiegel Konrads IV. bezeichnet (s. unten). Freilich kann eine Entscheidung erst getroffen werden, wenn ältere mit dem Hofgerichtssiegel beglaubigte Urkunden vorliegen. Auffallenderweise scheint das Hofgerichtsurtheil 3456 (1245 Januar) nie besiegelt gewesen zu sein.

Huillard-Bréholles erwähnt introduction LXXXIX einen Brief des Kaisers, in welchem von dem Ringsiegel „annulus" die Rede ist, Ficker weist diese Urkunde unter 4023 Konrad IV. zu. Es ist daher fraglich, ob Friedrich überhaupt ein Geheimsiegel führte.

II. Siegel König Heinrichs (VII.).

Heinrich (VII.), 1. Sicilianisches Königssiegel.

Huillard-Bréholles (introduction XCVIII) hat wohl mit Recht angenommen, dafs die 1212 in Sicilien zurückgebliebene Kanzlei ein Siegel führte, ob dasselbe aber Bild und Namen des Königs Heinrich führte, oder das alte König Friedrichs war, oder endlich mit dem Siegel der Königin Konstanze zu identificiren ist, mufs dahingestellt bleiben, da bis jetzt — meines Wissens — kein Original aus jener Zeit mit Siegel bekannt geworden ist. Nur vom Siegel der Königin Konstanze ist eine Beschreibung erhalten, welche Winkelmann, Acta I, 377 nach einem Transsumte von 1287 gedruckt hat: „Das Siegel der Königin war ein Doppelsiegel; die eine Seite zeigte sie mit Diadem und Scepter auf dem Throne und die Umschrift lautete: + Constantia dei gratia regina Sicilie, ducatus Apulie et principatus Capue; auf der anderen erschien sie zu Pferde mit einer Harfe und die Umschrift war: † Constantia regina filia illustris regis Aragonensium (B. F. 3844).

Heinrich (VII.), 2. Schwäbisches Herzogssiegel. Tafel IX, 1.

Rund; der Herzog auf einem Pferde ohne Decken nach rechts galoppirend, auf dem Kopfe trägt er einen Topfhelm ohne jede Zier, über dem Ringpanzer einen langen Waffenrock, am linken Arme einen grofsen ausgerundeten an den oberen Ecken abgestumpften Schild mit drei Leoparden übereinander; die rechte Hand, welche vor dem Schilde sichtbar wird, hält eine in drei Zipfel auslaufende Fahne, ebenfalls mit drei Leoparden übereinander; das Ganze ist eine verfeinerte Nachbildung des Reitersiegels Herzogs Konrad, Sohns Friedrichs I., der jedoch auf der Fahne ein einfaches Muster und auf dem Schilde nur einen Leoparden führt. — Umschrift: + Henricus dei gratia dux Suewie.

Vorkommen: 3845 (datirt 1216 ^{15} $_{e}$, aber in den Anfang von 1220 gehörig; vergl. das Facsimile in Kaiserurkunden in Abbildungen VI, 20, wo auch das ganze Siegel mitgegeben ist), 3849 (1220 Januar?), 3850 (1220 September), 3851, 3852.

Heinrich (VII.), 3a, 3b, 3c. Deutsches Königssiegel. Tafel IX, 2, 3, 4, 5, 6.

3a rund; das Bild wiederholt einzelne Theile, sowohl des 2. Königssiegels (F. II, 4), als des Kaisersiegels (F. II., 5) Friedrichs, auch hier erscheint das Band um den rechten Arm; über Einzelheiten des Ornats und den Ausdruck des Kopfes vergl. die Einleitung. Umschrift: † Henricus dei gratia Romanorum rex et semper Augustus.

Vorkommen: [3853 (1220 December)] Winkelmann, Acta I, 483 (1221 August). — 4140 (1229 ^{12}/ $_{10}$).

3b derselbe Stempel; zu beiden Seiten des Thrones die kleine Inschrift: et dux · Suevie eingeschnitten.

Vorkommen: 4142 (1229 ^{12} $_{10}$) — 4207 (1231 ^{20} $_{4}$).

3c derselbe Stempel, an derselben Stelle wie in 3b mit grofsen Buchstaben: et dux S ‖ uevie.

Vorkommen: [4205 II. 1231 ^{a} $_{4}$], 4217 (1231 ^{1} $_{10}$) — 4352 (1235 ^{20} $_{4}$).

Heinrich (VII.), 4. Goldbulle. Titelblatt.

Rund; Hauptseite: der König in Nachahmung der Kaiser-Goldbulle Friedrichs II. (Tafel VIII, 5), aber gedrungener. — Umschrift: + Heinricus dei gratia Romanorum rex et semper Augustus. — Rückseite schematische Stadtdarstellung wohl auch nach der Kaiser-Goldbulle gezeichnet; auf dem Dache über dem Thorthurme: Aurea Roma. — Umschrift: + Roma caput mundi regit orbis frena rotundi. Die Befestigung ist, wie bei den älteren Königsbullen Friedrichs.

Vorkommen: 4025 (1226 November). Die von Huillard-Bréholles introduction CXIV citirten Nummern B. F. 4239 und 4298 haben keine Bulle, vielmehr hängt an 4239 ein Rest des Wachssiegels und B. F. 4298 ist eine Fälschung, ihr fehlt das Siegel. Das Schreiben an den Papst B. F. 4279 habe ich in Rom nicht gesehen. Abgebildet: Demay Inventaire des Sceaux de Flandre (Freundliche Mittheilungen von Jules Fino, Lille.)

III. Siegel Konrads IV.

Konrad IV., 1. Jerusalemer Königssiegel. Tafel X, 1.

Rund; das Bild ist eine sehr rohe Nachahmung des Kaisersiegels Friedrichs II. für das Königreich (F. II, 6); die Krone ist ein einfacher in seinem oberen Rande etwas ausgeschweifter Reif. — Umschrift: † S. Cunradi regis Jerosolimitani filii Friderici Ro)manorum imperatoris.

Vorkommen: 4384 (1230 December).

Konrad IV., 2. Deutsches Königssiegel. Tafel X, 2 und 3.

Rund; die plumpe Zeichnung scheint in ihren Einzelheiten durchaus selbständig, ich vermag wenigstens einen Einflufs der oben besprochenen älteren Siegel nicht zu erkennen; der Thron hat keine Lehne, das Scepter ist von einer Lilie gekrönt, die Krone ist ein Reif mit lilienähnlichen Zacken. — Umschrift: + Conradus divi augusti imperatoris Friderici filius dei gratia Romanorum in regem electus, und auf einem Bande im Siegelfelde: et heres Jerusalem.

Vorkommen: 4388 (1237 December) — 4591 (1253 Februar).

Dieses Siegel ist für deutsche Angelegenheiten vom Könige wohl bis zu seinem Tode gebraucht worden (vergl. Fickers Notiz zu 4534 und Mittheilungen des österreichischen Instituts II, 354); ich habe wenigstens nicht feststellen können, dafs die späteren Siegel, auf welchen allerdings die Figur des Königs oft schlanker aussieht, mit einem anderen Stempel geprägt sind; alle Einzelheiten in Zeichnung und Umschrift und die Stellung der Buchstaben der Umschrift zu den einzelnen Theilen des Bildes stimmen genau überein; ich halte es jedoch für wahrscheinlich, daſs der Stempel im Anfange der 50er Jahre durch langen Gebrauch und unsorgfältige Behandlung stark abgenutzt war und nachgearbeitet wurde. — Ob Konrad sich für sicilianische Angelegenheiten nach des Vaters Tode ein eigenes Siegel stechen lieſs, weiſs ich nicht, da mir in keinem der italienischen Archive, welche ich besuchte, Originalurkunden dieses Königs zu Gesichte gekommen sind.

Konrad IV., 2. Hofgerichtssiegel. Tafel X, 4.

Das Siegel ist eine Nachahmung des Jerusalemer Königssiegels; der König führt statt des Scepters und Reichsapfels das Richtschwert; Fürst Hohenlohe (zuletzt Aphorismen X, 102) glaubt im Bilde den Hofrichter zu sehen, ebenso die alte Beschreibung (s. unten), aber mir scheint, die Krone, der Thron, die genaue Nachahmung des Königssiegels, sowie die Analogie der späteren Hofgerichtssiegel sprechen dagegen. — Umschrift: Diligite iusticiam, qui iudicatis terram.

Vorkommen: 2137 (1236^{a}_{8}) und an einer Solothurner Urkunde des Hofrichters M. v. Wilre v. 1237^{10}_{1}; Fürst Hohenlohe citirt noch ein Exemplar von 1242, damit ist wohl die von Ficker (Forschungen XVI, S. 573) nach einem Umschlage von Abbreviaturen des Tridentiner Notars Jacob Has mitgetheilte Beschreibung gemeint; sie lautet: ipse dominus B. (de Osternabo) iusticia rius) . . sedebat in kathedra et una manu tenens gladium extractum . . . . . alia man . . . . tenens supra genus (!) et . . . . . circa circa diligite iustitiam qui iudicatis terram. Das Siegel wird gewöhnlich als das Hofgerichtssiegel Kaiser Friedrichs angesprochen. S. S. 66.

Von einer Goldbulle Konrads ist nichts bekannt geworden; über das Geheimsiegel vergl. B. F. 4023.

Anhang.

Auf den Tafeln sind einige Siegel zugegeben, die zwar streng genommen nicht in den Rahmen dieser Untersuchungen hineingehören; ich habe sie jedoch auf meiner Reise gesammelt und theile sie mit, weil sie groſstentheils in der Untersuchung erwähnt sind oder sonst ein allgemeineres Interesse beanspruchen.

1) Kaiserin Konstanze, Mutter Friedrichs II. Tafel VI, 7.

Mandelförmig; die Kaiserin in byzantinischem Ornate, auf einem Throne, die linke Hand hält sie vor der Brust, es ist nicht mit Sicherheit zu entscheiden, ob sie etwas wie einen Apfel zwischen den Fingerspitzen hält oder, was ich eher glauben möchte, diese Handhaltung eine miſsverstandene Nachahmung der Verlegenheitsgeste ist, die wir so oft auf Frauensiegeln finden: des Fassens in die Heftschnur des Mantels (vergl. u. A. Tumbült, Westfälische Siegel, Tafel XLI, 3 u. 7, Heffner, Kaisersiegel, Tafel IV, 36, VII, 64, VIII, 53, IX, 67, 79); in der rechten Hand hält die Kaiserin eine Lilie. Vorbild des sicilianischen Königssiegels Friedrichs (F. II. 1). — Umschrift: † Constantia dei gratia Romanorum imperatrix semper Augusta et regina Sicilie.

Ich kenne keinen Abdruck, der noch an einer Urkunde befestigt ist. Der Abdruck im Domarchive zu Palermo steckt noch in seiner Kapsel aus Olivenholz (s. oben F. II. 1), er wird wohl von 525 herrühren. Von den Abdrücken im Staatsarchive zu Palermo war ebenfalls die Zugehörigkeit nicht festzustellen. Es scheint, daſs die Kaiserin das Siegel schon zu Lebzeiten Heinrichs VI. gebrauchte, aber es werden doch wohl auch die Nummern 512—531 damit besiegelt gewesen sein, so daſs das sicilianische Königssiegel Friedrichs wohl schwerlich vor Ende 1198 oder Anfang 1199 in Gebrauch genommen ist.

2) Konrad, Bischof von Metz und Speier, kaiserlicher Kanzler. Tafel VII, 4.

Der Bischof im Ornate stehend; in der linken Hand den Bischofsstab, die rechte segnend erhoben; im Siegelfelde Sterne. — Umschrift: † Chunradus dei gratia Metensis ecclesie episcopus imperialis aule cancellarius. — Der Bischof siegelte mit diesem Siegel die Legatenurkunden in Italien; der hier mitgetheilte Abdruck entstammt der Urkunde v. 1221^{10}_{4} im Staatsarchive Siena. Nach einer Mittheilung des Archivdirektors Sauer in Metz brauchte der Bischof dieses Siegel auch in Angelegenheiten des Bisthums, doch findet sich öfter noch ein anderes, auf welchem der Bischof sitzend dargestellt ist mit gleicher Umschrift. — Auch der Act Winkelmann Acta I, 483 ist mit dem Siegel mit stehender Figur bekräftigt.

3) Goldbulle König Friedrichs II. von Sicilien (1296—1337). Tafel VII, 5a und 5b.

Sie hängt an 3309 und stammt vermuthlich von dem Vertrage von 1303. — Es scheint das einzige erhaltene Exemplar zu sein, da sich auch in Palermo kein Abdruck findet. Vorderseite: Der König im Krönungsornate auf einem Sessel mit Löwen. — Umschrift: † Fridericus dei gratia rex Trinacrie at (!) Athenarum et Neopatrie dux. — Rückseite: Der König gewaffnet auf nach links galoppirendem gerüsteten Pferde, auf dem Kopfe die gekrönte Salade; am linken Arme der überzwerg gevierteto Schild mit den sicilischen Adlern und den aragonischen Pfählen, er wiederholt sich vorn und hinten auf den Pferdedecken. — Umschrift: † Christus vincit, Christus regnat, Christus imperat.

4) Ringsiegel des Notars Marquart. Tafel IX, 7.

Ein bärtiger Kopf (antike Gemme). — Umschrift: Sigillum Marquardi; es ist rückwärts auf dem Königsiegel v. 3890 eingedrückt (vergl. S. 49).

5) König Manfred. Tafel X, 6.

Höchst elegante, feine Arbeit, die sich in der Zeichnung an das Kaisersiegel Friedrichs II. (F. II, 5) anschlieſst; die über der Brust gekreuzte Stola hervorzuheben. — Umschrift: Mayn(f)redus) dei (gratia rex Sicilie. —

6) Konradin. Tafel X, 5.

Rund; freie Nachahmung des Siegels Königs Wilhelm (Heffner 71). — Umschrift: Chunradus dei gratia (Jerusalem et) Sicilie rex, im Siegelfelde zwischen Linien: dux Swevie.

B. F. 4795 (1264^{a}_{1}) danach auch v. Weech Karlsruher Siegel 2, 4; ein vollständigeres Exemplar von 4832 (1267^{a}_{6}) ist bei Baumann Allgäu 247 verkleinert abgebildet; hängt auch an 4857 (1268^{7}_{1}) in Siena.

Notizen über die einzelnen Urkunden.

Die vorgesetzte Nummer bezieht sich auf die Böhmer-Ficker'schen Regesten. Wenn an demselben Orte nur ein Archiv benutzt ist, so ist nur der Ortsnamen gegeben, kommen mehrere Archive an demselben Orte in Frage, so ist eine kurze Notiz beigefügt, über deren Bedeutung das Register am Schlusse nachzusehen ist. Es sind auch einzelne Diplome aufgeführt, deren Originale ich nicht einsah, wenn mir Transsumpte oder Abschriften vorgelegen haben, welche über Siegelung und die diplomatischen Eigenthümlichkeiten des Originals erwünschte Auskunft gaben. Die einfache Bezeichnung: Siegel bedeutet das in der Zeit der Urkunde gebräuchliche Siegel s. S. 64 ff.

Friedrich II.

525	1198 Juni	Palermo, D.-A.	Kreuz und sicilianische Invocation in Capitälchen. Im Datum Nachtragungen nicht zu bemerken. — Von der Besiegelung flusige rothe Seidenfäden; wahrscheinlich gehört das lose im Tabularium des Domes liegende Siegel zu dieser Urkunde. S. Tafel V, No. 7. — Gosfridus notarius.
541	1200 August	Palermo, D.-A.	Kreuz und Invocation ähnlich, wie bei 525, mit dunklerer Dinte nachgetragen. Im Data per manus Gualt: manus vielleicht, sicher Gualt nachgetragen. — Siegel 1 gewöhnlich[1]) befestigt in Holzkapsel. — Magister Leo de Matera.
546	1200 September	Palermo, D.-A.	Kreuz und Invocation in sehr eleganten mehrfach durcheinander geflochtenen Buchstaben. Im Data per m.: Gualterii sicher nachgetragen. — Von der Besiegelung nur hellrothe gutgesponnene Faden, in gewöhnlicher Weise befestigt, erhalten. — Matheus de Panormo, dieselbe Hand wie auf 548.
548	1200 September	Palermo, D.-A.	Ohne Kreuz und Invocation, der Königsnamen bis auf den Anfangsbuchstaben in Minuskeln. — Vier Zeilen Raum zwischen Text und Datum. In letzterem Gualterii nachgetragen. — Rest der hellrothen Siegelfaden, wie gewöhnlich befestigt. — Matheus de Panorma, dieselbe Hand wie auf 546.
551	1200 December	Palermo, D.-A.	Kreuz, Invocation und der Anfangsbuchstabe des Konigsnamens fehlen; von Ad huius an etwas gedrängter und dunklere Dinte. — Im Data per m. kaum ein Unterschied zu bemerken. — Siegel 1 sehr gut erhalten an flusigen, ungeblochten, nur durch zwei Löcher gezogenen Seidenfaden, in Holzkapsel. — Johannes de Neretone.
552	1200 December	Neapel, 419.	Invocation (kein Kreuz) in ungeschickt gezeichneten Majuskeln. — Im Datum, in welchem der Kanzler nicht genannt ist, sind Nachtragungen nicht zu bemerken. — Von der Besiegelung nur die vier regelrecht geschnittenen Locher; worauf sich Huillard's Bemerkung über das Bleisiegel stützt, ist nicht ersichtlich. — Philippus de Salerno. Da das Siegel fehlt, auch von den übrigen von Ph. de S. geschriebenen Diplomen keins im Original erhalten zu sein scheint, ist Entscheidung über die Echtheit dieses Stückes schwierig; die ungeschickte Schrift, das Fehlen des Kreuzes vor der Invocation sowie der Beglaubigung durch den Kanzler und die Analogie der übrigen zahlreichen Falschungen für St. Stefano machen es verdächtig. Vergl. 604. 609. 667.
562	1201 Juni	Palermo, St.-A. 39.	Ohne Kreuz und Invocation wie 548. — Eine Zeile Raum zwischen Text und Datum; in letzterem Nachtragungen nicht zu bemerken. — Von der Besiegelung nur die vier wie gewöhnlich geschnittenen Locher.
571	1204 October	Neapel, 462.	Sehr elegant verziertes Kreuz und Invocation. — Im stark zerstörten Datum Nachtragungen nicht zu erkennen; vom Regierungsjahre nur die Unterlänge eines q sichtbar. — War besiegelt, wie die Spuren zwischen den regelrecht geschnittenen Löchern bewiesen. Unten rechts auf dem Buge: presentat. XXVI. Julii apud Melfiam (vergl. 618) wohl 1231 und in Zusammenhang mit B. F. 1890—93.
573	1205 April	Palermo, St.-A.	Kreuz und Invocation, wie gewöhnlich. — Im Datum Nachtragungen nicht zu bemerken. — Von der Besiegelung flusige, rothe Seidenfäden, durch 3 Löcher gezogen.
577	1206 Januar	Neapel, 486.	Aehnlich ausgefertigt, wie 571, aber weniger elegant. — Im Datum Nachtragungen nicht zu erkennen. — Von der Besiegelung die Spuren, wie an 573.
583	1206 Mai	Palermo, D.-A.	Einfaches Kreuz und Invocation. — Im Datum Nachtragungen nicht zu erkennen. — Siegel ab, zwei unregelmäfsige Löcher.
585	1206 September	Palermo, St.-A.	Kreuz mit maurischen Arabesken ähnelnden Verzierungen; elegante Invocation mit dunklerer Dinte als der Context. — Zwischen Text und Datum zwei Zeilen; in letzterem Nachtragungen nicht zu erkennen. — Von der Besiegelung Reste wie an No. 573.
587	1207 Juni	Pisa, A. R.	Ohne Kreuz und Invocation; der Königsnamen in eleganten Majuskeln; am Ende des Textes und des Datums Verzierungen. — Die ganze Unterfertigung von anderer Hand, welche der Abloins ähnelt. Im Dat. p. manus: Gualt. de Pall. sicher nachgetragen. — Siegel ausgerissen
588	1207 December	Palermo, D.-A.	Sehr elegantes Kreuz und sicilische Invocation. — Das Datum ganz unregelmäfsig in sich und auch kaum vom Schreiber der Urkunde; Nachtragungen im Einzelnen kaum zu erkennen; unten auf dem Buge inwendig dreimal die probatio pennae Rederno. — Von der Besiegelung rothe Seidenfäden; drei Löcher; eins oben zwei unten. — Andreas.

[1]) d. h. die Schnur ist durch vier ∴ viereckig geschnittene Löcher doppelt durchgezogen und dann unter dem Buge verknotet.

604	1209 Mai	Neapel, 508.	Ohne Kreuz und Invocation; verziertes F., der Rest des Königsnamens in Majuskel. — Im Datum scheint in urbo — cancellarii von anderer Hand geschrieben zu sein. — Von der Siegelung am Diplome selbst 4 unregelmäfsig gestochene Löcher, der Umbug ist abgeschnitten. — Aldoinus. Das Diplom ist nicht von Aldoinus geschrieben, also eine Fälschung.
609	1209 August	Neapel.	Nicht Original, sondern gleichzeitige Abschrift, nicht von Aldoinus und auch von anderer Hand als 604, ob Falschung?
622	1210 Januar	Karlsruhe, G.-A.	Kreuz und Invocation hübsch ausgeführt in dafür gelassene Lücken später eingetragen, ebenso der Königsnamen. — Im Datum Nachtragungen nicht zu erkennen. — Siegel 1 an rothseidenen Fäden, in Holzkapsel; vier Löcher; war zugebunden. — Aldoinus. Schrift wie bei 623, 640, 641, 647.
623	1210 Januar	Karlsruhe, G.-A.	Die Ausstattung wie in 622. — Inwendig auf dem Bug probationes pennae wohl von Aldoinus: zweimal In nomine. — Besiegelung wie an 623, S. Tafel VI. 1. — Die Notiz J. auf dem Bug aus der Salerner Kanzlei. — Aldoinus. S. Tafel I.
636	1210 October	Neapel. 528.	Das verzierte F und der Rest des in Majuskeln geschriebenen Königsnamens in eine dafür gelassene Lücke später eingetragen. — Im Data, welches von dem Texte durch einen Zwischenraum getrennt ist, scheint Aydon und mense Octobr nachgetragen. — Das Siegel ist ausgeschnitten. — Nicolaus. Unten inwendig auf dem Buge: domino nostro Regi von der Hand der Urkunde; das Stück scheint vom Empfänger geschrieben und der Kanzlei vorgelegt.
640	1210 December	Palermo, D.-A.	Die äufsere Ausstattung entspricht 622, 623. — Im Datum Nachtragungen nicht zu erkennen. — Siegel 1, auch hier ist Mond und Stern kaum zu erkennen. — Aldoinus.
641	1211 Januar	Palermo, D.-A.	Aeufseres wie an 622, 623. — Siegel 1, wie gewöhnlich befestigt. Tafel VI. 2. — Aldoinus.
647	1211 October	Palermo, D.-A.	Aeufseres wie an 622, 623. — Von der Besiegelung hellrothe Seidenfäden. — Aldoinus.
667	1212 April	Neapel, 540.	Ohne Kreuz und Invocation; der Königsnamen ähnlich wie auf No. 604. — War besiegelt; 4 runde Löcher für die Seidenfaden. — Aldoynus. Schon Ficker bezeichnet das Diplom aus inneren Gründen als Fälschung; es ist genau ausgefertigt, wie 604, in ähnlicher, aber wohl nicht von demselben Schreiber herrührender Schrift. Es ist Falschung, da es nicht von Aldoinus geschrieben ist.
669	1212 Juli 9.	? ?	Transsumpt von 1245 (nicht 1425) nach der spätern Einzelabschrift auf Papier bei den Originalen im Staatsarchive Genua; die bei Huillard und oben S. 65 mitgetheilte Beschreibung der Goldbulle läfst deutlich die sicilische erkennen.
670	1212 August 25.	Cremona, 2399.	Notariatsinstrument, geschrieben und im Auftrage des Königs besiegelt vom Notare Oldefredus. Das Notariatszeichen am Anfange in eine dafür gelassene Lücke eingefügt. Im Data: Ver und wohl auch tertiodi de niffo nachgetragen. — Deutlich erkennbarer Rest des Electensiegels in rother Maltha (?) an flüssigen rothen Seidenfäden sicilianisch eingeknotet. — Etwas verkleinert in den Kaiserurkunden in Abbildungen, VI, 10a.
671	1212 Septbr. 26.	Wien, St.-A.	Ohne Invocation, sonst wie 672; das grofse F des Königsnamens später vorgesetzt; Zeugen und Unterfertigungen in hellerer Dinte, angeordnet wie auf 673. — Sicilianische Goldbulle (Tafel VI 5 b). — Henricus de Parisius.
672	1212 Septbr. 26.	Wien, St.-A.	Deutsche Invocation ebenso wie der Königsnamen in sicilianischen Capitalchen; das F des Königsnamens wohl später vorgesetzt. Von huius rei testes an in ganz gedrängter Schrift. Im Dat. per manus die Stelle von: Nobili — viceprothonotarii unregelmäfsig geschrieben. — Sicilianische Goldbulle. — Henricus de Parisius.
673	1212 Septbr. 26.	Wien, St.-A.	Invocation wie in 672; auch hier die Zeugen sehr gedrängt; nach ihrem Stande in drei senkrechten Reihen nebeneinander durch Striche getrennt. Die Unterfertigung heller und noch gedrängter. Im Dat. per manus Ulrici und wohl auch: in nobili civitate Basil. und Sexto kl octobris nachgetragen. — Sicilianische Goldbulle (Tafel VI, 5 a). — Henricus de Parisius. — Abgebildet in Kaiserurkunden in Abbildungen VI, 10b.
675	1212 October 5.	München, R.-A.	Kleine Ausfertigung; der Königsnamen bis auf den Anfangsbuchstaben in Minuskeln; das Datum auseinandergezogen, daher Nachtragungen im Einzelnen nicht festzustellen. — Electensiegel an Pergamentstreifen; vergl. Tafel VI. 3.
685	(1212 1213)	Venedig, B. M.	Brief. Nach den gütigen Mittheilungen des Herrn Commendatore Cecchetti ist das Stück etwas über 0,15m breit und 0,04m hoch; auf der Mitte der Rückseite steht mit den Zeilen der inneren Schrift parallel: Wolrico de Propeto; da das Stück aufgeklebt ist, scheint über Faltung und Schnitte für die Besiegelung nichts Genaues festzustellen; dafs jedoch das Siegel eingehängt war, läfst sich wohl mit Sicherheit daraus schliefsen, dafs Löcher für Siegelschnüre zum Anhängen fehlen. Der Text steht in 6 Zeilen.
686	1213 Januar 2.	Engelberg.	Grofses Privilegium. Chrismon; Invocation und Titel in litt. longg. füllen nicht die erste Zeile. Der gröfste Theil des Textes von derselben Hand, in derselben Dinte; von Statuta bis defendatur dunklere Dinte. Dann eine zweite Hand, die den Schlufs mit Zeugen, Recognition und Daten ausgeführt hat. Die Signumzeile ist von dritter Hand in auseinander gezogenen Minuskeln; das Datum noch unregelmäfsiger als das andere. — Erstes deutsches Königssiegel in brauner Maltha an bunten Seidenfäden.
689a	(1213 Febr. 15.)	Cremona. 2401.	Concept, im Ganzen jedoch besser, als das Original geschrieben; von der Invocation nur die drei ersten Buchstaben in litt. longg.; nach der Zeugenankündigung (annotari fecimus) folgt gleich die Signumzeile in litt. longg. und das Signum, dann ist der Rand abgeschnitten. — War wohl nie besiegelt; ich habe den Inhalt nicht genau mit dem Originale collationirt.
689b	1213 Febr. 15.	Cremona, 2400.	Die erste Zeile wie im Concepte (689a); das Diplom ist mit einer Dinte geschrieben, bei welcher immer volle Schwarze mit hellem Grau wechselt, daher sind Nachtragungen nicht genau zu erkennen;

			die Zeugen und Zeugenankündigung ist ganz unregelmäfsig; die Signumzeile in litt. long., das Signum am rechten Rande. — Siegel ab; zwei Löcher. — Von anderem aber noch ungeschickteren Schreiber, wie 689a.
690	1213 Febr. 15.	München, R.-A.	Privilegium. Chrismon; Invocation und Titel sowie Signumzeile in litt longg., das Signum klein und hinter den Zeugen. Nach Datum scheint zuerst der ganze Rest bis auf Berhtoldi und XV zugefügt, dann schliefslich diese beiden Stücke eingetragen zu sein. — Siegel an buntseidenen Faden in neuer Schale; ob ursprünglich befestigt?
691	1213 Febr. 16.	München, R.-A.	Wie 690 nach dem Sicilie des Titels drei Wellenlinien, dann noch Raum in der Zeile; die Zeugen später unregelmäfsig — nach Dictat? — zugefügt, im Datum Ratisp. sicher, vielleicht auch der Rest später zugefügt und darin wieder die Ziffern eingetragen(?). — Siegel an bunten Seidenfäden.
694	1213 Febr. 26.	München, R.-A.	Mandat; der Königsnamen in breiten litt. long; im Datum IIII oder IIII Kl. Marcii nachgetragen. — Siegel an bunten Seidenfäden.
695	1213 Marz 22.	Wien, St.-A.	Mandat Fred. sec. in litt. longg.; im Dat.: apud Augustam und XI (?) Kl. april.(??) nachgetragen. — Siegel an roth-gelben Seidenfaden. — Textschrift scheint von dem Schreiber von 717.
698	1213 Marz 27.	München, R.-A.	Privileg. Erste Zeile: Kreuz; Invocation bis Amen in litt. long.; dann der Titel in Minuskeln; ungleiche Schrift; die Zeugen dicker und fester; Datum per manus weicht dem Signum im Bogen aus; daher Nachtragungen nicht zu unterscheiden. Pertholdi(?) Germanie auf Rasur. — Siegel an bunten Seidenfäden, war wohl zugebunden. — Schreiber wie 699.
699	1213 Marz 27.	Wien, St.-A.	Privilegium wie 698; das Signum am rechten Rande; im Data per manus: Constantiam und wohl Pertholdi — protonot. nachgetragen. — Siegel an roth-gelben Seidenfäden, der Bug bedeckt einen Theil der letzten Zeile. — Schreiber von 698.
700	1213 März 31.	Karlsruhe, G.-A.	Privilegium mit sicilianischer Invocation in litt. longg. in der ersten Zeile ohne Chrismon; mehrere Stellen, wie es scheint, mit hellerer Dinte nachgetragen; ebenso Signumzeile und Invocation in hellerer Dinte; das Signum rechts am Rande; Datum per m. nicht uno tenore geschrieben; Chuonradi(?) nachgetragen; die II auf dem Bug Salemer Archivnotiz. — Siegel vorzüglich ausgeprägt und erhalten an verblafsten rothseidenen Fäden, die sonderbar verknotet sind; Tafel VI, 4. Textschreiber wie in 701.
701	1213 Marz 31.	Karlsruhe, G.-A.	Privilegium wie 700 aber Zeile 1: Chrismon, deutsche Invocation mit Titel in litt. longg.; die Signumzeile und Signum in dafür gelassenen Raum später eingetragen; im Datum per m. Nachtragungen. — Siegel in brauner Maltha (?) an rothseidenen Faden, kann zugebunden gewesen sein. — Die litt. longg. wie in 702, 717, 751I, 752, 779, (805), 808. — Textschrift wie in 700.
702	1213 März 31.	Karlsruhe, G.-A.	Privilegium wie 701; in der ersten Zeile noch: Timorem in Minuskel; Signumzeile, Signum und Zeugen in hellerer Dinte, letztere unregelmäfsig; im Datum per m. schwer genau zu bestimmende Einfügungen; die Indictionszahl fehlt; Conradi — epi wohl sicher nachgetragen. — Siegel in Maltha an rothen Seidenfäden. — Die litt. longg. der Signumzeile und das Signum wie in 701.
703	1213 April 1.	München, R.-A.	Privilegium wie 690; das Signum am linken Rande; die Zeugen enger geschrieben; Datum unregelmäfsig. — Von der Besiegelung bunte Seidenfäden.
708	1213 Juli 16.	Wien, St.-A.	Mandatähnlich; Invocation und Titel in litt. longg. füllen die erste Zeile. — Siegel an buntem Seidenband; neben den Löchern Schnitte.
709	1213 Juli 21.	Wiesbaden.	Mandat; wenig sorgfältige Ausfertigung, Frid. sec. in litt. longg.; das Datum scheint bis apud Egram ursprünglich, dann der Rest nachgetragen. — Siegel an rother Seide; der Bug mit dem unteren Rande bis auf die kleine Stelle, in welche die Siegellöcher geschnitten sind, weggeschnitten. — Die Schrift ähnelt sehr der von 912I.
710	1213 Juli 31.	München, R.-A.	Mandat; Fred. in litt. long., der Rest des Titels in Minuskeln; zwischen Zeugen und Datirung mehrere Zeilen Raum; in letzterer wohl Dat. apud Nuorinberc und II Kl. Aug. nachgetragen; unter dem Buge gleichzeitig, aber kaum von Kanzleihand die Notiz: in Gerato et alibi Fridericus de Haslahc et heredes sui. — Siegel an bunten Seidenfäden.
711	1213 Septbr. 1.	Karlsruhe, G.-A.	Privileg wie 690; die Schrift wird gegen Ende unregelmäfsig; im Datum wohl apud Uberlingen und Kl. Septembris nachgetragen. — Siegel an rothen Seidenfäden; verschiedenfarbiges Wachs. — Die litt long. und das Signum von derselben Hand wie in 725.
713	1213 October 19.	Darmstadt.	Mandatähnlich. Erste Zeile: Titel — perpetuum in litt. long.; Zeugen und Datirung enger zusammengerückt; zwischen Acta und Datum eine Linie Raum; das ganze Datum scheint nachgetragen: apud von p an auf Rasur (statt ante?), unausgefüllte Lücke für den Ortsnamen. — Siegel an rother Seide. — Die litt. long in 703, 794, 855, 863I, 890, 891, 910, 1036 von derselben Hand.
717	1214 Febr. 19.	Wien, St.-A.	Privilegium wie 703; im Datum p. m. Augustam(?) und Bertoldi — prothonot. nachgetragen. — Siegel ausgerissen. — Die litt longg. wie auf 701. 808; die Textschrift wie in 695, 732, 751I, 752, 779, (805).
720	1214 Febr. 21.	Wien, St.-A.	Mandat; Fridericus in litt. longg.; das Datum unregelmäfsig geschrieben. — Siegel an rothen Seidenfäden.
725	1214 März 12.	Karlsruhe, G.-A.	Privilegium wie 690; Signumzeile in Minuskeln; die Schrift wird gegen Ende feiner und flüchtiger; die Unterfertigungen sind sehr auseinander gezogen, scheinen aber uno tenore geschrieben. — Von der Besiegelung grünseidene Fäden. — Der Text von demselben Schreiber, wie 730, 804II, 906, 942II.
730	1214 April 21.	München, R.-A.	Mandat; Titel in der ersten Zeile in litt. longg. mit hellerer Dinte; zwischen Datum und Text Raum; im Datum Wormat. und vom Tagesdatum Madii(??) nachgefertigt. — Das Siegel mit der alten Schnur durch Zukleben der Rückseite in neuerer Zeit wieder angehängt. — Von demselben Schreiber wie 725.
732	1214 Juni 2.	Dresden, 182.	Privilegium wie 703; die Zeugen von Comes Heinricus de Swarzburc an, das Actum und die Unterschriften scheinen nachträglich zwischen die ersten Zeugen und das Signum eingeschoben; im Datum, das rechts vom Signum steht, scheint apud Egram eingefügt und zwar die erste Hälfte auf Rasur. — In rothem Wachse das zweite Königssiegel an rothgelben Seidenfäden; also nachträglich (nach 1215 Juli) besiegelt. — Die litt. longg. entsprechen denen von 701, wohl auch die Minuskel.

734	1214 Juni 5.	Dresden, 183.	Fälschung, wohl aus dem 15. Jahrhundert. — Zweites Königssiegel an langen rothen Seidenfäden, hinten aufgebohrt.
736	1214 Juni 26.	Karlsruhe, G.-A.	Mandat, wohl das ganze Datum, sicher aber von apud an nachgetragen. — Siegel an grün-weifs leinener(?) Litze; war angebunden. — Schreiber wie in 737.
737	(1214 Juni 26.)	Karlsruhe, G.-A.	Mandat; die Zeugen auf dazu freigelassenem Raume von dem Schreiber der Urkunde auseinandergezogen zugefugt. — Siegel an rothen Seidenfäden in Wachs. — Schreiber von 736.
751 I	1214 October 23.	Stuttgart.	Die ältere Ausfertigung ohne die Namen der einzelnen Orte. Privilegium wie 690; im Datum vielleicht Spiram und X Kl. Novemb. nachgetragen. — Siegel an verblafsten rothseidenen Fäden. — Schreiber von 717.
751 II	— „ —	München, R.-A.	Elegante Ausfertigung ohne Chrismon, aber mit verzierten Initialen in stark ausgebildeter italienischer Kanzleischrift, wie sie sich häufiger erst in den dreifsiger Jahren findet; von Nachtragungen im Datum habe ich nichts bemerkt. — Von der Besiegelung nur ein paar verblafste rothe Seidenfaden. — Ob eine Neuausfertigung aus der Kaiserzeit?
752	1214 Novbr. 21.	Strafsburg, B.-A.	Privilegienähnlich; keine Invocation; in der ersten Zeile der Titel in litt. longg.; das Datum erscheint unregelmäfsig. — Von der Besiegelung bunte Seidenfäden, vergl. jedoch die Notiz bei Huillard I, 322. — Schrift wie in 717; die litt. longg. der Signumzeile und des Titels nicht ganz gleich, aber doch wohl von einer Hand.
767	(1214 Novbr. 29.)	Colmar.	Siegel an grauer Schnur (Niemann).
768	1214 Novbr. 29.	Colmar.	Von der Besiegelung Pergamentstreifen (Niemann).
770	1214 Decbr. 6.	Marburg.	Privilegienähnlich; erste Zeile: Invocation und Titel mit in perpetuum in etwas stärkeren Buchstaben; kein Signum; die Kanzlerrecognition und das Datum — vom Bug bedeckt — wohl bei der Vorlegung in der Kanzlei zugefugt. — Von der Besiegelung grün-roth-gelbe Seidenfäden.
779	1215 Januar 21.	Wiesbaden.	Mandat; Titel in litt. longg., das ganze Datum erscheint nachgetragen. — Maltha-Siegel an buntseidenen Schnüren. — Schrift wie 717.
780 I	1215 Januar 28.	Dresden, 192.	Privilegium wie 690. Correctur im Signum. im Dat. apud Nuwenburg, wohl auch mehr nachgetragen. Pfortner Hand (Posse). — Siegel an bunten gedrehten Fäden.
780 II	1215 Januar 27.	Dresden, 192.	Aengstliche Nachahmung von 780 I; dieselbe Nachtragung im Datum. — Ebenso besiegelt.
787	1215 April 2.	Palermo, D.-A.	Privilegium wie 690; erste Zeile Chrismon und Invocation in litt. longg., dann Minuskel (Königsnamen mit Initiale) bis terre; ob im Data: Augustam nachgetragen? im Signum die Sigle für et wie ein X gebildet. — Die Goldbulle ab, die Seidenfäden erhalten.
789	1215 April 5.	München, R.-A.	Mandat; einfach grofser Anfangsbuchstabe des Königsnamens; im Datum: non. April nachgetragen, ebenso wohl auch die Incarnationszahl und die Zahl III[a] des regni Romani; die Ziffer der anni Sicilie ausgelassen. — Von der Besiegelung an den rothen Seidenfäden kenntliche Reste.
790	1215 April 5.	München, R.-A.	Privilegium; der Titel (Königsnamen mit Initiale) in Minuskel; das Signum am rechten Rande, im Acta scheinen alle Ziffern, dann das ganze Datum in besonderer Zeile mit Abstand nachgetragen. — Von der Besiegelung roth-gelbe Seidenfäden.
791	1215 April 11.	München, R.-A.	Mandat mit Kreuz und der Initiale F statt des Königsnamens; das Acta unregelmäfsig; im Datum apud Ulmam nachgetragen. — Von der Besiegelung bunte Seidenfäden.
793	1215 April 23.	Palermo, D.-A.	Privilegium; Invocation in Minuskel in der ersten Zeile, in der zweiten Chrismon und Titel in litt. longg.; das Signum in den beiden Unterschriftzeilen; im Datum Nachtragungen nicht zu bemerken. — Von der Besiegelung Seidenfäden. — Die litt. longg. wie in 713; Schreiber von 794.
794	1215 April 23.	Palermo, D.-A.	Privilegium wie 793; das Signum steht etwas anders zum Texte; Nachtragungen im Datum (?). — Siegel ab. — Schreiber von 793.
796	1215 Mai 2.	Düsseldorf.	Mandat; vom Kaisernamen nur das F; der Titel wohl vorgefertigt; im Datum: Andernacum und VI Non., vielleicht auch noch andere Ziffern nachgetragen. — Von der Besiegelung bunte Seidenfäden.
797	1215 Mai 3.	Berlin.	Privilegium wie 690; am Ende der ersten Zeile eine unregelmäfsige Figur aus dem C des Textanfanges corrigirt; die Signumzeile in Capitälchen. Das ganze Datum per m. scheint nachgetragen und darin ist wieder von anderer Hand mit feinerer Schrift Marquardi nachgefügt. Ob einzelne Ziffern der Datirung nachgetragen? Monogramm in hellerer Dinte. — Siegel an rothgelben Seidenfäden, geflickt. — Unzweifelhaft echt; von dem Magdeburger Schreiber, der auch 798, 862, 1001 und 1147 ausführte.
798	1215 Mai 3.	Berlin.	Privilegienartig ohne Chrismon und Invocation und ohne litt. longg.; im Datum p. m. für den Namen des Notars eine Lücke gelassen; die Indictionsziffer und Romani III[a] von anderer Hand nachgetragen; das Signum in hellerer Dinte. — Siegel an rothgelben Seidenfäden. — Von dem Schreiber von 797.
799	1215 Mai 19.	Frankfurt a. M.	Offener Brief; vom Königsnamen nur F, der Titel wohl vorgefertigt; von anderer Hand das Datum nachgetragen, die danach wieder die letzten Textworte: ablata — restituatis zufugte. — Siegel durch die vierte Textzeile mit Pergamentstreifen befestigt; der kleine Rest gestattet kaum die Constatirung des Stempels; wie gewöhnlich gefaltet.
804 I	1215 Juni 20.	Stuttgart.	Privilegium wie 690; das Signum steht etwas freier; im Datum Ulmam nachgetragen. — Von der Besiegelung ungebleichte Seidenfäden; auf der Rückseite Abdruck des Siegels.
804 II	1215 Juni 20.	Stuttgart.	Wie 804 I; die Zeugen etwas gedrängter und unregelmäfsiger; im Datum scheint Ulmam und XII nachgetragen. — Schrift wie in 723.

805	1215 Juni 20.	Stuttgart.	Mandatähnlich; Titel in litt. longg.; im Datum scheint Ulmam bis Julii nachgetragen. — Von der Besiegelung nur dicke gewebte Seidencordeln oder Bänder. — Die ganze Schrift der von 717 sehr ähnlich.
806	[1218 Juni 16.]	Stuttgart.	Die Schrift gleicht Heinrich (VII.) 4298. — Ueber die Siegelbefestigung vergl. das Württemberger Urkundenbuch; es ist das erste Königssiegel. — Fälschung.
807	1215 Juni 21.	Stuttgart.	Mandat; über der Zeile: et Herinbuch nachgetragen; das Datum hat seine eigene Zeile, Nachtragungen sind nicht erkennbar. — Von der Besiegelung ein winziger Rest eines gelben Seidenfadens.
808	1215 Juli 8.	Stuttgart.	Mandatähnlich; der Titel in litt. longg.; dann noch Minuskel — religio in der ersten Zeile; das Datum erscheint unregelmäfsig; Hagenowiam nachgetragen. — Siegel ganz ab. — Italienisches Pergament, ist sorgfältiger geschrieben, gleicht aber 877.
809	1215 Juli 9.	Strafsburg, B.-A.	Mandat; vom Königsnamen nur das F.; vor Datum eine Lücke, VII Idus Julii nachgetragen. — Siegelrest von rothseidenen geflochtenen Fäden. — Ueber die Schrift vergl. Huillard I, 392.
811	1215 Juli 28.	Maastricht.	Invocation in litt. longg.; im Datum Aquisgrani und wohl auch die V des Monatstages nachgetragen; in der Jahreszahl Correctur und Rasur. — Geflicktes vorzüglich ausgeprägtes zweites deutsches Königssiegel an rothen Seidenfaden. Tafel VII, 3, dort irrthümlich mit 843 bezeichnet.
812	1215 Juli 28.	Lüttich.	Offener Brief; im Datum Aquisgrani nachgetragen, V auf Rasur. — Vom Siegel ein vorzüglich ausgeprägter Rest. Pergamentstreifen unter der dritten Textzeile durchgezogen.
813	1215 Juli 28.	München, R.-A.	Mandatähnlich; im Datum scheint Aquisgrani und ist wohl sicher Augusti nachgetragen. — Siegel an bunten Seidenfäden.
814	1215 Juli 29.	Aachen.	Privilegium; Invocation, Titel und Signumzeile in litt. longg.; das Monogramm ist in eine dafür gelassene Lücke mit schwärzerer Dinte später eingetragen. — Goldbulle an bunten Seidenfäden. Tafel IX, 8.
818	1215 Juli.	Neapel, 586.	Privilegienähnlich; ohne Chrismon, (Kreuz) und Invocation, blofs Fred. in Capitälchen; die Zeugen unregelmäfsig; im Datum Nachtragungen nicht zu erkennen. — Siegel ab; 8 geschnittene Löcher. — Sicilianisch gebildeter Schreiber, wie in 874; ganz unten rechts die spätere Notiz: presentatum XXVII Julii apud Melfiam vergl. 571.
820	(1215 Juli.)	Düsseldorf.	Mandat; vom Königsnamen nur F.; die Datirung fehlt vollständig, doch war Raum gelassen. — Siegel an roth und grünseidenen Bändern sehr fest durchgeknotet. — Von derselben Hand wie 821, aber flüchtiger.
821	(1215 Juli.)	Düsseldorf.	Mandat wie 820. — Siegel an gelb-rothem Seidenband. — Schreiber von 820.
823	1215 August 2.	Düsseldorf.	Privilegienähnlich; Chrismon; Invocation in litt. longg.; das ganze Diplom ist sehr verblafst, daher sind Nachtragungen kaum zu constatiren. — Siegel an bunten Seidenfäden.
829	1215 Septbr. 11.	Wolfenbüttel.	Privilegium wie 690; die ganzen litt. longg. Recognition, Acta und Datum in hellerer Dinte und etwas einfacherer Schrift; apud Herbipolim und III° Idus etwas unregelmäfsiger. Unvollständiges Signum. — Siegel an bunten Seidenfäden.
831	1215 Septbr. 16.	München, R.-A.	Mandatähnlich; erste Zeile, in der nach dem Titel noch etwas Raum bleibt, in litt. longg.; unten mehrere Zeilen freigelassen, wohl in der Absicht, Zeugen nachzutragen; das Datum in dunklerer Dinte mit anderer Schrift, darin dann wieder Herbipolim (ohne apud) zugefügt. — Siegel an bunten, übersponnenen Seidencordeln.
832	(vor 1215 Juli 28.)	München, R.-A.	Mandat; für das Datum Raum gelassen, aber die Nachtragung unterlassen. — Erstes deutsches Königssiegel an Pergamentstreifen.
834	1215 Septbr. 24.	Turin, St.-A.	Mandatartig; am Anfange kleine ungeschickte litt. longg.; die Zeugen enger geschrieben; im Datum Hagenowe und wohl auch VIII Kl. Octobr. nachgetragen; neben den Siegellöchern lb. als Vorschrift für das in der Urkunde radirte und corrigirte libras. — Von der Besiegelung bunte Seidenbänder.
840	1215 Decbr. 22.	München, R.-A.	Privilegium; am Ende der ersten Zeile: in perpetuum; das Signum innerhalb der freistehenden Signumzeile; Data apud Egram und Chunradi scheint nachgetragen, jedoch auch sonst noch bedeutende Dintenunterschiede in der Zeile. — Siegel an rothgelbseidenen Faden. — Geschrieben von einem Regensburger Schreiber, der auch 861, 1073 und 1115 fertigte, aber nicht 863 I u. II.
843	1216 Januar 30.	München, R.-A.	Mandat; der Königsnamen in litt. longg.; die Zeugen gedrängt; im Datum Hagenowie nachgetragen. — Siegel an geflochtenen Cordeln.
844	1216 Januar 31.	Braunfels. ([illegible])	Kindlinger Msc. 188, 5. (Münster.) Mandat. Fridericus Secundus in litt. longg. — Siegel an Fäden.
851	1216 (März)	Strafsburg, B.-A.	Mandat; scheint ganz in einem Zuge geschrieben. — Von der Besiegelung nichts erhalten. — Ist die einzige im Originale erhaltene unter den Urkunden Friedrichs II. für Neuenburg; sie ist jedenfalls fertig geschrieben der Kanzlei zur Besiegelung vorgelegt, ob aber angenommen?
853	1216 April 16.	? ?	Kindlinger Msc. 138, 1 (Münster). Offener Brief. — An schmalem Pergamentstreifen das Siegel rückwärts aufgeheftet. Das Datum lautet: indictione IIII Kl. Maij XVI.
855	1216 Mai 6.	Köln, St.-A.	Privilegium; das Signum theilt Signum- und Recognitionszeile; das Datum p. m., vor dem ein Chrismon steht, ist unregelmäfsig geschrieben, darin wohl Bertoldi — prothonotarii eingefügt. — Das Siegel in rothem Wachse an grünweifsseidenen Fäden. — Von derselben Hand sind geschrieben 863 I, 890, 891 und 1199?
856	1216 Mai 11.	München, R.-A.	Privilegium; das Signum rechts von der Signumzeile. Im Data p. m. Bertoldi sicher, wohl auch Herbipol. nachgetragen. — Siegel an bunten Seidenfäden. — Von demselben Schreiber wie 857.
857	1216 Mai 11.	Berlin.	Privilegium; das Signum zwischen der Signum- und Recognitionszeile; im Datum p. m. Nachtragungen nicht zu erkennen. — Siegel an rothgelbseidenen Faden (geflickt). — Schreiber wie in 856.

859	1216 Mai 12.	—	Ist eine Fälschung Falkes; er schrieb den Druck in Lünigs Reichsarchiv ab, liefs aber anfangs den Namen des Abts von Corvey, der ihm gerade nicht gegenwärtig war, aus; die Nachtragung dieses Namens ist jetzt noch in Falkes Wolfenbütteler Mss. deutlich zu erkennen.
861	1216 Mai 13.	München, R.-A.	Privilegium wie 840; aber ohne die Promulgation in perpetuum; im Data p. m. scheint Herbypolis und Berhtoldi nachgetragen. — Siegel an bunten Seidenfäden. — Von demselben Regensburger Schreiber wie 840.
862	1216 Mai 14.	Berlin.	Privilegium wie 857; nach dem Titel in der ersten Zeile noch Raum; das Datum p. m. unregelmäfsig: Bertoldi eingefügt, vielleicht auch Herbipolim. — Siegel ab. — Von dem Magdeburger Schreiber von 707 geschrieben.
863 I	1216 Mai 15.	München, R.-A.	Privilegium wie 690; die Zeugen stehen enger und sind geschrieben, als die Unterfertigungen schon standen; im Datum per manus: Bertoldi sicher, vielleicht auch: de Niffen nachgetragen; der Rest sehr auseinandergezogen. — Von der Besiegelung lange Seidenfäden. — Geschrieben wie 855.
863 II	1216 Mai 15.	München, R.-A.	Privilegium wie 863 I; die Signumzeile, in von der ersten Zeile verschiedenen litt. longg., und das Signum sind in dafür gelassene Lücken mit dunklerer Dinte eingefügt; im Datum per manus: Bertoldi de Niffen und vielleicht auch Erbipolim nachgetragen. — Siegel an buntseidenen Fäden. — Die litt. longg. der ersten Zeile wie in 1018.
864	1216 Mai	Monte Cassino.	Mandat; eckiges F., der Rest des Namens in litt. longg.; im Datum Mense Madii und vielleicht Herbipoli nachgetragen. — Von der Besiegelung die rothen Seidenfäden in sicilianischer Weise eingeknotet erhalten. — Sicilianisch ausgebildeter Schreiber, wie in 843, 880, 901.
868	1216 Juli 13.	Karlsruhe, G.-A.	Mandat; die Zeugenreihen enger geschrieben; das Datum unregelmäfsig, Constantie nachgetragen. — Von der Besiegelung rothgelbe Seidenfäden.
869	1216 Juli 15.	München, R.-A.	Mandatähnlich; ohne Invocation, nur der Königsnamen in litt. longg.; von Const; bei den Zeugen bis zu Ende hellere Dinte; im Datum Constan. nachgetragen. — Siegel an rothgelbseidenen Faden. — Die litt. longg. des Königsnamens wie in 871.
871	1216 Juli 25.	Karlsruhe, G.-A.	Mandatähnlich; der Titel bis in perpetuum in litt. longg., dann noch Minuskeln in der ersten Zeile; obwohl schliefslich reichlich Platz war, die Zeugen gedrängt; das Datum scheint in einem Zuge geschrieben. — In dem Sacke Reste des Siegels constatirt, es war an rothen Seidenfäden angehängt, jetzt ist der Sack mit Bindfaden angeknüpft. — Litt. longg. und Verzierung der Initiale, wie in 860.
872	1216 Juli 25.	Karlsruhe, G.-A.	Mandat; vom Königsnamen nur F.; das ganze Datum am Ende der vorletzten und Anfange der letzten Zeile in sich gleichzeitig zugefügt. — Von der Besiegelung nur der Siegelriemen, der auf der einen Hälfte die erste Zeile von der Hand der Urkunde und Reste der zweiten Zeile enthält.
874	1216 Juli 28.	Wien, St.-A.	Mandatähnlich; Fredericus in litt. longg., das F. eckig; im Datum p. m. Bertoldi de Nyphen und vielleicht auch Ulmam und imperialis prothonot. nachgetragen. — Goldbulle an bunten Seidenfäden. (Tafel VI, 6 a u. 6 b.) — Von dem sicilianisch gebildeten Schreiber wie 818.
876	1216 August 30.	Mailand.	Mandatähnliche unregelmäfsige Ausfertigung, Fred. sogar in ungeschickten Uncialen; dem Datum jedenfalls mit dunklerer Dinte das Jahr zugefügt (Winkelmann glaubt auch dabei noch einzeln die letzte I zugefügt); mir schien das ganze Datum nachgetragen und darin wieder apud Nurenberc. — Von der Besiegelung nur zwei kanzleimäfsig geschnittene Siegellöcher.
877	1216 Septbr. 8.	München, R.-A.	Mandatähnlich; zu Anfang litt. longg.; Zeugen- und Unterfertigungszeilen enger geschrieben; im Datum vielleicht Nurinberc und Idus Septembris nachgetragen. — Siegel an rothseidenen Fäden. — Die Schrift wie in 866.
878	1216 Septbr. 23.	Dresden, 202.	Privilegienähnlich; Invocation und Titel in litt. longg.; unten noch leerer Raum für die Unterfertigungen; die Datirung in etwas anderer Dinte. — Von der Besiegelung rothe Seidenfäden.
890	1217 Januar 21.	München, R.-A.	Privilegium, wie 690; das Datum auseinandergezogen, daher sind Nachtragungen kaum zu erkennen. — Goldbulle ab. — Von demselben Schreiber wie 855.
891	1217 Januar 24.	München, R.-A.	Privilegium; alles wie 890.
893	1217 Februar	Florenz.	Privilegienartig; ohne Chrismon und Invocation; Fredericus mit eckigem F. allein mit litt. longg. in dafür gelassene Lücke später vorgesetzt; im Signum an dem vord. ersten Balken oben und unten ungewöhnliche Ansätze; in der Signumzeile das Wort Signum allein in litt. longg.; im Datum Hulm. nachgetragen. — Siegel ab. — Von demselben Schreiber wie 894.
894	1217 (Februar)	Karlsruhe, G.-A.	Mandat; der Königsnamen ausgeschrieben; im Datum Ulme in eine zu grofs gelassene Lücke eingetragen, es hatte wohl auch noch ein Tagesdatum dort Platz finden sollen. — Siegel an rothgelbseidenen Faden.
897	1217 Febr. 17.	Neapel, 590.	Nach Winkelmanns übereinstimmendem Urtheile eine Nachbildung — und zwar eines Originals, das 890 sehr ähnlich sah. — Nie besiegelt gewesen.
903	(1217.)	München, R.-A.	Kleines Mandat, das ursprünglich in Briefform ausgefertigt werden sollte, jetzt sind durch den unteren Rand ohne Bug blaue Leinen(?)-Fäden geknotet; von Acta sunt hec an ist die Schrift unregelmäfsig; im Incarnationsjahre eine Rasur. — Die Echtheit oder Unechtheit ist wohl kaum zu entscheiden, da das Siegel fehlt und der Schreiber kaum weiter nachweisbar sein wird.
904	1217 Mai 31.	München, R.-A.	Ganz unregelmäfsige privilegienartige Ausfertigung vergl. „Kaiserurkunden in Abbildungen" VI. 11; ursprünglich als Reinschrift begonnen, dann zum Concept benutzt, aber dennoch gesiegelt; die Ausfertigung in Reinschrift scheint schliefslich unterblieben. — Siegel an rothgelben Seidenfäden, die unten geflochten sind, wohl Spielerei des Empfängers.
906	1217 Juni 8.	München, R.-A.	Mandat; im Anfange litt. longg.; vom Datum scheint ursprünglich nur anno dni. Millmo. CC. — Siegel an Pergamentstreifen. — Vom Schreiber von 725, aufser den litt. longg.

914	1217 Juli 17.	Düsseldorf	Mandat; Titel vorgeschrieben; im Datum Confluentiam und XVI° kl. (?) nachgetragen. — Siegel an rothen Seidenfaden scheint zugebunden gewesen zu sein.
918	1217 Novbr. 17.	Dresden, 213.	Geschlossener Brief, zweimal der Höhe nach gefaltet; das Datum unregelmäfsig. Adresse: Preposito decano aliisque canonicis Misnensibus; dann unter den Siegelschnitten: pro magistro Nicolao. — Siegel mit dem Pergamentstreifchen ab.
919	1217 December	München, R.-A.	Mandatartig; der Titel in litt. longg. dann noch bis pia om in Minuskeln in der ersten Zeile; sehr feine und zierliche Ausfertigung; im Datum apud Nuorenberc nachgetragen. — Siegel an geflochtenen buntseidenen Faden.
920	1217 Decbr. 29.	Wien, St.-A.	Mandatähnlich; zu Anfang litt. longg.; Actum und Datum nicht in einem Zuge mit der Urkunde und auch in sich nicht einheitlich geschrieben. — Siegel an bunten Seidenfäden.
924	1218 Januar	Rom, B.-C.	Privilegium; die Invocation könnte abgeschnitten sein; nur der Königsnamen in Majuskeln, das F. eckig, grofs und sicilianisch verziert; das Signum wie in (680); das Datum ganz unregelmäfsig geschrieben, daher wird es schwer fallen, die Aufeinanderfolge der Eintragungen festzustellen. — Goldbulle ab; zwei wie gewöhnlich geschnittene Löcher. — Sicilianisch gebildeter Schreiber.
932	1218 März 17.	Zurich, St.-A.	Mandat; der Königsnamen in Kapitälchen; das ganze Datum ist unregelmäfsig. — Das abgerissene Siegel liegt bei; bunte Seiden(?)fäden.
934 I	1218 März 27.	Wiesbaden.	Mandat; flüchtig und wohl nach Dictat geschrieben mit Correkturen und Rasuren; die letzte Zeile mit geringerem Abstand; das Datum apud M. per m. unregelmäfsig, die Ziffern der Datirung auseinandergezogen, wohl in verschiedenen Absätzen nachgetragen, es ist das jedoch bei der Unregelmäfsigkeit des ganzen Stückes nicht genau festzustellen, jedenfalls ist diese Ausfertigung die frühere. — Siegelreste in rothem Wachse an Pergamentstreifen.
934 II	1218 April 8.	Wiesbaden.	Mandat; in eleganter Cisterzienser-Schrift; Reinschrift von 934 I; auch hier das Datum unregelmäfsig. — Von der Besiegelung Pergamentstreifen.
935	1218 April 15.	Bern.	Fälschung. Durch freundliche Zusendung des Herrn Dr. Ebrard lag mir das von Böhmer citirte Facsimile von Matile aus der Frankfurter Bibliothek vor. Die Schrift scheint aus der Mitte oder der zweiten Hälfte des dreizehnten Jahrhunderts. Unter den Zeugen — worüber Fickers Bemerkungen zu vergleichen sind — der bedeutendste Notar Konrads IV., Konrad von Ulm (vergl. B. F. 4413 und oben S. 54). — Die zweite Königsbulle an roth-grün-gelbseidener Schnur, nicht mehr ursprünglich befestigt (Herger. Bloesch).
937 I	1218 Juni 20.	Münster.	Mandatähnlich; Invocation in litt. longg.; über die verschiedenen Hände und Dintenunterschiede vergl. den Druck in Wilmans K. U. der Provinz Westfalen II, 263, unten noch Platz übrig; die nachträgliche Zufügung der Zeugen erklärt ihre Stellung am Ende. — Siegel an rothen Seidenfäden. Tafel VII, 1.
937 II	1218 Juni 20.	Münster.	Mandatähnlich; die Ausstattung wie I; doch sind die Zeugen nicht nachgetragen und stehen zwischen Text und Datum; die in der ersten Ausfertigung fehlende Indiction von anderer Hand zugefügt; etwas erweiterte Fassung; anderer Schreiber. — Siegel nicht mehr ursprünglich befestigt.
939	1218 Juli 12.	Darmstadt.	Mandatähnlich; im Anfange bis in perpetuum litt. longg.; das Datum ganz nachgetragen, vielleicht darin wieder IIII. Id. — Siegel an rothgelbseidenen Faden.
941	1218 Juli 22.	München, R.-A.	Mandat; sollte wohl ursprünglich als Brief ausgefertigt werden, erhielt dann einen Bug, in welchem sich ein Schnitt findet, darin hat mit Pergamentstreifen ein Siegel gehangen; das ganze Datum scheint nachgetragen; wohl unverdächtig.
942 I	1218 Juli	München, R.-A.	Die von Ficker in Klammern erwähnte Ausfertigung, privilegienähnlich, ohne Signum; der Titel bis clementia in litt. longg. unregelmäfsig geschrieben; im Actum vor dem Wimpine mit dem W verbunden ein a als Rest von apud; am Ende der Zeile nach indict. VI eine Zahl (nach Ficker wohl XIII) getilgt; der Bug sehr unregelmäfsig. — Siegel an rothen Seidenfäden. — Die ganze Ausfertigung 700 sehr ähnlich.
942 II	1218 August 1.	München, R.-A.	Privilegium wie (690); erweiterte Ausfertigung; die Verzierungen des Chrismon u. s. w. sehr steif; das Datum sehr auseinandergezogen, dennoch sind Nachtragungen nicht zu erkennen. Die vier Löcher für die Goldbulle wie gewöhnlich, auch sind einmal Bänder durchgezogen gewesen, jetzt fehlt alles. — Die Minuskel ähnelt sehr 725, die litt. longg. entsprechen mehr der Gewohnheit der kaiserlichen Kanzlei, ob spätere Neuausfertigung?
944	1218 Septbr. 10.	München, R.-A.	Mandat; in der ersten Zeile der Titel in litt. longg.; im Datum apud Ulmam und wohl auch Ziffern nachgetragen. — Siegel an rothen Seidenfäden.
946	1218 September	Palermo, St.-A.	Privilegium mit sicilianischer Invocation. Fredericus in Majuskeln, sonst wie 680; höchst elegant ausgeführt; das Signum nicht ganz in der gewöhnlichen Form; im vermoderten Datum war nur der Monat, nicht der Tag angegeben, Nachtragungen bei dem jetzigen Zustande nicht zu erkennen. — Siegel ab, 4 Löcher. — Sicilianische Ausfertigung, sorgfältiger, aber vielleicht von demselben Schreiber wie 951.
947	1218 Septbr. 12.	Basel.	Mandat; das Datum etwas unregelmäfsig, Nachtragungen nicht zu unterscheiden. — Siegel an Pergamentstreifen.
949	1218 Septbr. 13.	Basel.	Privilegium; das Chrismon, für welches Platz gelassen, ist nicht ausgeführt; Invocation und Titel in der ersten Zeile in litt. longg.; das Anfangs-I und das Monogramm in schwärzerer Dinte; in der Datirung das annus reg. Rom: Sexto und Ulme nachgetragen; ebenso wohl Idus Sept. — Goldbulle an rothen Seidenfaden (Tafel IX 9a u. 9b). — Die litt. longg. von demselben Schreiber, wie in 713; vielleicht auch die Textschrift.
951	1218 Septbr. 18.	München, R.-A.	Privilegium; sehr flüchtige Ausfertigung; oben gleich über dem Oberrande der Initiale ein Stück abgeschnitten, vielleicht die Invocation mit weggeschnitten; eckiges F. keine litt. longg.; im Datum Ulmam und das Monatsdatum nachgetragen; auch unten ein Stück abgeschnitten. — War besiegelt, aber das Siegel ist nachher ausgerissen. — Der Text scheint von demselben Schreiber wie der von 918 herzurühren, hier viel flüchtiger; wohl wegen der Bestimmung über die Münze cassirt; vergl. B. F. 3919.

956 I u. II	1218 Octobr. 22.	München, R.-A.	I enthält am Ende der ersten Zeile umgekehrt die obere Hälfte der Invocation. Von derselben Hand geschrieben wie No. II. Kaiserurkunden in Abb. VI, 12. II mit dem unteren richtig stehenden Theile der Invocation; unregelmäfsig geschrieben; Zeugen und Datum zusammen nachgetragen; darin wieder Nurenberc. — Die untere Siegelschale hängt an rothgelbseidenen Fäden.
958	1218 Octobr. 26.	Wien, St.-A.	Privilegium wie 949; erste Zeile Invocation und Titel in litt. longg.; zweite Zeile Sveibe u. s. w. in Minuskeln, dann in perpetuum in litt. longg.; sehr elegante Signumzeile; im Signum fehlt das Zeichen für et; das Datum unregelmäfsig; vielleicht ist darin Nurenberc. — Kal. nachgetragen. — Von der Besiegelung bunte Seidenfaden. — Sehr elegante Ausfertigung des Salzburger Schreibers, der auch 1015, 2027, 8, 9 ausfuhrte.
959	1218 Octobr. 30.	München, R.-A.	Mandatähnlich; Fr; die Zeugen in dafür gelassene Lücke, welche die Namen nur zur Hälfte füllen, von anderer, aber ähnlicher Hand eingetragen; im Datum wohl Nuernberc und das Monatsdatum nachgetragen. — Siegel an bunten Seidenfäden.
961	1218 (Novbr.)	München, R.-A.	Mandat; F; auf senkrecht liniirtem Papier; das Datum noch unregelmäfsiger geschrieben, als die Urkunde selbst. — Mit Bug und Siegelschnitten, es läfst sich jedoch nicht entscheiden, ob es jemals besiegelt war.
963	1218 Decbr. 11.	Stuttgart.	Mandatähnlich; Invocation und Titel in litt. longg.; das Datum von anderer Hand mit dunklerer Dinte (ob aber in sich in einem Zuge?) zugefügt. — Von der Besiegelung grüne Seidenfaden. — An sich bietet die Urkunde keinen Grund zur Verdächtigung.
969	1218 Decbr. 27.	Wien, St.-A.	Offener Brief; F; im Datum scheint apud Frankn. VI kl. nachgetragen. — Kenntliche Reste des Siegels, der Pergamentstreifen geht unter der vierten Textzeile durch.
971	1219 Januar 11.	Zürich, St.-A.	Mandat; F; das Actum in besonderer Zeile, wohl von Hagenowe an alles nachgetragen. — Siegel an rothem Seidenband.
974	1219 Februar	Palermo, St.-A.	Privilegium ohne Invocation; eckiges F; zu Anfang und in der Signumzeile litt. longg.; die Zeugen und die Unterschriftzeilen in dunklerer Dinte von derselben Hand; das Signum in der hellen Dinte der Urkunde nicht ganz vollständig; im Datum apud Hagenowe nachgetragen. — Siegel ab, zwei kanzleimäfsig geschnittene Löcher. — Von demselben sicilianisch gebildeten Schreiber wie 976 gefertigt; die litt. longg. ähnlich in 970, (1017?), 1050, 1051, 1064 I. u. II., 1074, 1081.
976	1219 Februar	Palermo, St.-A.	Ganz wie 974, doch sind hier nur die Zeugennamen in schwarzer Dinte; im Datum Hagenowe nachgetragen. — Siegel ab. — Schreiber von 974.
979	1219 (Febr. 21.)	Turin, A.-A.	Mandat; Fr.; vom Datum wohl nur Dat. ursprünglich; auch in diesem Diplom MCCXVIIII, die Stelle ist zwar zerstört, aber der Raum für XVIII zu grofs. — Von der Besiegelung nur die grünrothseidenen Fäden erhalten. — Von demselben Turiner Schreiber wie 980.
980	1219 Febr. 21.	Turin, A.-A.	Mandat ganz wie 979; hier die Jahrzahl deutlich und das VIIII des Monatsdatums noch eben erkennbar. — Siegel an rothgrünen Seidenfäden. — Schreiber von 979.
982	1219 Febr. 21.	Wiesbaden.	Privilegium wie 949; im Datum VIIII wohl nachgetragen. — Siegel an grünseidenen Fäden. — Alterthümliche Ausfertigung.
990	1219 Februar	Imola.	Privilegium wie 920; sicilianische Invocation in litt. longg. in der ersten Zeile. — Siegel ab. — Sicilianisch gebildeter Schreiber wie in 864.
991	1219 Februar	Parma, A.-M.	Privilegium wie 990; die litt. longg. der Signumzeile sind eine ungeschickte Nachahmung der Invocation; im Datum p. m. wohl Spiram und Henrici (sic) nachgetragen. — Das Siegel, welches an rothseidenem Bande befestigt gewesen war, liegt jetzt in einem Säckchen bei. — Schreiber wie 864.
995	1219 März 12.	Cremona. 485.	Offener Brief; das Datum ist unregelmäfsig geschrieben, vielleicht ist von ap an alles nachgetragen. — Siegel ab, der Siegelriemen war zwischen der vierten und fünften Zeile von oben durchgezogen.
996	(1219 März 12).	—	War im Repertore des Cremoneser Stadtarchivs unter 1911 ohne Notiz über den Ausstellungsort verzeichnet; lag jedoch nicht an seinem Orte; es muss ein Irrthum obwalten.
1001	1219 März 23.	Berlin.	Privilegium wie 990; am oberen Rande die Unterlängen einer abgeschnittenen Invocationszeile sichtbar; unter den Zeugen mehrfach Nachträge in feinerer Schrift, in welcher auch Datum — X nachgetragen erscheint. Unten auf der plica prolb. pennae. — Siegel ausgeschnitten. — Geschrieben wie 797.
1003	1219 März 26.	Florenz.	Privilegium wie 629; nach der Invocation und dem Titel noch Raum in der ersten Zeile, das Signum in der freistehenden Signumzeile; im Data apud Hagenowe und wohl auch: VII Klas Aprilis nachgetragen. — Feine Siegellöcher, der Umbug abgeschnitten. — In Schrift u. s. w. vielfache Unregelmässigkeiten (vergl. Winkelmann acta I S. 137) auch im Titel Rom. REX.
1006	1219 März 28.	Venedig, St.-A.	Privilegium wie 1003; das Signum steht am Ende der Signumzeile. — Für die Besiegelung keine Löcher, sondern eckige Schnitte; ein Theil des Datum durch den Umbug bedeckt. — Siegel ab.
1009	1219 April 13.	Pisa, St.-A.	Mandat; Datum apd zuerst, dann Hagenowe nachgetragen, da bei der Monatsdatirung eine neue Zeile angefangen ist, sind weitere Nachtragungen schwer zu erkennen. — Zwei Schnitte für die Pergamentstreifen der Besiegelung.
1012	1219 Mai 7.	Stuttgart.	Privilegium; die Invocation in litt. longg.; statt des Chrismon ein Kreuz; das Signum unregelmässig und unvollständig steht unter und neben dem Datum am rechten Rande; über die Unregelmässigkeiten der Datirung vergl. das Wirtemberger Urkundenbuch. — Das unzweifelhaft echte Siegel scheint angeknotet, die nicht durch Löcher, sondern durch Schnitte im Buge gezogenen Seidenfäden treten in zwei Strängen ins Siegel ein. — Die Bemerkungen im Wirtemb. U. B. über Fälschung scheinen zutreffend, vergl. jedoch auch Fickers Bemerkung in den Regesten.
1015	1219 Mai 9.	Colmar.	Von der Besiegelung grüne Wollschnur (Niemann).

1017	1219 Mai	Rom, B.-C.	Privilegium, Königsnamen und Signumzeile in Majuskeln; ob nicht die Invocation abgeschnitten ist? in der Recognition Conradus nachgetragen; im Datum vielleicht August, und im Actum vielleicht Mai nachgetragen; nach der Datirung noch viel Raum. — Siegel ab; die Schnurlöcher so nahe am unteren Rande, weil ein Stück abgeschnitten ist. — Sicilianisch gebildeter Schreiber wie in 974, auch die litt. longg. ähnlich.
1018	1219 Mai 24.	München, R.-A.	Privilegium wie 690; das Signum steht rechts am Rande; von Dat. an unregelmässig, die einzelnen Nachtragungen nicht zu unterscheiden. — Siegel an rothgelben Seidenfäden, war zugebunden. — Die litt. longg. von demselben Schreiber wie auf 863 II. Beiliegend eine sich das Ansehen eines Originals gebende Copie, nach den Mon. Boica gleichzeitig, wohl saec. XIV.
1019	1219 Juni 1.	München, R.-A.	Mandatähnlich; Fr. sec. in litt. longg.; Datum und vielleicht indict septima ursprünglich, das übrige nachgetragen. — Siegel an Seidenfäden.
1025	1219 Juli 13.	Goslar.	Privilegienähnlich; Chrismon; Die Invocation in litt. long., der Königsnamen in Majuskeln; Zeugen und Daten in hellerer Dinte, darin Goslariam wieder etwas dunkler und IIII auf Rasur. Auffallend grofses Stück. — Siegel an verschiedenfarbig buntseidenen Bändern.
1027	1219 Juli 15.	Bremen.	Mandat; die Schrift ausgeblichen und mehrfach überzogen; das Datum scheint nicht in einem Zuge geschrieben. — Von der Besiegelung der Pergamentstreifen.
1028	1219 (Juli)	Wolfenbüttel.	Die Schrift wird gegen Ende gröber; am Ende kein Punkt: es sollte wohl Ort- und Tages-Angabe zugefügt werden; Datum Ghoslarie hat der Schreiber v. 1029 auf den Bug geschrieben. — Siegel an blauleinenen Fäden.
1029	1219 (Juli)	Wolfenbüttel.	Mandat: das Datum unregelmäfsig und wohl stückweise zugefügt, am Ende noch Platz für das Monatsdatum. — Besiegelt wie 1028, aber unten sehr lange Faden.
1032	1219 Juli 27.	Dresden, 219.	Mandat; von Hermannus Schelleritz die Zeugen in hellerer Dinte in dafür gelassenen Raum eingetragen, den sie aber nicht füllen; darunter die Datirung in derselben Dinte, wie der Haupttext, aber gröber geschrieben. — Siegel an Pergamentstreifen.
1036	1219 August 15.	Frankfurt a M.	Mandatähnlich; die Datumzeile hat etwas mehr Abstand. — Siegel an rothseidenen stark verblafsten Schnüren, läfst sich noch schliefsen. — Sicilianisch ausgebildeter Schreiber wie in 974.
1041	1219 August 20.	Cremona, 2448.	Privilegium wie 690; die erste Zeile nach dem Chrismon für die Invocation freigelassen; grofses eckiges F nur der Königsnamen in Majuskeln; im Namen des Kanzlers in die für Metensis gelassene Lücke Romanorum eingetragen; im Data Hagnowe nachgetragen. — Siegel ab, zwei Schnurlöcher. — Sicilianisch gebildeter Schreiber.
1047	1219 Septbr. 6.	Karlsruhe, G.-A.	Mandat; Fr. in litt. longg.; im Datum Nachtragungen. — Siegelreste an rothen Seidenfäden.
1050	1219 September	Rom, A.-V.	Privilegium wie 690; erste Zeile: Chrismon, sicilianische Invocation; der Königsnamen am Anfange der zweiten in Capitälchen in dafür gelassene Lücke später nachgetragen; das Signum, die Interpunction zwischen den einzelnen Worten der Signumzeile, vom Actum: Septembr. und der Schlufs von vic. sec. an sowie das ganze Datum in hellerer Dinte; von einer Nachtragung des Henrici und Hagenowe nichts zu bemerken; das Monogramm in der freistehenden Signumzeile. — Goldbulle ab; vier kanzleimäfsig geschnittene Löcher. — Sehr sorgfältige und elegante Ausfertigung eines sicilianisch gebildeten Schreibers, die litt. longg. ähnlich wie in 974.
1051	1219 September	Rom, A.-V.	Privilegienähnlich; deutsche Invocation, ohne Signum; zuerst wohl die nicht fürstlichen Zeugen mit dem Gerippe des Datums eingetragen, dann ap. Hag. und schliefslich mit hellerer Dinte die fürstlichen Zeugen und Septembris. — Die erste kaiserliche Goldbulle an hellrothem Seidenband unregelmässig eingeknüpft, sie schiebt sich. — Sicilianisch gebildeter Schreiber, die Eintragung nicht fürstlicher Zeugen u. s. w. ähnelt sehr 1050; die Invocation von derselben Hand, welche die litt. longg. von 1050 schrieb.
1052	1219 Septbr. 11.	Strafsburg, St.-A.	Privilegium wie 690; in der Invocation fehlt das erste I; das Signum steht ganz unregelmässig; nicht recognovi, sondern nur recogno; die Recognition nach dem Actum; im Datum Unregelmassigkeiten; auf dem Buge eine probatio pennae. — Siegel ab.
1058	1219 Septbr. 18.	Karlsruhe, St.-A.	Mandatähnlich; zu Anfang litt. longg.; in der Urkunde mehrfach ungeschickte Correcturen; im Datum Hagenowe, vielleicht auch quarto decimo nachgetragen; Kal. aus ha (Hagenowe?) corrigirt. — Von der Besiegelung rothseidene Fäden. — Sehr unruhig, aber in der Schrift 974 sehr ähnlich; auf der Rückseite (von der Hand der Urkunde?) com. E. de Urach.
1061	1219 Septbr. 25.	Hannover.	Offener Brief; das ganze Datum nachgetragen. — Der Pergamentstreifen zur Befestigung des Siegels ging zwischen der dritten und vierten Zeile durch, jetzt alles verloren.
1064 I	1219 October	Rom, B. C.	Mandat; über die Einzelheiten vergl. Winkelmann Acta I. S. 149; im Datum Norinbere und vielleicht Octbr. nachgetragen; zwischen Datum und Text eine Zeile Raum. — Siegel ab, vier Schnurlöcher, der Umbug ist abgeschnitten, so Winkelmanns Bemerkung zu erklären. — Sicilianische Ausfertigung vergl. 974.
1064 II	1219 October	Rom, B. C.	Mandat wie 1064 I, vollständiger, vergl. Winkelmann a. a. O.; das Datum verblafst und abgerieben. — Besiegelung wie 1064 I. — Schrift wie 1064 I. vergl. 974.
1065	1219 Novbr. 1.	Wien, St.-A.	Privilegium in höchst eleganter Ausstattung; erste Zeile: Chrismon Invocation Titel, am Anfange der zweiten in perpetuum in litt. longg.; ob im Datum Nurenberch nachgetragen? vor II. Raum, als hätte noch eine Ziffer eingetragen werden sollen. — Siegel ab, bunte Seidenkordeln. — Feinere und elegantere Schrift als in 958, aber doch derselbe Schreiber; das Signum ist aber vollständig und von anderer Hand.
1067	1219 Novbr. 3.	Wiesbaden.	Privilegienartig; ohne Invocation; Königsnamen und Signumzeile in litt. longg.; Signumzeile und Signum in dunklerer Dinte; im Datum wohl Nuorenbere und Tercio non nachgetragen. — Siegel an rothseidenen Fäden. — Schrift wie in 974; die litt. longg. der Signumzeile von anderer Hand.

1073	1219 Novbr. 25.	München, R.-A.	Privilegium; ohne Chrismon, litt. longg. bis in perpetuum am Ende der ersten Zeile; im Datum scheint die ganze Stelle von ap. — Decembr. nachgetragen. — Siegel an rothen Seidenfäden, die Wachsschale scheint erneuert. — Von dem Regensburger Schreiber, der 840 fertigte.
1074	1219 Novbr. 26.	München, St.-A.	Privilegienartig; ohne Invocation und Signum, aber mit Recognition; F. S. in litt. longg.; das Datum unregelmäfsig, Nurenberc nachgetragen. — Von der Besiegelung rothe Seidenkordel und die untere Siegelplatte. — Sicilianische Ausfertigung; die litt. longg. wie in 974.
1079	1219 Decbr. 20.	München, R.-A.	Mandatartig; F; das Datum unregelmäfsig geschrieben. — Im Umbuge Schnitte für Pergamentstreifen, die durchgezogen gewesen sind.
1081	1220 Januar 4.	München, R.-A.	Privilegium; Chrismon, sicilianische Invocation in der ersten Zeile, eckiges F am Königsnamen in der zweiten Zeile, alles litt. longg.; im Datum Wingart nachgetragen, ob auch das Tagesdatum? — Das an buntseidenen Fäden hängende Siegel ist nicht mehr ursprünglich befestigt; die Rückseite ist zugepappt, die Bildseite war mitten durchgebrochen. — Die Schrift sicilianisch; die litt. longg. ähneln 974, die Minuskel 1086.
1083 I	1220 Januar	Stuttgart.	Privilegium wie 1081; deutsche Invocation mit Zufügung Patris et filii et spiritus sancti amen; im Datum Hagenowe nachgetragen. — Siegel an grüngelben Seidenfäden. — Sicilianische Ausfertigung; scheint durchweg von demselben Schreiber wie 1086.
1083 II	1220 Januar	Wernigerode.	Mit der ersten Ausfertigung stimmend, scheint jedoch von einem anderen Schreiber. — Siegel an rothgelben Seidenfäden.
1084 I	1220 Januar	Stuttgart.	Privilegium wie 1083; Fridericus — Sicilie in dunklerer Dinte; im Datum Hagenowe nachgetragen. — Siegel an rothgelben Seidenfäden. — Von demselben sicilianisch gebildeten Schreiber wie 1083.
1084 II	1220 Januar	Stuttgart.	Privilegium wie 1083; die Unterfertigungen in dunklerer Dinte; im Datum scheint Hagenowe nachgetragen. — Siegel an bunten Seidenfäden. — Sicilianische Ausfertigung, die litt. longg. der Invocation ähnlich wie in 1085.
1085	1220 Januar	Stuttgart.	Privilegium wie 1083; Unterfertigungen in hellerer Dinte; das Signum war erst länger, wurde dann durch Rasur gekürzt; im Datum Hagenowe nachgetragen. — Siegel an rothgelben Seidenfäden. — Sicilianische Ausfertigung, über die litt. longg. vergl. 1084 II.
1086	1220 Januar	Stuttgart.	Privilegium wie 1083; im Datum scheint Hagenowe — prescriptus nachgetragen. — Siegel an rothgelben Seidenfäden. — Sicilianische Ausfertigung vergl. 1083 I.
1090	1220 Febr. 10.	Bern.	Siegel an roth-grün-gelbseidener Schnur (Berger).
1099	1220 April 16.	Münster.	Mandat; das ganze Datum, vielleicht in mehreren Absätzen nachgetragen. — Siegel an rothen Seidenfäden.
1105	1220 April 19.	Düsseldorf.	Mandat; im Datum ist kaum eine Nachtragung zu erkennen. — Siegel an rothgelbseidenen Fäden umgekehrt angebunden; ob ungeschickt beim Oeffnen abgeschnitten oder von 1106 herübergenommen? — Genau ausgefertigt wie 1106. — Schreiber von 1106, 7.
1106	1220 April 19.	Düsseldorf.	Mandat wie 1105; auch das Datum heifst deutlich Maii. — Siegel ab, genau dieselben Seidenfäden, wie an 1105. — Schreiber von 1105.
1107	1220 April 19.	Köln, O.-A.	Mandat wie 1105 und 1106; in Schrift und Ausfertigung ganz gleich; im Datum der Ortsnamen nachgetragen. — Siegel mit Befestigung ab.
1109	1220 April 20.	Worms.	Privilegium; Chrismon, Invocation und Titel in litt. longg. Dann noch in der ersten Zeile der Urkundenanfang in Minuskel; ein Theil der Signumzeile in Capitälchen; das Datum ganz unregelmäfsig: Frankenvord sicher nachgetragen, wohl aber auch mehrere Ziffern, besonders die Indictionszahl. — Siegel ab.
1111	1220 April 22.	Coblenz.	Mandat; Frideric.; das Datum von anno an ganz nachgetragen; der Titel von Rom. bis Sicilie in kleinerer Schrift. — Siegel an geflochtener rother Seide.
1114	1220 April 26.	München, R.-A.	Fälschung eines Privilegiums; der für das Chrismon und die litt. longg. der Signumzeile gelassene Raum nicht ausgefüllt; die Recognition ist sehr unregelmäfsig; das Datum ist in einem Zuge geschrieben. VI° Kl. Maii steht auf einer sofort gelöschten unteren Schrift, von der ich Iunii noch zu lesen glaube; vor den einzelnen Constitutionen steht eine Paragraphe. — Vier kanaleimäfsig geschnittene Löcher für eine Goldbulle, durch zweie sind rothgelbseidene Fäden gezogen, in denen Wachsreste hangen. — Die Anordnung des Ganzen und die Schrift im Einzelnen ist eine ungeschickte Nachahmung von 1115. Vergl. Kaiserurkunden in Abb. VI, 13 und den Anhang.
1115	1220 April 26.	München, R.-A.	Privilegium; erste Zeile Invocation (ohne Chrismon) bis in perpetuum litt. longg., die Zeugen scheinen später eingetragen, für sie ist zuviel Platz gelassen; vor Acta und Data eine Paragraphe; im Data Frankenfort nachgetragen, der Rest auch nicht ganz regelmäfsig. — Bunte Seidenfäden von der Besiegelung. — Ueber den Verlust der Goldbulle vergl. Bohmer-Ficker. — Von dem Regensburger Schreiber von 840 gefertigt.
1117	1220 April 29.	Wien, St.-A.	Mandat; der Königsnamen in litt. longg.; sehr flotte Ausfertigung, der Umbug deckt einen Theil des Datums. — Von der Besiegelung jetzt nur noch Pergamentstreifen, nach einem dem Originale beiliegenden Transsumpte des Abts von Grimbergen war 1497 noch ein weifses Wachssiegel vorhanden.
1126	1220 Mai	Stuttgart.	Privilegium wie 1083; im Signum geht der mittlere Balken durch das O; im Datum ist Frankinfurt und Maio, für das sehr viel Raum gelassen war, nachgetragen. — Siegel an buntseidenen Fäden. Tafel VII, 1. — Sicilianische Ausfertigung, die litt. longg. sind denen von 1086 sehr ähnlich.
1130	1220 Mai 17.	Colmar.	Von der Besiegelung rothgrüne Seidenschnur (Niemann).
1131	1220 Mai 18.	München, R.-A.	Mandat; Fr; im Datum wohl Nachtragungen. — Siegel an rothen Seidenbändern.

1130	1220 Juni 2.	Karlsruhe, G.-A.	Privilegienartig; Invocation, kein Chrismon, kein Signum; in der Recognition scheint Chuonradus nachgetragen; im Datum Wormatie und wohl auch IIII° Non. Iunii eingefügt. — Das Siegel ausgeschnitten; die Urkunde war mit den Siegelschnüren und zwar scharf zugebunden.
1147	1220 (Juli) 31.	Magdeburg.	Mandat zu Anfang in litt. longg.; das Datum in eigener Zeile und auseinandergezogen, daher Nachtragungen im Einzelnen nicht zu erkennen, die Lücke für den Monatsnamen nicht ausgefüllt. — Von der Besiegelung rothgelbseidene Fäden. — Von dem Magdeburger Schreiber von 797.
1148	1220 August 1.	München, R.-A.	Mandatähnlich; der Königsnamen in Capitälchen; Datum bis octava scheint nachgetragen. — Siegel an buntseidener Kordel, mit welcher sich die Urkunde noch schliefsen läfst.
1151	1220 August 7.	München, R.-A.	Mandatähnlich; Chrismon. Invocation in litt. longg., ohne Signum und Recognition; die Zeugen unregelmäfsig; für die nachgetragene kleine Datirung war mehr Raum gelassen, als sie einnimmt. — Das Siegel an bunten Seidenfäden wohl noch ursprünglich befestigt.
1152	1220 August 17.	München, R.-A.	Privilegium wie 690; Loch im Pergament, was schon da war, als das Stück geschrieben wurde. Nachtragungen im Datum nicht zu erkennen. — Von der Besiegelung hängt an rothgrünen Seidenfäden noch der untere Teller, auf dem jedoch eine Erhöhung, wie vom Abdrucke des Reichsapfels zu erkennen ist.
1162	1220 Septbr. 20.	Florenz.	Die notariellen Copien — eine ist die Abschrift der anderen — welche dem Drucke bei Ficker, italienische Urkk. S. 318 zu Grunde liegen, enthalten eine Beschreibung des entsprechenden Königssiegels.
1217	1220 Novbr. 24.	Pisa. St.-A.	Privilegium; Invocation und Titel in litt. longg. füllen nicht die erste Zeile; auffallend: ducentesimo vicesimo Correkturen und Rasuren; im Datum per manum — rice Hengelberti u. s. w. ist vielleicht Conradi nachgetragen, sicher Monte Mali und Nono Kalend. Decemb. Im Monogramme fehlt das Zeichen für et. Der untere vordere Theil des Buges ist abgeschnitten. — Siegel ab.
1231	1220 Novbr. 29.	München, R.-A.	Mandat mit dem Namen in Majuskeln, dann Minuskel in der ersten Zeile bis perpetuum; das Datum ist nicht in einem Zuge geschrieben, an der Stelle des I von Indictione stand zuerst ein q, vielleicht hat daher erst quinto geschrieben werden sollen, dann würde die Datirung keine Schwierigkeiten weiter machen. — An rothen Seidenfäden hängt eine zur Siegelung praparirte Wachsmasse (Teller), von dem Instrument, mit welchem sie geglattet ist, sind Eindrucke sichtbar, von Bestempelung dagegen keine Spur. — Das Diplom ist wohl der Kanzlei vorgelegt, aber nicht angenommen und durch Siegelung vollzogen worden; ich kann wenigstens nicht ersehen, woher ein Fälscher, der nicht mit dem Kaiser auf dem Römerzuge war, das annähernd richtige Datum hätte entnehmen sollen.
1259	1220 December	Florenz.	Das in der Copie gegebene Signum entspricht nicht.
1268	1221 Januar	Neapel, 624.	Nachzeichnung eines Originalmandats; ohne Spur von Besiegelung oder kanzleimäfsige Faltung; der untere Rand war früher so umgebogen, dafs er die letzte Zeile deckte.
1269	1221 Januar	Monte Cassino.	Mandat; der Königsnamen ausgeschrieben in Majuskeln; im Datum: in civitate Neapol. nachgetragen, Januari wohl schwerlich. — Siegel des Königreichs an rothgelben Seidenfäden.
1275	1221 Januar	Rom, A. V.	Mandat; das F grofs, R als Capitälchen, dann Minuskel; das Datum wohl nicht zugleich mit der Urkunde geschrieben, aber Nachtragungen im Einzelnen nicht erkennbar. — Von der Bullirung rothe Seidenfäden. (Fickers Bemerkung über die Datirung richtig.)
1279	1221 Januar 30.	Mailand.	Nach der Beschreibung des Transsumts hing die Goldbulle an rother Seide.
1285	1221 Februar	La Cava.	In sicilianischer Art ausgefertigtes Privilegium; im Datum Salerni, aber wohl kaum Februarii nachgetragen. — Von der Besiegelung sind nur die rothgelben Seidenfäden erhalten, an welche andere Strange mit einem auf beiden Seiten bepragten rothen Wachsstuck angeknotet sind, ich vermochte das Siegel nicht zu bestimmen. — Jacobus de Cathania.
1288	1221 Febr. 10.	Siena.	Manifestähnlich; das Anfangs-F scheint in dunklerer Dinte modern zugefügt; die Adresse: potestati — voluntatem scheint nachgetragen; ebenso die letzte Zeile, die sehr unregelmäfsig geschrieben ist; das Datum wieder mit dunklerer Dinte nachgetragen. — Siegel mit der Befestigung ab, das Stück war nach den Spuren auf der Rückseite mit den Siegelfäden zugebunden.
1291	1221 Februar	Neapel, zwischen 616 u. 617.	Nach Art der kleineren sicilianischen Privilegien ausgefertigt; der Königsnamen in steifen Majuskeln; zwei Zeilen Raum zwischen Text und Datum; im Datum vielleicht Fogie, sicher Februarii nachgetragen. — Das Siegel ausgeschnitten. — Guillelmus de Cusentia.
1316	1221 April	Neapel, 630.	Zerstörtes Original in sicilianischer Ausfertigung; kleines Privilegium; der Namen in Majuskeln; im Datum vielleicht Tarent. nachgetragen. — Siegel ab. — Johannes de Sancto Germano.
1318	1221 April	Lucca, St.-A.	Genaue Copie des XIV. Jahr. Darin der Königsnamen in Majuskeln, also wohl ausgefertigt gewesen wie 1316.
1328, 1337, 1344, 1352	1221 Mai 17. bis August 10.	Florenz.	Sind die beinahe gleichzeitigen Copien genau, so waren es einfache Mandate mit der verschlungenen Chiffre FR am Anfange, die sich später regelmäfsig findet.
1331	1221 Mai	Siena.	Im Transsumte das Sigillum pendens erwähnt.
1368	1221 Novbr. 17.	Pisa. St.-A.	Grofses Privilegium; im Acta wohl quinto decimo Kalend.; im Datum sicher in urbe felici Panormi nachgetragen. — Die Goldbulle mit dem Titel des Königreichs Jerusalem läfst sich auf den Fäden hin und her schieben; ist sie vielleicht von 1743 oder 1744 abgenommen und hier nachträglich angehängt?
1375	1222 März 7.	Dresden, 243.	Fälschung; das Pergament rührt von einer echten Urkunde her, aber die Innenseite ist ganz abradirt; die neue Aufschrift ist ganz unregelmäfsig geschrieben, die unteren Zeilen am unregelmäfsigsten und vom Buge bedeckt; Zeugen und Datirung sind wohl der abradirten echten Urkunde entnommen. — Siegel an rothgelben Seidenfäden.

1379	1222 März 23.	Dresden. 244.	Offener Brief; sicher echt, aber sehr flüchtig geschrieben; im Datum Nachtragungen. — Das Siegel mit dem Stücke unter der dritten Zeile, in welches es eingehängt war, abgerissen; der Abdruck auf der Rückseite ist jedoch noch zu sehen.
1381	1222 April	Venedig, St.-A.	Grofses Privilegium; aufser den auch sonst gebräuchlichen litt. longg. auch das Wort datum in verlängerter Schrift; im Acta Aprelis nicht nachgetragen; das Datum so auseinandergezogen, dafs Nachtragungen nicht zu erkennen sind. — Von der Besiegelung bunte Seidenfäden.
1384	1222 April	München, St.-A.	Mandat; der Kaisernamen in Capitalchen; im Datum vielleicht der Ortsnamen, sicher Aprelis nachgetragen. — Von der Besiegelung die Schleife eines dunkelbraunen Seidenbandes.
1387	1222 April 20.	Hannover.	Offener Brief; der Namen als Chiffer FR, wie nachher gewöhnlich; im Datum apud Verulam XII und wohl auch kl. Mai nachgetragen. — Der Siegelriemen war unter der vierten Textzeile durchgezogen, jetzt mit dem Siegel verloren.
1389	1222 April 27.	München, R.-A.	Mandat wie 1384; das Datum noch unregelmäfsiger wie die Urkunde, die auf Leinwand aufgezogen ist; der letzte Theil der Jahrzahl ist weggefault und später falsch zu (MCC XX) ergänzt. — Ein Theil des Bugs ist abgeschnitten, das Siegel mit der Befestigung verloren.
1401 I	1222 Juli 8.	Dresden, 246.	Fälschung; die ganze Vorderseite scheint radirt und dann im 15. oder 16. Jahrhundert neu beschrieben, vergl. die ganz ähnliche Schrift von 734. — Rothgelbe Siegelfäden.
1401 II	1222 Juli 8.	Dresden. 246.	Fälschung wie I; jedoch ist die echte Urkunde nicht radirt, sondern, da sie stark verlöscht war, nachgezogen, ob und welche Aenderungen dabei vorgenommen sind, ist nicht mehr festzustellen. — Das Kaisersiegel mit der Aufschrift et rex Jerusalem, wie es scheint, durch Aufschlitzung der Rückseite an rothgelben Seidenfäden angehängt.
1404	1222 October 1.	München, R.-A.	Mandat; im Datum Cathanie eingefügt, vielleicht auch die Zahlen nachgetragen. — Siegel an rothen Seidenfäden.
1420	1222 December	Neapel, 678.	Sehr verblafste Nachzeichnung eines Mandats, wie 1384; im Datum sind Nachtragungen nicht zu erkennen. — Siegel mit Befestigung ab; nach den Notizen des Siegelrepertors soll daran ein jetzt in der Siegelsammlung vorliegendes Königssiegel gehangen haben, in dessen Feld sich schon die Inschrift et rex Jerusalem findet. — Johannes de Capua. — Ich halte das Stück trotz Fickers Bemerkung zum Regeste, ebenso wie die übrigen Neapolitaner Diplome für S. Stefano in Bosco für eine Fälschung.
1431	(1223 Januar)	Cremona, 2135.	Schwerlich in der Kanzlei geschriebenes Concept eines Mandats mit Korrekturen; zwar umgebogene plica, aber ohne weitere Spur einer Besiegelung.
1430	1223 Febr. 1.	München, R.-A.	Protectionsausfertigung; der Namen in Capitalchen; im Datum kl. Februarii eingetragen. — Siegel ab.
1438	1223 Febr. 5.	Hannover.	Mandatähnliche Ausfertigung eines Hofgerichtsspruchs; unregelmäfsig geschrieben. — Siegel ab. — Auf der Rückseite der Kanzleivermerk: Sententia de officiatis pinaci.....
1452	1223 Febr. 28.	Monte Cassino.	Mandat; apud Montem Sancti Johannis scheint mit den übrigen Daten nachgetragen. — Siegel mit der Befestigung ab; jetzt ein Bindfaden durch die Siegellöcher gezogen.
1460	1223 März	Hannover.	Grofses Privilegium ganz in der später üblichen Art ausgefertigt; unter den Zeugen der deutschen Bischöfe bis zum Bischofe von Hildesheim (einschliefslich) nachgetragen; auch die weltlichen Herren sind nicht ganz regelmäfsig geschrieben; in dem sehr auseinandergezogenen Datum apud Ferentinum nachgetragen. — Siegel an gelbseidenen Faden.
1462	1223 März	München, St.-A.	Privilegium in alter Form ausgeführt; deutsche Schrift; für die Datirung stimmt nur die Indiction. Nachtragungen habe ich im Datum nicht erkennen können. — Von der Besiegelung rothseidene Fäden durch Schnitte gezogen.
1463	1223 März	Siena.	Grofses Privilegium; das Signum reicht in die unregelmäfsig, wie nach Dictat eingetragenen Zeugen hinein; im Acta Mense Martii nachgetragen; die ganze Datumzeile wohl in einem Zuge. Siegel ab.
1467	1223 März	Florenz.	Protectionsähnliche Ausfertigung; der Namen in zu zwei Reihen geordneten verzierten Majuskeln; auch an den Anfängen der einzelnen Urkundentheile verzierte Capitalchen; im Datum Ferentinum nachgetragen; die Zahlen unregelmäfsig. — Siegel ab.
1472	1223 März 14.	Turin, St.-A.	Kleine Ausfertigung; das Datum unregelmäfsig. — Siegel an buntseidenen Fäden.
1472a	1223 März 14.	Turin, St.-A.	Ganz ähnlich, wie 1472; das ganze Datum scheint von anderer Hand; darin Ferentin. nachgetragen. — Siegel an bunten Seidenfaden. — Vergl. Winkelmann, Acta II.
1475	1223 März 20.	Paris, B. N.	Geschlossener Brief; eingerichtet wie B. F. 1769 auf Tafel IV. Adresse: Venerabili Coloniensi archiepiscopo (dilecto principi suo. — Auf der Rückseite ein kleiner Siegelrest, der zwar sehr verstümmelt ist, jedoch ein Bild, wie auf dem Wachssiegel erkennen läfst, aber kleiner zu sein scheint, wie auf dem Stempel des Siegels für das Königreich. (Delisle.)
1476	1223 März	Cremona, 112.	Mandat; der Namen in kleinen Capitalchen; im Datum Sore nachgetragen und vielleicht auch Martii. — Von der Besiegelung rothe Seidenfäden.
1477	1223 März 21.	Cremona, 411.	Mandat; der Königsnamen: FR; das Datum von Sore an nachgetragen. — Von der Besiegelung rothe Seidenfäden.
1478	1223 März	Monte Cassino.	Mandat; der Namen in verzierten Capitälchen mit hellerer Dinte; das Datum ist unregelmäfsiger geschrieben, als die Urkunde selbst, aber Nachtragungen sind kaum zu unterscheiden. — Von der Besiegelung bunte Seidenfäden; Huillard 2, 353 erwähnt ein Sigillum cereae rubrae.
1482	1223 April 10.	Rom, B. C.	Mandat; der Namen in zu zwei Reihen übereinandergeordneten, verzierten Capitälchen nachträglich in eine dafür gelassene Lücke eingefügt; das Datum, wie die ganze Urkunde, verwischt und abgerieben, unregelmäfsig geschrieben. — Siegel ab.

1483	1223 April	Stuttgart.	Zwei gleichlautende Mandate; der Namen FR; an Nachtragungen konnte ich im Datum nur bei der zweiten Ausfertigung die Indictionszahl feststellen. — An I das Siegel an rothwollenen (?) Fäden; an II nur die Fäden.
1512	1224 Februar	München, R.-A.	Großes Privilegium, in der von jetzt ab gebräuchlichen Form; die Angaben des Datum aber nicht zu beiden Seiten des Signum, sondern alle davor; in demselben Cathan. nachgetragen. — Siegel an rothgelbseidenen Fäden; Tafel VIII, 1.
1513	1224 Februar	München, R.-A.	Wie 1512; aber die Datirung zu beiden Seiten des Signums; Cathanie nachgetragen. — Siegel ab.
1514	1224 Februar	Stuttgart.	Großes Privilegium; Zeugen unregelmäßig: die ganze Datumzeile scheint von Cathan. an nachgetragen. — Siegel an rothgelben Seidenfäden; Tafel VIII, 2.
1526	1224 März 28.	Genua.	In dem von Winkelmann gedruckten Transsumt lautet die Siegelnotiz: Sigillatum imperiali sigillo apertum (Correctur) et aperte sigillatum; also offener Brief?
1529	1224 Mai	Monte Cassino.	Beurkundung eines Hofgerichtsurtheils; der Namen in verzierten Capitälchen; die Datirungszeile mit einer Zeile Abstand grober geschrieben, darin wohl wieder Cathan. und Mense Madii nachgetragen. — Siegel ab, ein rothseidenes Band.
1541	1224 September	Berlin.	Großes Privilegium; im Acta anno regni Sicilie XX Se........; im Datum ist Mense Septemb. und vielleicht Cathanie nachgetragen; in den Zeugen Nachtragungen. — Siegel an rothen Seidenfäden.
1543	1224 Novbr. 10.	Neapel [illegible].	Mandat; der Namen in Capitälchen; das Datum unregelmäßig. — Siegel ausgerissen.
1549	1225 Juni	Palermo, C. P.	Siegel des Königreichs (Salinas). Tafel VIII, 3.
1557	1225 März 31.	Paris, A. N.	Mandat. — Siegel an rothen Seidenfäden (Maury).
1559	1225 Mai	Stuttgart.	Protection; der Namen als Chiffre FR; im Data vielleicht Nachtragungen. — Siegel an rothwollenen (?) Fäden; war zugebunden.
1572	1225 Juli	Düsseldorf.	Großes Privilegium in gewöhnlicher Form, aber in alterthümlicher Schrift; die Zeugen unregelmäßig und wie nach Dictat geschrieben; die Signumzeile, in welcher radirt und corrigirt ist, weicht der letzten Reihe der Zeugen an mehreren Stellen aus; unten noch 4 Linien Raum. — Siegel an rothgelben Seidenfäden; seine ursprüngliche Befestigung scheint nicht unzweifelhaft.
1576	1225 August	München, R.-A.	Protectionsähnliche Ausfertigung; die Capitälchen des Namens in eine dafür gelassene Lücke eingefügt. — Siegel an rothgelben Seidenfäden.
1578	1225 August 4.	Paris, A. N.	Mandat. — Siegel an Pergamentstreifen (Maury).
1581	1225 August 29.	Cremona, 1298.	Offener Brief; das Datum noch unregelmäßiger geschrieben, als die Urkunde. — Siegel mit dem Pergamentstreifen ab; die Schnitte für letzteren zwischen der letzten und vorletzten Zeile.
1588	1225 December	Bern.	Siegel ab. (Berger.)
1590 I	1226 Januar.	Venedig, St.-A.	Großes Privilegium, in der Art der Urkunden der Könige von Jerusalem, daher fehlt die Signumzeile; sehr elegantes Chrismon; in der ersten Zeile viele Ligaturen; die Versalien im Texte und das Amen am Schlusse mit dunklerer Dinte eingefügt. Das Datum per manus sehr fleckig, daher Nachtragungen nicht zu unterscheiden. — Von der Besiegelung rothgelbe Seidenfäden.
1590 II	1226 Januar	Venedig, St.-A.	Wie 1590 I; die litt. longg. und Versalien von derselben Hand, wie in 1590 I; der Text aber von anderer Hand; im Datum vielleicht Symonis; im Acta möglicherweise Mense nachgetragen. — Goldbulle mit Befestigung ab.
1595	1226 März	München, R.-A.	Unregelmäßige Ausfertigung, ohne Chrismon und Invocation; der Namen in schön verzierten Capitälchen nachgetragen; Signumzeile im fortlaufenden Texte hinter dem Acta; dann die Zeugen; dann das Datum; in letzterem apud Pescariam nachgetragen. — Siegel an rothseidenen Fäden, die noch zum Zubinden verknotet sind.
1598	1226 März	Königsberg.	Großes Privilegium; im Acta Martii, im Datum Arimine nachgetragen. — Goldbulle an rothen Seidenfäden. — R. Philippi im Preußischen Urkundenbuch erklärt das Stück für eine Nachbildung aus der Zeit Karls des IV, und zwar hauptsächlich, weil die Strafformel im Gegensatze zu dem Warschauer und Gnesener Original, die ich nicht kenne, 1000 Mark androht; ich kann weder die Schrift als unzeitgemäß noch die Besiegelung als nicht ursprünglich erkennen und halte die Erhöhung der Strafen bei der auch sonst nur nebensächlich behandelten Strafformel für nicht ausschlaggebend. — Vergl. das Facsimile Tafel II.
1599	1226 April	München, R.-A.	Großes Privilegium in durchaus entsprechender äußerer Ausstattung und zeitgemäßer Schrift. — An den alten echten rothen Seidenfäden hängt eine Nachbildung des echten Siegels ohne Beigabe des Titels als König von Jerusalem.
1602	1226 April	Turin, St.-A.	Privilegium; im Acta und Datum Nachtragungen nicht zu erkennen. — Von der Besiegelung die gelben Seidenfäden.
1603	1226 April 30.	Dresden. 273.	Zweifellose Fälschung; die Schrift ähnelt 3483 (vergl. Kaiserurkunden in Abbildungen VI, 15). — Das sehr gut abgeformte Siegel hängt in rother Maltha (?) an grünrothseidenen Fäden.
1604	1226 Mai	Florenz.	Großes Privilegium; in der Datirung Madii und Ravennam nachgetragen; unter der Datirung, obwohl sie gedrängt geschrieben ist, noch Raum übrig. — Siegel ab, eine beglaubigte Copie beschreibt das entsprechende Kaisersiegel.
1608 I u. II	1226 Mai	Lübeck.	Beide Ausfertigungen von demselben Schreiber: I mit Goldbulle, II mit Siegel. (Hagedorn.)

1614	1226 Mai 25.	Hannover.	Mandat, flüchtig geschrieben; hinter principi nostro ein Kreuz, das auf den Nachtrag: vel Successoribus suis aut ecclesie suo auf dem Buge verweist, der Nachtrag ist 1628 zugefügt; Datirung unregelmäfsig. — Siegel an hell- und dunkelgrünen Kordeln, die zugebunden gewesen zu sein scheinen.
1615 I	1226 Mai 20.	Hannover.	Flüchtig geschriebenes Mandat; hinter dem letzten Textwort ein Kreuz, welches auf den Nachtrag auf dem Buge: decernentes si quid in contrarium factum fuerit — ipso jure (übergeschrieben) — penitus non tenere; im Datum Parme nachgetragen, das andere unregelmäfsig geschrieben. — Siegel an bunten, gestickten Schnüren, war wohl zugebunden.
1615 II	1226 Mai	Hannover.	Mandat, sorgfältiger geschrieben wie 1615 I; der Nachtrag in den Text aufgenommen; im Datum Parm. und wohl auch Mense Madii nachgetragen. — Siegel an rothseidenem Bande, war zugebunden.
1616 I	1226 Mai 25.	Hannover.	Flüchtiges Mandat; aput Parmam scheint nachgetragen. — Siegel an dunkelrothen Seidenfäden; war zugebunden.
1616 II	1226 Mai 20.	Hannover.	Noch flüchtiger, aber von derselben Hand geschrieben, wie 1615 I; Vereinfachung des Textes. — Siegel.
1617	1226 Mai	Hannover.	Mandat; besiegeltes Reinconcept von 1627, mehrfache Correcturen; das Datum unregelmäfsig geschrieben, Parme scheint nachgetragen; auch hier wie in 1616 II die Namen der Kirchenpatrone nachgetragen; ein Theil der Namen der delegirten Richter unregelmäfsig geschrieben. — Siegel an rothgelben Seidenfäden; scheint zugebunden gewesen.
1619	1226 Mai	München, R.-A.	Der Namen in Capitälchen; Protectionsausfertigung mit Zeugen; Data in civitate Parme ganz nachgetragen; die verzierten Anfangsbuchstaben der einzelnen Urkundentheile später eingefügt. — Siegel an bunten Seidenfäden.
1622	1226 Juni	Parma. B. R.	Wie 1619; unter den Zeugen vielleicht Nachtragungen; ebenso wohl in civitate Parmen. — Von der Besiegelung rothgelbe Seidenfäden.
1625	1226 Juli 11.	Hannover.	Flüchtig geschriebenes Mandat; im Dat. Einzelangaben wohl kaum nachgetragen, vielleicht das Ganze. — Siegel an rothseidenem Bande, war zugebunden.
1627	1226 Juni	Hannover.	Etwas erweiterte Ausfertigung von 1617; der Namen in verzierten Capitälchen; im Datum wohl Parm. und Mense Junii nachgetragen. — Siegel an grünseidenem Bande, war zugebunden.
1628	1226 Juni	Hannover.	Neuausfertigung von 1614 unter Aufnahme des Zusatzes in den Text; im Dat. Mense nachgetragen, ob auch aput Parmam? — Siegel an grünseidenem Bande, war zugebunden.
1643	—	—	wohl hierhergehörig s. unten.
1645	1226 Juni	Düsseldorf.	Grofses Privilegium; im Signum fehlt der Querstrich für X und die Sigle für et; die hohenstaufischen Kaisernamen sind nachgetragen; im Acta wahrscheinlich mense Junii nachgetragen; das Datum, das zum Theil unter dem Buge steht, ist unregelmäfsig geschrieben. — Von der Siegelung rothseidene Faden.
1634	1226 Juni	Hannover.	Mandat [an den König Heinrich (VII.)]; die letzten Zeilen stehen enger zusammen; im Datum: apud Burgum Sancti Donini nachgetragen, der Rest unregelmäfsig, wohl auch Junii nachgetragen. — Siegel an rothseidenen Bändern, war zugebunden.
1635	1226 Juni	Darmstadt.	Protectionsausfertigung wie 1622 (auch von demselben Schreiber); die Zeugenreihe unregelmäfsig, mit Nachtragungen; im Acta mense Junii, im Dat. wohl Burgum Sancti Donini nachgetragen. — Siegel an fahlgelben Seidenfäden, war kaum zugebunden.
1636 I u. II	1226 Juni	Lübeck.	Zwei Ausfertigungen des grofsen Privilegiums unter Goldbulle und Wachssiegel, letztere weniger sorgfältig; die Goldbulle von derselben Hand geschrieben, wie die beiden Ausfertigungen von 1645. (Hagedorn.) — Nach dem mir freundlichst mitgetheilten Facsimile des Datums scheint mir Burgum Sancti Donini nachgetragen, Herr Dr. Hagedorn kann es im Original nicht erkennen.
1643	1226 Juni	Mailand.	Grofses Privilegium; der Monatsnamen wohl Junii zu lesen, jetzt ganz verschwunden; das Transsumt von 1237 hat Julii; Acta und Datum sehr verklatscht; die letzten Zeugen kleiner und enger. — Siegel geflickt an rothgelben Seidenfäden.
1645		—	s. zwischen 1628 und 1634.
Winkelmann: [illegible]	1226 Juli 6.	Hannover.	Mandat; das Datum von Burgum bis Non. Julii nachgetragen. — Siegel an grünrothen Seidenkordeln.
1654	1226 Juli	Hannover.	Protection. Im Datum Sancti Donini nachgetragen; der Rest nach der Jahreszahl auseinander gezogen, auch darin wohl Nachtragungen. — Siegel an rothen Seidenfäden, war zugebunden.
1655	1226 Juli	Colmar.	Protection. — Siegel an dünner rothseidener Schnur. (Niemann.)
1656	1226 Juli 8.	Pisa, St.-A.	Mandat; im Datum Unregelmäfsigkeiten. — Siegel mit den Fäden ab.
1660	1226 Juli	Parma. B. R.	Grofses Privilegium; vor dem Chrismon ein verziertes I; am Ende der ersten Zeile fehlt REX, obwohl noch Raum ist; Zeugen unregelmäfsig; im Dat. Burgum Sancti Donini sicher, vielleicht auch noch der Rest nachgetragen. — Von der Besiegelung bunte Seidenfäden.
1663	1226 Juli 18.	Karlsruhe, G. A.	Mandat; am Ende flüchtiger und enger; im Dat. wahrscheinlich der Ortsnamen, sicher XVIII Julii XIIII° ind. nachgetragen. — Siegel an rothseidener (?) Kordel.
1671	1226 August	Lucca, A. C.	Mandat mit dem Namen in Capitälchen; im Datum scheint Augusti, ist Original nachgetragen. — Von der Besiegelung gelbe Seidenfäden.
1683	1226 November	München, R.-A.	Protection; im Datum Novembris nachgetragen. — Siegel an bunten Seidenfäden.

1700	1227 Juli	München, R.-A.	Mandat; im Datum scheint Melfie und Mense Julii nachgetragen. — Das Siegel in schwarzem Wachse an rothen Seidenfaden.
1706	1227 September	Wien, St.-A.	Grofses Privilegium, ich habe es auf die Schrift nicht genauer angesehen; das Signum wie das Heinrichs (VII.); im Acta Brundusium vielleicht und möglicherweise auch Septembr. nachgetragen. — Siegel ausgeschnitten und ausgerissen.
1707	1227 September	Wien, St.-A.	Protection; der Namen in Capitälchen; die Datirung ungleichmäfsig gut erhalten. — Von der Besiegelung rothgelbe Seidenfäden.
1709	1227 Septbr. 7.	Hannover.	Geschlossener Brief; vor dem Datum Rasur; das ganze von Brund. ab scheint nachgetragen. — Siegel mit Befestigung ab. — Vergl. Tafel IV.
1715	1227 Decbr. 6.	Imola.	Geschlossen versandtes Manifest; auf der Rückseite die Adresse: . . Potestati Consilio, totique Comuni Ymolen. fidelibus suis (die beiden letzten Worte mit kleinerer Schrift zugefügt). — War einmal der Breite und dreimal der Höhe nach gefaltet, im oberen und unteren Rande je 8 Löcher; die oberen sind alle durchschnitten, die unteren bis auf 3 und 4, in welchen Seidenfäden von der Besiegelung hängen.
1723	1228 April (18.)	Wien, St.-A.	Der berühmte Brief auf Baumwollenpapier. Er war ursprünglich als geschlossener Brief geplant, wie die später durch das Siegel zugedeckte Adresse und die 8 Einschnitte beweisen, später wurde das Siegel mit einem Papierstreifen eingehängt; zum Theile erhalten. — Facsimile „Kaiserurkunden in Abbildungen" VI 18 a, vergl. dort das Nähere.
1730	1228 Juni	Stuttgart.	Fälschung in nicht kanzleimäfsiger Schrift und Anordnung; das Datum auseinander gezogen. — Im Buge nicht einmal Siegellöcher.
1733	1228 September	Colmar.	Mandat in kanzleimäfsiger Schrift. — Siegel an rother Seidenschnur. (Niemann.)
1744, 1745	1229 April	Pisa, St.-A.	Die Beschreibungen in den Transsumten lassen die echte Goldbulle erkennen.
1746	1229 April	Venedig, St.-A.	Mandat; der Namen in Capitälchen. — Von der Bullirung nur die rothen Seidenfäden; hat keine Längsfalten.
1748	1229 April	Venedig, St.-A.	Wie 1746; im Acta wohl Aprelis, im Datum Accon nachgetragen. — Goldbulle ab.
1749	1229 April	Venedig, St.-A.	Wie 1746; Acta sehr vermodert, im Dat. vielleicht Accon nachgetragen. — Von der Bullirung die rothen Seidenfäden, hat keine Längsfalten.
1750	1229 April	Neapel, 783.	Wie 1746, sehr verblafst; die Zeugen unregelmäfsig; im Acta kann Aprelis, im Datum aput Accon nachgetragen sein, aber bei dem Zustande des Diploms ist das mit Sicherheit nicht mehr zu erkennen. — Goldbulle ab.
1752	1229 April	Venedig, St.-A.	Wie 1746; im Datum wohl von Accon ab alles nachgetragen. — Von der Bullirung rothe Seidenfäden. — Auf der Rückseite wohl aus der Kanzlei: Hominibus suis Pessulanis; hat keine Längsfalten.
1755	1229 Mai	Venedig, St.-A.	Wie 1746; Dat. aput Tyrum sicher, wohl auch Madii nachgetragen. — Goldbulle ab; hat keine Längsfalten.
1756	1229 Juli	Stuttgart.	Protectionsausfertigung; bei den Stockflecken Nachtragungen im Datum nicht zu erkennen. — Siegel an rothgelbseidenen Fäden; war zugebunden.
1761	1229 August	Neapel, 785.	Nachbildung eines Originals; der Namen in Capitälchen. — [Albertus de Cathana.]
1778 I u. II	1230 April	München, R.-A.	Grofses Privilegium in zwei Ausfertigungen von verschiedenen Schreibern; in beiden apud Fogiam, in der einen wohl auch Aprilis nachgetragen. — Von der ersten Ausfertigung ist die Goldbulle abgefallen, aber ein Bleistückchen in die Seidenfäden eingebunden; an der zweiten das Siegel. — Beiliegend eine ziemlich gleichzeitige sich das Aussehen eines Originals gebende Copie.
1779	1230 April	München, R.-A.	Grofses Privilegium; im Datum Fogie nachgetragen. — An bunten Fäden das vielfach geflickte Siegel. Beiliegend eine Art Concept, das wohl zur Siegelung bestimmt war; breiter Bug, kein Siegel.
1792	1230 Juni 14.	Bremen.	Mandat; von zwei Händen geschrieben; im Datum wohl Capue XIIII Junii nachgetragen. — Siegel an rothgelbseidenen Fäden.
1802	(1230?) Juli 24.	Lübeck.	Offener Brief auf Baumwollenpapier. — Siegel zum Theile erhalten, der Siegelstreifen ging unter der dritten Zeile durch. (Hagedorn.) Nach dem freundlichst mitgetheilten Facsimile kann der Ausstellungsort nicht apud Sanctum Germanum gelautet haben, aber die Ziffer III der Indiction scheint festzustehen; sonst wäre vielleicht an gleichzeitige Ausfertigung mit 2186 im Jahre 1236 zu denken, aber auch in diesem Falle liefsen sich die Reste des Ortsnamens . . . . en. kaum deuten.
1806	1230 August	München, R.-A.	Grofses Privilegium; im Acta, das allein steht, ohne Dat.: Sanctum Germanum nachgetragen. Aug. wohl schwerlich. — Siegel an rothgelben Seidenfäden.
1821	1230 August 28.	Strafsburg, St.-A.	Protectionsausfertigung; grofser Umbug; Datum unregelmäfsig. — Schnitte für Besiegelung mit Pergamentstreifen.
1826	1230 September	München, R.-A.	Protectionsähnliche Ausfertigung; der Namen in Capitälchen; zwischen Text und Datum viel Raum; im Datum Anagnie und wohl auch Septembr. nachgetragen. — Siegel an Pergamentstreifen.
1828	1230 September	Wien, St.-A.	Grofses Privilegium; alterthümliche, nicht italienische Schrift; nur Acta, kein Datum; das Monogramm, wie in 1706; es durchschneidet das Acta; ganz unten die Kanzlerrecognition. — In den Siegellöchern hat eine Schnur gehangen, aber es findet sich kein Abdruck des Siegels. — Ich halte die Echtheit für zweifelhaft; es bedürfte, wie andere Salzburger Diplome, besonderer Untersuchung, vergl. 1706, 2275.
1829	1230 Septbr. 4.	Wien, St.-A.	Mandat; das Datum wohl in mehrfachen Absätzen zugefügt. — Siegel an Pergamentstreifen.

1830	1230 Septbr. 4.	Wien, St.-A.	Von demselben Schreiber und in ähnlicher Ausfertigung wie 1829. — Siegel an Pergamentstreifen.
1832	1230 Septbr. 4.	Wien, St.-A.	Wie 1830. — Siegel an Pergamentstreifen.
1841	1231 Januar	Lübeck.	Protectionsartige Ausfertigung. — Siegel (Hagedorn). Nach dem mir freundlichst mitgetheilten Facsimile der Datumzeile scheint Precibus und Januar nachgetragen.
1865	1231 (Januar oder Mai)	La Cava.	Fälschung; ganz in sicilianischer Art in Nachahmung von 1265 ausgefertigt, aber, obwohl derselbe Notar genannt ist, von anderer Hand; die noch jetzt ganz unrichtigen Regierungsjahre zum Theile auf Rasur. — War besiegelt, jetzt Siegel und Befestigung ab. — Jacobus de Catania, der es aber nicht geschrieben hat.
1870	1231 Mai	Florenz.	Grofses Privilegium; der Ort steht beim Acta; scheint aber ebenso wie Madii nachgetragen, ebenso im Dat. anno u. s. w.; auf der Rückseite die Augustinische Welttafel (vergl. darüber Philippi, zur Reconstruction der Weltkarte des Agrippa S. 5) mit dem Auszuge des betreffenden Citats in Renaissanceminuskel. — Von der Besiegelung rothe Seidenfäden. — In Fickers Notizen über dieses Stück scheint mir eine Verwechselung mit 1571 zu stecken, von welchem letzteren ich ein Original in Florenz nicht sah; im Original vorliegenden Stückes steht 1231.
1883	1231 Juli	Wien, St.-A.	Grofses Privilegium; das Dat. ist auseinandergezogen, daher sind Nachtragungen nicht zu erkennen. — Goldbulle an rothen Seidenfäden.
1887	1231 August	Neapel, 820.	Grofse mandatartige Ausfertigung; der Namen in verzierten Capitälchen. Vielleicht im Datum Melfie und Mense Augusti nachgetragen. — Siegel ab. — Schreiber nicht genannt.
1890	1231 September	Neapel, 832.	Wie 1887; aber grofses Datum; Nachtragungen im Datum nicht zu unterscheiden. — Siegel ab. — Procopius de Matera.
1891	1231 September	Neapel, 832.	Nachbildung wohl des 15. Jahrhunderts; im Anfangs-F Fischblasenmuster. — [Schreiber: Der sonst nicht nachweisbare Grimaldus de Tarento.]
1908	1231 November	München, St.-A.	Protectionsausfertigung; in dem unregelmäfsig geschriebenen Datum wohl: Apud Fanum (vergl. Mittheilungen des österreichischen Instituts III 305) und Novemb. nachgetragen. — Von der Besiegelung anhängend dunkelrothe Seidenfäden, das Siegel liegt lose bei.
1912	1231 December	München, R.-A.	Grofses Privilegium; im Acta wohl Decemb., im Dat. in civitate Raven. nachgetragen. — Von der Besiegelung nur bunte Seidenfäden und Abdruck des Siegels im Innern.
1914	1231 December	München, R.-A.	Protection; im Datum Ravenne, vielleicht auch mense — indictionis nachgetragen. — Siegel an rothgelben Seidenfäden; war höchst wahrscheinlich zugebunden.
1919	1231 December	Venedig, St.-A.	Protectionsartige Ausfertigung; sehr verzierte Capitälchen des Namens; im Datum Nachtragungen kaum zu erkennen. — Goldbulle von den rothseidenen Fäden ab; hat keine Längsfalten.
1925	1232 Januar	Osnabrück.	Mandat; in der Datirung Januarii und Ravennam nachgetragen. — Siegel an rothseidenen Fäden. (Dickamp.)
1926	1232 Januar	Osnabrück.	Wie 1925; in der Datirung Ravenne nachgetragen. — Siegel an rothseidenen Fäden. (Dickamp.)
1927	1232 Januar	Hannover.	Grofses Privilegium; Nachtragungen im Datum bei dem schlechten Zustande der Urkunde schwer zu erkennen, es scheint jedoch Januarii nicht ursprünglich; Kanzlerunterfertigung. — Goldbulle an gelben Seidenfäden.
1940	1232 Febr. 22.	München, R.-A.	Einfache Ausfertigung (für Constitutionen gebr. vergl. 1942) mit verzierter Invocation; Nachtragung im Datum kaum vorhanden; auf der Aufsenseite wohl aus der Kanzlei: Werzeburg. — Siegel an bunten Seidenfäden.
1942 I	1232 März	Bremen.	Einfache Ausfertigung; das Datum nicht nachgetragen; hinten über den Löchern für die Siegelfäden: Brema wohl aus der Kanzlei. — Von der Besiegelung rothseidene Fäden. — Vergl. „Kaiserurkunden in Abbildungen" VI, 14, dort irrthümlich als 1940 bezeichnet.
1942 II	1232 März	München, R.-A.	Wie 1942 I der Königsnamen in Majuskeln; aufsen zwischen den Löchern für die Siegelfäden: Wirzeburch wohl aus der Kanzlei. — Siegel an braunen Seidenfäden.
1942 III	1232 März	München, R.-A.	Wie 1942 II (Monumenta Boica 189 aus Regensburg). — Siegel an rothen Seidenfäden, war zugebunden.
1954	1232 April	Zürich, St.-A.	Grofses Privilegium; der Monatsnamen steht im Datum, nicht im Acta; der Einer der sicilischen Regierungsjahre radirt und corrigirt; im Dat. vielleicht Aquilegiam nachgetragen; Kanzlerrecognition, wie nun bis 1978 öfter bei den grofsen Privilegien, vergleiche 1927. — Siegel an rothgelben Seidenfäden.
1955	1232 April	Zürich, St.-A.	Protection; im Acta Aprelis und quinte unregelmäfsig, aber wohl nur zufällig; im Datum Nachtragungen nicht zu erkennen. — Siegel an rothgelben Seidenfäden.
1958	1232 April	Magdeburg.	Protectionsausfertigung; im Datum Nachtragungen kaum zu bemerken. — Siegel mit den Fäden ab, die Notiz saec. XVII auf der Rückseite über die Goldbulle scheint aus der Luft gegriffen.
1960	1232 April	Mastricht.	Grofses Privilegium; im Acta Aprelis, im Dat. Civitatem in Foro Julii nachgetragen. — Von der Besiegelung rothe Seidenfäden, in welche unten gelbe eingeknotet sind.
1961	1232 April	Stuttgart.	Protection; vielleicht im Dat. Civitatem in Friola nachgetragen. — Siegel an verblafsten rothseidenen Fäden.
1965 bei 1971 I	1232 Mai	München, R.-A.	Grofses Privilegium; im Acta Maii, im Dat. Utinum — Julii sicher, vielleicht bis prescriptis nachgetragen. — Goldbulle an rothen Seidenfäden, war zugebunden.
1971 II	1232 Mai	München, R.-A.	Grofses Privilegium; Nachtragungen wie in 1971 I. — Siegel.

1973	1232 Mai	Halle a. S.	Grofses Privilegium; Nachtragungen im Acta sind, da die Stelle sehr verwischt ist, nicht zu constatiren; im Dat. vielleicht Utinum nachgetragen. — Goldbulle, mehrfach durch Löthen geflickt, an rothgelben Seidenfäden und kaum noch ursprünglich angehängt.
1975	1232 Mai	München, R.-A.	Protection; flott geschrieben; im stockfleckigen Datum Nachtragungen nicht zu erkennen. — Siegel an rothgelben Seidenfäden, war wohl zugebunden.
1976	1232 Mai	Luzern, G.-A.	Flüchtig geschriebene Protection; im Dat. Utinum — Julii nachgetragen, vielleicht auch Madii. — Von der Besiegelung gelbe Seidenfäden.
1978	1232 Mai	Nürnberg.	Grofses Privilegium; im Acta scheint Madii, im Dat. Portum Naonis nachgetragen; die Zeugen unregelmäfsig geschrieben, zum Theile nachgetragen. — Siegel mit Fäden ab.
1979	1232 Mai	Osnabrück.	Mandat; apud Portum Naonis nachgetragen. — Siegel an grünleinenen Schnüren. (Diekamp.)
1980	1232 Mai	München, R.-A.	Protectionsausfertigung; im Acta Nachtragungen nicht zu bemerken, im Datum wohl apud — prescriptis nachgetragen. — Siegel an Kordeln nicht mehr ursprünglich befestigt, unten Quasten geknotet, wohl eine Spielerei und nicht aus der Kanzlei.
1983	1232 Mai	Karlsruhe, G.-A.	Bestätigung eines Rechtsspruchs unter Form einer Protection; die Zeugen gegen Ende feiner geschrieben; das Datum unregelmäfsig. — Siegel an rothgelben Seidenfäden, jetzt mit Wachs in eine Kapsel eingelassen.
1985	1232 Mai	Wien.	Flottgeschriebene Protection; das Datum scheint in einem Zuge geschrieben. — Siegel mit Befestigung ab.
1988	1232 Mai	Dresden, St.-A.	Unzweifelhaft echte Protectionsausfertigung; das Acta stark verwischt, das Datum auseinandergezogen, doch scheint apud Portam Naonis nachgetragen. — Siegel ab. — Rückwärts wohl in der Kanzlei geschrieben: Preceptum frederici imperatoris de argenti fodinis … (proprietate) ecclesie Misnensis).
1989	1232 Juli	Neapel, [illegible]	Protection; das Datum in einem Zuge mit der Urkunde geschrieben, Nachtragungen sind darin nicht zu bemerken. — Von der Besiegelung unregelmäfsige Schnitte. — Die Schrift ist im Allgemeinen entsprechend, dennoch scheint mir die Echtheit zweifelhaft.
2014	1232 December	Maastricht.	Grofses Privilegium; im Acta Decembris, im Dat. Precinam nachgetragen. — Siegel geflickt an rothgelben Seidenfäden.
2020	1233 Juni	Palermo, D.-A.	Protectionsausfertigung; im Datum kaum Nachtragungen. — Siegel des Königreichs an rothen Seidenfäden.
2029	1233 August 14.	Rom, A. V.	Schmucklose Ausfertigung; der Kaisernamen als Sigle FII; das wohl sicher nicht in einem Zuge geschriebene Datum ist mehrere Zeilen vom Texte entfernt, darunter ist auch noch Platz. — An rothgelben Seidenfäden die auf der einen Seite etwas verprägte Goldbulle, war zugebunden. — Jacobus.
2035	1233 December	Zürich, St.-A.	Protection; zwischen Text und Datum eine Zeile Raum, in letzterem Nachtragungen nicht erkennbar. — Siegel an rothgelben Seidenfäden.
2040	1234 Juli	Marburg.	Protection; das Datum, auf welches in der Siegelformel mit subscriptis hingewiesen wird, unregelmäfsig. — Von der Besiegelung gedrehte rothe Seidenfäden.
2050	1234 Juli	Magdeburg.	Protection; das Datum unregelmäfsig. — Siegel an rothgelben Seidenfäden.
2057	1234 September	Paris, A.-N.	Zwei Ausfertigungen: I. mit Goldbulle an gelbblauen Seidenfäden, II. Siegel ab. probablement scellé en cire (Maury).
2060	1234 November	Karlsruhe, G.-A.	Protection; im Datum scheint apud Precinam und Mense Novembris nachgetragen. — Die Goldbulle ist von den gelben Seidenfäden abgenommen; das Stück war gerollt und zugebunden.
2063	1234 November	München, R.-A.	Grofses Privilegium; im Datum und Acta sind Nachtragungen nicht zu erkennen. — Goldbulle an rothgelbseidenen Fäden, war zugebunden.
2069	1234 Decbr. 31.	München, R.-A.	Protection; es scheint das ganze Data und darin wieder Fogie nachgetragen. — An rothgelben Seidenfäden ein Bruchstück des unteren Siegeltellers.
2070	1234 Decbr. 31.	München, R.-A.	Mandat; es scheint das ganze Datum und darin wieder Fogie nachgetragen. — Schnitte zum Anhängen des Siegels an Pergamentstreifen.
2071	1234 Decbr. 31.	München, R.-A.	Mandat; unregelmäfsig geschriebenes Datum. — Schnitte zum Anhängen des Siegels mittelst Pergamentstreifen.
2079	1235 März	La Cava.	Bestätigung eines Hofgerichtsspruchs, Protection; im Actum Fogiam nachgefügt, Anderes unregelmäfsig, bei den sicilischen Regierungsjahren sind die Einer, die Ziffer der Jerusalemitischen Regierungsjahre ist ganz ausgelassen. — Von der Besiegelung rothe Seidenfäden.
2084	1235 Juni	München, R.-A.	Protection; das Datum unregelmäfsig. — Siegel an rothseidener Kordel ungewöhnlich und vielleicht nicht ursprünglich befestigt.
2090	1235 Juli	Düsseldorf.	Protection; im Datum Wormaciam und vielleicht mense Julii nachgetragen. — Siegel an rothgelbseidenen Fäden.
2103	1235 August	Münster.	Protection; im Datum apud Maguntiam und vielleicht auch Mense — indict. nachgetragen. — Siegel an rothgelbseidenen Faden.
2111	1235 September	München, R.-A.	Protection; das Data stand wohl schon vor Eintragung der Zeugen; darin apud Hagenowe und Septembr. nachgetragen. — Siegel an rothen Seidenfaden.
2112	1235 September	Colmar.	Siegel an rothgelber Seidenschnur. (Niemann.)
2113	1235 September	Hannover.	Protection; das Datum unregelmäfsig geschrieben. — Von der Besiegelung rothgelbe Seidenfäden.

2114	1235 September	Karlsruhe, G.-A.	Protection; das ganze Datum scheint nachgetragen, im Einzelnen Nachtragungen nicht zu bemerken. — Siegel an gelben Seidenfäden.
2115	1235 September	Düsseldorf.	Protection; das Datum unregelmäfsig, aber Nachtragungen im Einzelnen bei der schlechten Erhaltung nicht zu erkennen. — Vom Siegel ein ganz kleiner Rest der Umschrift an gelbrothen Seidenfäden.
2116	1235 October 25.	München, R.-A.	Geschlossener Brief; im Datum Nachtragungen. — Siegel mit dem Pergamentstreifchen verloren; acht Einschnitte bei dreimaliger Faltung. — Facsimile in den „Kaiserurkunden in Abbild." VI, 18b.
2117	1235 October	München, R.-A.	Protectionsähnliche Ausfertigung; Datum unregelmäfsig, wie es scheint, in mehreren Absätzen geschrieben. — Siegel an rothgelben Seidenfäden.
2118	1235 October	München, R.-A.	Grofses Privilegium; im Acta Octbr., im Dat. apud Augustam nachgetragen; mense und anno im Acta verstellt, aber durch ein Verweisungszeichen corrigirt. — Von der Besiegelung rothseidene Faden.
2131	1235 December	Paris, A. N.	Deutsche Goldbulle an gelber Seide (Maury).
2132	1235 December	Paris, A. N.	Siegel an rothen Seidenfäden (Maury).
2135	1236 Januar	Bern.	Von der Besiegelung rothgelbe Seidenschnur (Berger).
2137	1236 Februar 8.	Stuttgart.	Hofgerichtsspruch; nicht von einem in der Kanzlei ausgebildeten Schreiber gefertigt (nach Facsimile von v. Alberti). — Hofgerichtssiegel s. Tafel X. 4.
2142	1236 März 7.	Strafsburg, St.-A.	Offener Brief; das Datum unregelmäfsig geschrieben, es scheint jedoch nur Hagenowe eingetragen. — Von der Besiegelung nur der unter der dritten Zeile durchgezogene Pergamentstreifen erhalten.
2143	1236 März	Strafsburg, B.-A.	Grofses Privilegium; über der Invocation viel Platz; auf der umgeschlagenen Innenseite des Bugs der Anfang eines Mandats und die Siegelformel schlecht radirt; im Datum Nachtragungen nicht zu bemerken. — Siegel ab.
2145	1236 März	Strafsburg, St.-A.	Grofses Privilegium; im Acta die Jahreszahl auf Rasur, Mart. auf Rasur, hinter indict. IX auf die Fullschnörkel geschrieben; auf dem inneren Buge Federproben für die verlängerten Buchstaben. — Siegel in rothem Wachse an grünrothen Seidenfäden.
2147	1236 April	Strafsburg, B.-A.	Grofses Privilegium; die Zeugen sind erst zugefügt, als die Signumzeile mit dem Monogramm schon stand; im Dat. apud Hagenove nachgetragen. — Siegel ab.
2151	1236 April	München, R.-A.	Protectionsähnliche Ausfertigung. — Siegel an rothen Seidenfäden.
2153	1236 Mai	Darmstadt.	Grofses Privilegium; unter den Zeugen mehrfache Nachtragungen; Kanzlerrecognition; im Acta Madii nachgetragen. — Schnitte im Bug, um das Siegel mit den Fäden herauszuziehen, vergl. 2168.
2161	1236 Mai	Köln, St.-A.	Grofses Privilegium; die Textschrift alterthümlich; im Acta scheint Madio erst geschrieben, als das Diplom schon gefaltet war; im Dat. steht Confluentie eager. — Goldbulle an rothen Seidenfäden.
2162	1236 Mai	Dortmund.	Grofses Privilegium; im Datum kaum Nachtragungen zu bemerken. — Goldbulle an rothgelben Seidenfäden.
2164	1236 Mai 18.	Lüttich.	Offener Brief; im Datum apud — Madii nachgetragen. — Das Siegel, fast noch vollständig erhalten, ist mit einem Pergamentstreifen befestigt, der unter der vierten Zeile durchgezogen ist.
2165	1236 Mai	Düsseldorf.	Protection; im Datum scheint Wisebade nachgetragen. — Siegel an rothgelben Seidenfäden.
[illegible]	1236 Mai	Düsseldorf.	Protection; im Dat. ist Herbipolim vielleicht nachgetragen. — Rest der rothgelben seidenen Siegelfäden.
2167	1236 Mai	Worms.	Grofses Privilegium; im Acta scheint Madii nachgetragen; das Datum auseinander gezogen, daher Nachtragungen schwer festzustellen; das Signum in ganz ungewöhnlicher Stellung am rechten Rande neben den Zeugen. — Bulle an gelben Seidenfäden.
2168	1236 Mai	Darmstadt.	Wohl Fälschung; die Schrift nicht recht kanzleigemäfs; das Datum unregelmäfsig, wohl Herbipolim eingefügt. — Ein echtes Siegel durch Aufschneiden der Rückseite und neues Einführen von Pergamentstreifen befestigt.
2171	1236 Mai	Wiesbaden.	Flüchtig geschriebener Lehnbrief; im Dat. doch wohl Herbipolim und Madii nachgetragen. — Siegel an doppelten grüngelbseidenen Bändern, war zugebunden.
2173	1236 Juni	Dresden, 335.	Grofses Privilegium; das Chrismon ist so lang, dafs der Text erst in der dritten Zeile beginnen konnte, in der Datirung sind Nachtragungen kaum zu bemerken; auf der Innenseite des Buges steht halb abgeschnitten: istud rescribendum videtur, quia superius nescio quid bene sit deductum, quod in talibus sicut in sollempnibus scriptis minime postulatur et tu ipso cognosceres in prosecutione testium destitisti, cetera vero sollempniter sunt scribenda. — Siegel an rothseidenen Fäden, die Rückseite scheint verstärkt.
2174	1236 Juni	Dresden, 336.	Fälschung eines grofsen Privilegiums mit geschickter Nachahmung sowohl der Minuskel als der verlängerten Buchstaben; in der ersten Zeile nach dem Titel noch der Anfang der Urkunde in Minuskel; das Signum ist unvollständig. — Das Kaisersiegel ohne die Inschrift im Felde hängt an rothgelben Seidenfäden sehr geschickt befestigt an.
2176	1236 Juni 27.	Wien, St.-A.	Protectionsausfertigung; das ganze Datum nachgetragen. — Siegel an Pergamentstreifen.
2177	1236 Juni	München, R.-A.	Grofses Privilegium; im Dat. apud Augustam nachgetragen. — Siegel an rothen Seidenfäden.

2180	1236 Juli	Wien, St.-A.	Protectionsausfertigung; sehr schlechte und in der Schwärze fortwahrend variirende Dinte, daher sind Nachtragungen kaum festzustellen, doch scheint im Dat. nichts nachgetragen. — Siegel an Pergamentstreifen.
2181	1236 Juli	München, R.-A.	Protectionsausfertigung; im Datum vermag ich Nachtragungen nicht zu erkennen. — Siegel an dünnen Pergamentstreifchen.
2183	1236 Juli	Mainz.	Mandat; im Dat. apud Augustam und Mense Julii nono indict. nachgetragen. — Siegel ab.
2185	1236 Juli 18.	Strafsburg, St.-A.	Offener Brief; das Datum auseinandergezogen, Nachtragungen kaum zu erkennen. — Siegel ab, der Pergamentriemen ging unter der vierten Textzeile von oben durch.
2187	1236 Juli	München, R.-A.	Protectionsartige Ausfertigung; im Dat.; apud Gunzenle in castris nachgetragen, aber Julii kaum. — Siegel von rothen Seidenfäden ab.
2188	1236 August	Wien, St.-A.	Protectionsausfertigung; im Acta und Dat. jedesmal die Ortsangabe, ob absichtlich apud Brixinam und in castris apud Brixinam variirt? im Acta Augusti nachgetragen. — Siegel an Pergamentstreifen.
2205	1236 December	Graz.	Protectionsausfertigung; das Datum unregelmäfsig, Nachtragungen im Einzelnen nicht zu unterscheiden. — Siegel an Seidenfäden (Nach Sickel, Monumenta graphica).
2206	1237 Januar 3.	Graz.	Geschlossener Brief; genau gefaltet wie 2110 (Kaiserurkunden in Abbildungen VI. 18 b), ebenso auch die Adresse. — Ein grofser Theil des Siegels erhalten (v. Zahn).
2210	1237 Februar	Wien, Sch.-A.	Grofses Privilegium; im Acta vielleicht Februarii, im Dat. Wienne nachgetragen (Nach Sickel, Monumenta graphica).
2221	1237 Februar	München, R.-A.	Protectionsausfertigung; in der Datirung apud Wiennam und Februarii, vielleicht auch decime indictionis nachgetragen. — Siegel an grünrothen Seidenfäden.
2233	1237 Marz	München, R.-A.	Protectionsartige Ausfertigung; im Acta Wiennam nachgetragen, weitere Nachtragungen nicht zu bemerken. — Siegel an grünrothen Seidenfäden.
2235	1237 Marz	München, R.-A.	Mandat; im Datum Wiennam nachgetragen, Marcii Mense über einem schlecht radirten indictionis. — Siegel an Pergamentstreifen.
2239	1237 April	München, R.-A.	Protectionsartige Ausfertigung; im Acta Aprili im Dat. Wiene nachgetragen. — Siegel an rothgelbseidenen Faden.
2240	1237 April	München, R.-A.	Protectionsartige Ausfertigung; im Acta Wienam und wohl auch April. nachgetragen. — Siegel an rothgelben Seidenfäden.
2241	1237 April	München, R.-A.	Protectionsartige Ausfertigung; das Datum absatzweise geschrieben, daher Nachtragungen im Einzelnen nicht zu erkennen. — Siegel an grünrothen Seidenfaden.
2245	1237 April	Wien, St.-A.	Kleine protectionsähnliche Ausfertigung; im Dat. vermag ich Nachtragungen nicht zu erkennen. — Siegel an Pergamentstreifen.
2246	1237 April	München, R.-A.	Protectionsartige Ausfertigung; im Dat. Ratisponam nachgetragen, Aprilis scheint auf Rasur. — Siegel an bunten Seidenfäden.
2252	1237 Mai 18.	München, R.-A.	Protectionsartig; entweder das ganze Data oder doch der Rest von Gisclingen ab nachgetragen. — Siegel an blauen Seidenfäden.
2258	1237 Juni	Karlsruhe, G.-A.	Protectionsartig; im Data wahrscheinlich Spiram und Junii sicher später eingefügt. — Von der Besiegelung ein verknoteter Pergamentstreifen.
2259	1237 Juni	Karlsruhe, G.-A.	Protection; im Actum wohl Mense Junii, im Datum sicher apud Spiram zugefügt. — Rothgelbseidene Siegelfäden.
2263	1237 Juli 10.	Strafsburg, St.-A.	Offener Brief; von Dat. apud an wohl der Rest nachgetragen. — Vom Siegel fast das ganze Mittelstück erhalten, das Pergamentriemchen geht unter der vierten Zeile durch.
2265	1237 Juli	Wien, St.-A.	Protectionsähnlich; in der Datirung vermag ich Nachtragungen nicht zu erkennen. — Siegel an rothgelben Seidenfaden.
2272	1237 August	Stuttgart.	Grofses Privilegium; Invocation und Titel in dunklerer Dinte vorgefertigt, ebenso das Signum; Datum — prescriptis ist vielleicht nachgetragen. — Siegel an rothseidenen verblafsten Faden, war wohl zugebunden.
2273	1237 August	München, R.-A.	Protectionsartig; zwischen Acta und Dat. gröfserer Raum; im ersteren wohl Mense Augusti, im zweiten in castris apud Windahe nachgetragen. — Gelbseidene Siegelfäden.
2274	1237 August	München, R.-A.	Unregelmäfsige Ausfertigung; gegen Ende flotter geschrieben; in dem halb unter dem Buge versteckten nicht in gerader Linie geschriebenen Datum vermag ich Nachtragungen nicht zu entdecken. — Seidenfäden.
2275	1237 September	Wien, St.-A.	Grofses Privilegium in alterthümlicher nicht kanzleigemäfser Schrift; vor dem Chrismon ein Kreuz, am Ende der ersten Zeile in perpetuum; Signum wie in 1706; nur Acta, kein Datum. — Goldbulle an buntseidenen Kordeln, am Rande beschädigt, als wäre sie geöffnet worden. — Das Diplom ist wohl eine Fälschung vergl. 1828.
2277	1237 September	München, R.-A.	Protectionsähnlich; Acta und Data unregelmäfsig, dennoch glaube ich Mense Septemb. und apud Clusam Sabione als nachgetragen zu erkennen. — Schnitte für Besiegelung mit Pergamentstreifen.
2280	1237 December	München, R.-A.	Kleine unregelmäfsig geschriebene Ausfertigung; im Datum entweder von apud an Alles oder apud Laudam und mense Decembris nachgetragen. — Siegel an Pergamentstreifen.
2306	1238 Januar 5.	? ?	Offener Brief. — Das Siegel war mit Pergamentstreifen aufgeheftet und z. Th. erhalten. (Nach Kindlingers Manuscript 138, 1 in Münster).

2319	1238 Marz	Turin, St.-A.	Protection; im Data Taurini und vielleicht Mense Martii nachgetragen. — Siegel an bunten Seidenfaden.
2327	1238 April	Turin, B.-R.	Grofses Privilegium: im Acta Mense Aprelis, im Dat. apud Taurinum nachgetragen; die weltlichen Zeugen kleiner. — Von der Besiegelung blaue durch drei Löcher gezogene Seidenfäden.
2378	1238 August	Wien, St.-A.	Protection; im Dat. in obsidione Brixie vielleicht nachgetragen. — Goldbulle ab.
2384	1238 Septbr. 6.	Dresden, 349 b.	Mandat mit nicht regelmäfsig ausgefertigtem Datum, dies ist aber so verwischt, dafs Nachtragungen nicht zu erkennen sind. — Das von rothen Seidenfaden abgefallene Siegel liegt bei.
2387	1238 September	Munchen, R.-A.	Protection; Verweisung auf das Datum, in dem sicher Septembris und XII*, wohl indictionis nachgetragen ist; ob auch in — Brixie? — Siegel an rothgelben Seidenfäden.
2402	1238 Novbr. 6.	Darmstadt.	Protectionsausfertigung; im Data scheint Cremone VI* Novembr. nachgetragen. — Siegel mit Befestigung ab.
2424	1239 Februar	Wien, St.-A.	Kleine Protectionsausfertigung; das Datum unregelmäfsig, aber Nachtragungen im Einzelnen nicht zu erkennen. — Siegel an rothen Seidenfaden.
2431	1239 April 20.	Wien, St.-A.	Manifest; offen und ohne äufsere Adresse; innere Adresse und Datum später zugefügt. — Siegel an bunten Seidenfäden. — Facsimile in Kaiserurkunden in Abbildungen VI, 10.
2508	1239 December	Paris, A. N.	Siegel an rothgelben Seidenfäden (Maury).
3119	1240 Juni	München, R.-A.	Protection; im Data Capue und Mense Junio nachgetragen. — Siegel an gelben Seidenfäden.
3128	1240 Juli 11.	Frankfurt a M.	Kleine Protectionsausfertigung; im Dat. in castris in obsidione Esculi und vielleicht auch die Zahlenangaben nachgetragen. — Siegel an Pergamentriemen, war nicht zugebunden.
3219	1241 Juli	Stuttgart.	Protectionsartig; das Dat. erscheint gleichmäfsig geschrieben. — Siegel an gelben Seidenfäden, war zugebunden.
3223	1241 August 17.	Zürich, St.-A.	Grofses Privilegium in sehr unruhiger Minuskel und mit ganz ungewöhnlichen aus der Unciale genommenen verlängerten Buchstaben; da sich jedoch in 3438 ganz ähnliche litt. longg. finden, möchte ich nicht unbedingt auf Unechtheit oder Nachahmung schliefsen. — Dafs jemals eine Bulle oder überhaupt ein Siegel angehangen hat, kann ich nicht erkennen.
3241	1241 December	Lucca, St.-A.	In einigen Einzelheiten, besonders den verlängerten Buchstaben genaue Copie, da jedoch einzelne Worte fehlen, mufs das Original schon bei Entnahme der Abschrift (saec. XVI) sehr schadhaft gewesen sein.
3294	1242 Mai	Köln, St.-A.	Grofses Privilegium; im Acta vielleicht Madii nachgetragen, das Dat. auseinandergezogen, daher Nachtragungen nicht festzustellen. — Siegel an rothgelben Seidenfäden.
3296	1242 Mai	München, R.-A.	Protectionsartig; da das Dat. zum Theil zerstört ist, lassen sich Nachtragungen nicht feststellen. — Von der Besiegelung rothgelbe Seidenfäden.
3305	1242 Juni	München, R.-A.	Protectionsartig; Dat. in — Celano und Junii nachgetragen. — Siegel an rothen Seidenfäden.
3306	1242 Juni	München, R.-A.	Wie 3305. — Siegel an Pergamentstreifen.
3308	1242 Juni	Magdeburg.	Protection; im Dat. vielleicht Junio, der Ort schwerlich nachgetragen. — Siegel an gelbrothen Seidenfäden.
3323	1242 August	Neapel, 194.	Protection; Nachtragungen im Dat. konnte ich nicht feststellen. — Siegel mit Befestigung ab.
3360	1243 Mai	Palermo, St.-A.	Das Original hat in Schrift u. s. w. nichts befremdliches; die erst für April 1247 ff. passende Kanzleruntefertigung ähnlich unregelmäfsig geschrieben, wie in Diplomen jener Jahre; Nachtragungen von Madii und Foggie kaum zu constatiren; rechts auf dem Buge ein späterer Präsentationsvermerk. — Von der Besiegelung rothe Seidenfäden. Vergl. oben S. 38.
3369	1243 Juni 20.	Rom, A.-V.	Das ganze Datum nachgetragen und darin vielleicht wieder apud Beneventum. — An rosaseidenem Bande schwer ausgegossen die Goldbulle Friedrichs II., Königs von Sicilien, Herzogs von Athen und Neopatria (1296—1337). Vergl. Tafel VII, 5 a, 5 b.
3372	1243 Juni 30.	Weimar, G.-A.	Protectionsartig; auf deutschem, inwendig rauhem Pergamente, viele Stellen haben das Ansehen von Rasuren, ohne es zu sein; die Datirung ist auseinandergezogen, ganz unregelmäfsig sieht das Monatsdatum aus; die Schrift ist plump und ungleichmäfsig, zeigt aber immerhin den Charakter der Kanzleischrift. — Siegel an rothgelben Seidenfäden, etwas schief, aber ursprünglich befestigt, sollte es nicht eine geschickte Nachformung sein? — Ich bezweifle die Echtheit des Stückes.
3374	1243 August	Worms.	Kleine Protection; das Dat. in eigener Zeile unregelmäfsig geschrieben. — Siegel an rothen Seidenfäden, mit denen das Diplom sich noch schliefsen läfst; in der Rückseite des Siegels Schnitte, wie um es abzulösen.
3375	1243 August	Worms.	Wie 3374; die Schrift ähnelt der Kanzleischrift, ist aber sehr plump und unterscheidet kaum Haar- und Grundstriche. — Die Siegellöcher sind klein und unregelmäfsig geschnitten; Siegel ab. — Ich zweifle an der Echtheit, vielleicht hatte das Siegel von 3374 angehängt werden sollen (vergl. 3374).
3377	1243 August	Köln, G.-B.	Mandat, in der Datirung vielleicht Ariani, Augusti wahrscheinlich nachgetragen. — Siegel an rothen Seidenfäden, die wohl unten zugebunden waren.
3386	1243 October	Venedig, St.-A.	Privilegium; die Angabe der Indiction und des Monats stehen am Ende des Acta; ob diese Angaben nachgetragen sind, läfst sich bei der nicht durchweg guten Erhaltung des Diploms nicht erkennen; im Dat. scheint von in castris an Alles nachgetragen. — Siegel mit Befestigung ab.

3387	1243 October	Rom, A.-V.	Grofses Privilegium, Chrismon und die gesammten verlangerten Buchstaben später nachgetragen; die Datirungen unregelmäfsig geschrieben, daher sind Nachtragungen im Einzelnen schwer zu erkennen, es scheint jedoch nach Dat. der ganze Rest nachgetragen. — Siegel an rothgelben Seidenfaden.
3388	1243 October	Stuttgart.	Protectionsausfertigung; das Dat. unregelmäfsig geschrieben. — Siegel an rothgelben Seidenfaden, scheint angebunden gewesen.
3408	1244 Januar	Imola.	Grofses Privilegium; im Acta scheint von Mense J. im Dat. von Grossetum an Alles nachgetragen. — Von der Besiegelung die rothgelben Seidenfaden.
3411	1244 Januar	Siena.	Protectionsausfertigung; im Dat. Grosset. sicher, wohl auch mense Januar nachgetragen; genau läfst sich das nicht feststellen, da das Diplom sehr schlecht erhalten und mit Gallapfeltinctur aufgefrischt ist. — Siegel ab. — Gegenzeichnung des Philippus, klein.
3418	1244 Marz	Siena.	Protectionsausfertigung; im Datum Aquam Pedenteum und Mense Martii nachgetragen; in der Zeugenreihe Unregelmafsigkeiten, als sei sie nach Dictat geschrieben. — Siegel ab. — Gegenzeichnung des Philippus etwas abweichend, aber doch wohl von derselben Hand, wie auf den andern Diplomen.
3426	1244 April	Lucca, St.-A.	Grofses Privilegium; im Acta Mense Aprelis, im Datum, das sehr auseinandergezogen ist, wohl auch einzelne Angaben nachgetragen. — Von der Besiegelung rothgelbe und weifse (?) Seidenfäden. — Gegenzeichnung.
3434	(1244 August)	Rom, A. V.	Manifest; ohne jede Unterfertigung, Datirung und besondere Adresse; war ausgehängt, wie der durchlocherte und zerrissene obere Rand beweist. — Siegel ab. — Ohne Gegenzeichnung.
3438	1244 August	Aachen.	Grofses Privilegium; die verlängerten Buchstaben in der ersten Zeile abweichend, aus der Unciale gebildet; im Acta Mense Augusto nachgetragen, im Dat. Pisis vielleicht auch. — Goldbulle an rothen Seidenfäden. — Ohne Gegenzeichnung.
3439	1244 August	Paris, A. N.	Mandat. — Siegel an blauen Seidenfaden. — Die Gegenzeichnung fehlt, dagegen finden sich auf dem Buge zwei wohl zwei kaum aus der Canzlei herrührende Signaturen: imperator und eine Ligatur. (Maury.)
3443	1244 August	Pisa, A. R.	Grofses Privilegium; Pisis und Augusti in der Datirung deutlich nachgetragen; im Signum fehlt das Zeichen für et bez. X. — Siegel ab. — Gegenzeichnung.
3456	1245 (Januar)	Siena.	Hofgerichtsurtheil; eigenhändige Unterschriften der Hofrichter. — Das Stück scheint nie besiegelt gewesen zu sein, hat auch keine Siegelankündigung. — Gegenzeichnung. — Facsimile, Kaiserurkunden in Abbildungen VI, 19a.
3465	1245 Marz	Dresden, 418.	Grofses Privilegium; im Acta Martio nachgetragen auf Rasur über Januarii, ebenso Fogie auf Rasur über einem unleserlichen Namen; der Befehl zu diesen Correcturen scheint unter der Datumzeile gestanden zu haben und dann radirt zu sein. — Siegel an rothgelben Seidenfaden. — Gegenzeichnung sehr verwischt.
3466	1245 Marz	Dresden, 417.	Grofses Privilegium; im Acta vielleicht Martio, im Datum Fogie kaum nachgetragen. — Siegel an gelben Seidenfäden. — Gegenzeichnung.
3479	1245 Juni	Königsberg.	Grofses Privilegium; im Acta scheint Junio Tercie indictionis nachgetragen; im Dat. per manus sind Nachtragungen aufser Zweifel, aber die Einzelheiten schwer festzustellen. — Goldbulle an rothen Seidenfaden. — Gegenzeichnung. Die gleichzeitige Rückschrift lautet: Hanc bullam portavit dominus Syfridus L . . d . . . . feria quinta ante dominicam Reminiscere . . . . — Vergl. oben S. 37.
3483	1245 Juni	Wien, St.-A.	Die berühmte Falschung des österreichischen Privilegium majus; die Schrift ist geschickt nachgeahmt. — Die Goldbulle hängt unregelmäfsig befestigt an, doch läfst sich nicht erkennen, dafs sie nicht ursprünglich befestigt ist. — Facsimile, Kaiserurkunden in Abbildungen VI, 15. — Die Gegenzeichnung fehlt.
3486	1245 Juli	Darmstadt.	Protection; im Acta wohl Julii, im Dat. Verone nachgetragen. — Siegel mit der Befestigung ausgeschnitten; vergl. 2153. — Gegenzeichnung. — Tafel III.
3488	1245 Juli	Speyer.	Mandat im Acta wahrscheinlich Mense Julii, im Dat. Verone nachgetragen. — Siegel an rothgelben Seidenfaden. — Gegenzeichnung. — Ein beiliegendes Transsumt ist schon vom 21. August 1245.
3489	1245 Juli	Wien, St.-A.	Protection; im Acta Julii, im Data Verone nachgetragen. — Von der Besiegelung rothgelbe Faden. — Gegenzeichnung.
3490	1245 Juli 8.	Worms.	Protectionsartig; im Dat. scheint Verone und VIII Julii nachgetragen. — Siegel an grünen Seidenfäden. — Gegenzeichnung.
3504	1245 September	Turin, A. C.	Protection; im Datum Mense Septembri und vielleicht auch Parme nachgetragen, im Texte Amedeus comes. — Goldbulle ab, wohl zu 3620 verbraucht. — Gegenzeichnung.
3511	1245 Septbr. 22.	Paris, A. N.	Manifestartig. — Deutsche Goldbulle an violetter Seide. — Ohne Gegenzeichnung. (Maury.)
3519	1245 December	Karlsruhe, G.-A. u. Venedig, St.-A.	Grofses Privilegium in alterthümlicher, schwerer Schrift; ob Nachtragungen im Dat., ist nicht zu erkennen, aber Rasuren und Correcturen, so auch das falsche Regierungsjahr. — Von der Besiegelung rothe Seidenfaden. — Gegenzeichnung. — Das nicht besiegelte und wohl nicht ausgegebene Original zu Venedig in bekannter Kanzleihand enthält das ganze ausgefüllte Datum, doch fehlen bei den Regierungsjahren die Einer; hinter iure advocatie — reservato über der Zeile excepta etiam clausula illa, que dicit in fine additur, ut siquis in crastinum (archiepiscopus) et cetera usque ad in extremo examine (districto ultioni) subiaceat und auf der Rückseite steht unten am Rande von Kanzleihand: . . . . . . Item quod dicitur (?) imperator aut rex, dux vel Marchio et cetera venire temptaverit bono . . . . mandent generaliter, dum modo in nostram (?) et imperii fuerint . . . . . .; die Gegenzeichnung fehlt; vergl. Winkelmann acta I, S. 337.
3533	1246 Januar	Florenz.	Protection; im Dat. Grosseti und Januarii nachgetragen. — Siegel ausgerissen. — Gegenzeichnung.

3555	1240 Mai	Florenz.	Protection; im Dat. Capue und wohl auch mense Madii nachgetragen. — Siegel ab. — Gegenzeichnung.
3559	1240 Mai	München, R.-A.	Protection; im Dat. Alifie und wohl auch Madii nachgetragen. — Siegel an rothen Seidenfäden. — Gegenzeichnung.
3584	1246 November	Paris, A. N.	Protectionsartig. — Italienische Goldbulle an Fäden „de soie amaranthe." — Ohne Gegenzeichnung. (Maury.)
3585	1246 November	Paris, A. N.	Protectionsartig. — Siegel „sur cordelettes." — Ohne Gegenzeichnung. (Maury.)
3586	1246 November	Genua.	Grofses Privilegium; das Signum nicht ganz regelmäfsig; im Acta Mense Novembris vielleicht, im Dat. Fogie nachgetragen. — Von der Besiegelung Reste der rothgelben Seidenfäden. — Unten links auf dem Buge eine Art grofses A, wohl nicht aus der Kanzlei.
3626	1247 Mai 8.	Turin, A. C.	Protection; im Dat. Cremone und wohl auch octavo nachgetragen; hinter bulla in der letzten Zeile ein Wort, wohl ceren radirt. — An dicken grünen Seidenfäden die ganz zusammengeschlagene Goldbulle unregelmäfsig befestigt, ob nicht von 3504 entnommen?
3708	1248 Juni	München, St.-A.	Protectionsartig; das Datum per manus unregelmäfsig, doch konnte ich die Nachtragungen im Einzelnen nicht feststellen. — Von der Besiegelung rothgelbe Seidenfäden.
Nachtr. zum Heft II, 38	1248 September	Turin, St.-A.	Protection; da das Datum stark abgeblättert ist, sind die sicher vorhandenen Nachtragungen nicht genau festzustellen. — Siegel ab.
3729	1248 Novbr. 8.	Turin, A. C.	Kleine Protectionsausfertigung; im Dat. Vercell. vielleicht, VIII sicher nachgetragen. — Siegelrest an rothen Seidenfäden, nicht mehr ursprünglich befestigt.
3733	1248 November	Turin, A. C.	Grofses Privilegium; im Acta mense Novembr. nachgetragen; im Dat. vielleicht auch Vercellis, aber die Stelle ist verloren; das Signum ungewöhnlich. — Siegel an rothgelben Seidenfäden. — Nicolaus de Rocca.
3734 I	1248 November	Turin, A. C.	Grofses Privilegium; in der Datirung Nachtragungen nicht deutlich zu erkennen; ungewöhnliches Signum. — Siegel an rothgelben Seidenfäden. — Rodulfus de Podiobonizo.
3734 II	1248 November	Turin, A. C.	Grofses Privilegium; Zeugen enger geschrieben; im Dat. Vercellis nachgetragen, ob im Acta auch Novembris? das ganze Dat. etwas anders geschrieben. — Siegel an rothgelben Seidenfäden. — Nicolaus de Brundusio.
3735 I	1248 November	Turin, A. C.	Grofses Privilegium; die ganze Datirung etwas anders geschrieben; darin Vercellis, vielleicht auch Novembris nachgetragen. — Siegel an gelbrothen Seidenfäden. — Nicolaus de Brundusio.
3735 II	1248 November	Turin, A. C.	Grofses Privilegium; im Dat. Vercellis, im Acta vielleicht auch Novembri nachgetragen; Signum ungewöhnlich. — Siegel an rothgelben Seidenfäden. — Rodulfus de Podiobonizo.
3736	1248 November	Turin, A. C.	Grofses Privilegium; im Dat. per manus die Worte Magistri Petri de Vinea imperialis unregelmäfsig; Orts- und Monatsangabe kaum nachgetragen; ungewöhnliches Signum; Zeugen etwas enger. — Von der Besiegelung rothgelbe Seidenfäden. — Nicolaus de Rocca.
3737	1248 November	Turin, A. C.	Protectionsform; im Dat. per manus von Vercellis an Unregelmäfsigkeiten, aber Nachtragungen im Einzelnen nicht festzustellen, Mense Novembr. scheint nachgetragen. — Von der Besiegelung rothgelbe Seidenfäden. — Nicolaus de Rocca.
3738	1248 November	Turin, A. C.	Wie 3737; ob hier regni Sicilie logothete nachgetragen? — Siegel mit Fäden ab. — Nicolaus de Rocca.
3739 I	1248 November	Turin, A. C.	Grofses Privilegium; im Dat. Vercellis nachgetragen, im Acta Novembris kaum; die Datirung anders geschrieben, als der Text. — Siegel an rothgelben Seidenfäden. — Nicolaus de Brundusio.
3739 II	1248 November	Turin, A. C.	Grofses Privilegium; in der Datirung vermag ich Nachtragungen nicht zu erkennen; ungewöhnliches Signum wie in 3734 I. — Siegel an rothgelben Seidenfäden. — Rodulfus de Podiobonizo.
3740	1248 November	Turin, A. C.	Grofses Privilegium; im Acta und Datum per manus vermag ich Nachtragungen nicht zu erkennen, vielleicht Vercellis, et regni Sicilie erscheint feiner geschrieben, wie auch in 3736; ungewöhnliches Signum. — Siegel an rothgelben Seidenfäden. — Nicolaus de Rocca.
3741	(1248 November)	Turin, A. C.	Ganz einfache Ausfertigung ohne alle Daten. — An rothschwarzen Seidenfäden das Siegel wohl noch ursprünglich befestigt.
3743	1248 December	Turin, A. C.	Protection; im Dat. per manus: Vercellis wohl nachgetragen, et regni Sicilie logothete feiner geschrieben und sicher nachgetragen. — Siegel an bunten Seidenfäden. — Nicolaus de Rocca.
3781	1249 Juni 21.	Turin, A. C.	Protection. — Siegel an bunten Seidenfäden.
3782	1249 Juni	Turin, A. C.	Die Datirung unregelmäfsig. — Siegel an rothgelben Seidenfäden.
3792	1249 October	Wien, St.-A.	Protectionsartig; Capitaneo auf Rasur; im Dat. wohl Fogie und vielleicht Octobris nachgetragen. — Siegel an rothgelben Seidenfäden.
3813	1250 Februar	Turin, A. C.	Grofses Privilegium; im Dat. vielleicht Fog. nachgetragen; für die Signumzeile und das Signum ist Platz gelassen, beides fehlt aber, ebenso die Initialen von Acta und Dat.; die Zeugen in gleicher Schrift, aber hellerer Dinte. — An rothen Seidenfäden hängt der zur Siegelung aus den beiden Theilen präparirte Wachsklumpen, ist aber offenbar nie besiegelt gewesen. — Nicolaus de Brundusio.
3818	1250 Mai	München, St.-A.	Protectionsausfertigung; im Dat. Fogie und Madij nachgetragen. — Siegel an rothgelben Seidenfäden.

Heinrich (VII.).

3837	1213 Januar	Palermo, D.-A.	Einfaches Privilegium ohne Invocation. — Von der Besiegelung nur rothe Seidenfäden. — Phylippus notarius.
3845	(1216 Juli 15.)	Sigmaringen.	Grofses Privilegium in enger Anlehnung an 870. — Ganz erhaltenes Reitersiegel. — Kaiserurkunden in Abbildungen VI, 20.
3849	(1220 Januar)	Stuttgart.	Einfaches Privilegium. — Reitersiegel an rothgelber gedrehter Seidenkordel.
3850	1220 Septbr. 1.	München, R.-A.	Einfaches Privilegium; Ulme in der Datirung nachgetragen, das übrige Datum unregelmäfsig. — Reitersiegel.
3851	(1220)	Zürich, St.-A.	Privilegium; Titel bis perpetuum in litt. long. Es ist vergessen das Datum anzufügen, obwohl absichtlich Platz dafür gelassen war. Der obere Theil des Reitersiegels in rother Maltha (?) hangt mit Pergamentstreifen sehr ungeschickt befestigt verkehrt an.
3852	(1220)	Zürich, St.-A.	Mandat; Reitersiegel. Vergl. Tafel IX, 1.
3853	(1220 December) wohl 1222 December	Karlsruhe, G.-A.	Einfaches Privileg von einem Schreiber gefertigt, dessen Hand auch in anderen Urkunden des Klosters Salem wiederkehrt; das ganze Datum nachgetragen. — An dünnen Pergamentstreifchen das Königssiegel. — Vergl. Sp. 52. An. 1.
Suppl. zum 1661,1662	1221 August 25.	Strafsburg, D.-A.	In dem sehr unregelmäfsig geschriebenen Acta fehlt der Ort. Von den 6 Siegeln sind an erster Stelle Reste des in der Urkunde nicht erwähnten Siegels König Heinrichs (VII.), an zweiter des Siegels des Kanzler Konrad (Tafel VII, 4), an vierter das des Abt Hugo von Murbach erhalten; alle an Pergamentstreifen.
3861	(1221) Septbr. 23.	Lüttich.	Mandat wohl ursprünglich als Brief gedacht. Reste des Siegels an einem von der Urkunde selbst abgeschnittenen Pergamentstreifen. Das Datum steht in eigener Zeile und scheint ganz nachgetragen; es lautet auch im Original, wie im Drucke bei Huillard-Bréholles II, 749.
3866	1222 März 12.	München, R.-A.	Rechtsspruch; vor Actum eine Lücke; Actum — IIII° scheint nachgetragen. — Siegel an Pergamentstreifen.
3870	1222 März 19.	Luzern, G.-A.	Der Titel bis in perpetuum füllt in litt. longg. die erste Zeile. Der Schreiber mufs gleichzeitig zwei Dintenfässer gebraucht haben, daher der starke Wechsel in der Farbe der Dinte; im Datum per manum sicher Wormac. nachgetragen; sonst Nachtragungen schwer zu unterscheiden. — Von der Besiegelung bunte Seidenfäden.
3872	1222 April 24.	Stuttgart.	Privilegium; die unteren Zeilen etwas weiter auseinandergezogen; die Datirung ist unregelmäfsig geschrieben, aber kaum Nachtragungen anzunehmen. — Von der Besiegelung bunte Seidenfäden.
3873	1222 April 27.	Düsseldorf.	Einfaches Privilegium; unten enger geschrieben; das Datum von dominice an steht auf einer rauheren Stelle des Pergaments und sieht anders aus, als der Rest der Urkunde. — Siegel an Pergamentstreifen.
3874	1222 (Mai)	Wien, St.-A.	Urkundliche Notiz, stark vermodert, aber, wie es scheint, noch vollständig erhalten. Schrift wohl gleich mit 3875. — Siegel an grünen Seidenfäden.
3875	1222 (Mai)	Wien, St.-A.	Urkundliche Notiz über einen Hofgerichtsspruch; Nachtragung des Acta ist nicht zu bemerken. — Rothseidene Siegelfäden.
3877	1222 Mai 9.	Maastricht.	Privilegienartig; Invocation in Minuskeln; das Datum unregelmäfsig: Aquisgrani sicher nachgetragen; die Zeugen feiner und wie es scheint zwischen das Datum und die Kanzlerrecognition eingeklemmt. — Geflecktes Siegel an rothen Seidenfäden.
3878	1222 Mai 11.	Berlin.	Grofses Privilegium; ungeschickte Nachahmung der Ausfertigungen des Vaters; Invocation, Titel und Signumzeile in litt. longg.; letztere mit anderer Hand und Dinte. Das Signum in der Form, wie bei Friedrich, nur dafs das Zeichen für et ganz unten steht; ist nachträglich eingesetzt. — Siegel an grün-roth-gelben Seidenfäden; die Rückseite zugeschmiert.
3879	1222 Mai ?	Lüttich.	Mandat; das ganze Datum ist unregelmäfsig geschrieben, vielleicht der Ort und von M° an alles nachgetragen (14 Idus Maii). — Von der Besiegelung nur noch Pergamentstreifen.
3881	1222 Mai 29.	München, R.-A.	Privilegium; vor dem anno des Datums einmal anno gestrichen; es wurde wohl die ganze Datirung nachgetragen und dabei übersehn, dafs schon das anno geschrieben war; dies wurde dann getilgt; die Indiction steht in der letzten Zeile allein mit grofsem Abstande. — Siegel an bunten Seidenfäden, mit denen das Diplom zugebunden war.
3883	1222 Juni 3.	Karlsruhe, G.-A.	Privilegium; In nomine in litt. longg.; im Datum mehrfache Nachtragungen. Ueber dem Königsnamen die Zahl VII^us. — Roth-gelbseidene Siegelfäden.
3885	1222 Juni 23.	München, R.-A.	Privilegium; der Königsnamen in litt. longg.; das Datum unregelmäfsig, die ganze Schrift scheint nachgezogen. — Siegel ab.
3894	1222 Decbr. 10.	Karlsruhe, G.-A.	Grofses Privilegium; erste und Signumzeile in litt. longg.; das Signum wie bei Friedrich II.; im Kloster geschrieben; im Datum Nachtragungen, auf dem Bug die Archivnote IIII. — Siegel in rothbrauner Maltha an gestreiften Leinenschnuren. (Tafel IX, 2.)
3887	1223 Febr. 15.	Stuttgart.	Privilegienartig; Invocation und H. des Titels in litt. longg.; zwischen Text und Datum eine Zeile Raum; Datum unregelmäfsig. — Von der Besiegelung Reste der rothgelben Seidenfäden.
3888	1223 März 10.	Stuttgart.	Die beiden Datum-Zeilen unregelmäfsig geschrieben und wohl später, aber uno tenore zugefügt. — Von der Besiegelung bunte Seidenfäden. Schrift wie in 3894, 95 u. s. w.
4035	1223 März 20.	München, R.-A.	Die Indiction ist XI, nicht XV; apud Augustam scheint im Datum nachgetragen. — Siegel an geflochtenen Leinenkordeln. — Schreiber von 3888.

3890	1223 Mai 5.	Strafsburg, B.-A.	Forma compositionis, Punktation. Das Acta mit dunklerer Dinte nachgetragen, dann, wie es scheint, wieder das Datum und mit diesem dann die Zeugen gleichzeitig auf der Rückseite zugefügt; von den 4 Siegeln fehlt das dritte, wohl das des Königs. Das erste Siegel ist das des Bischofs Otto von Würzburg, das zweite das des Bischofs Siegfried von Augsburg und das vierte das des Kanzlers, Bischofs Conrad von Metz (Tafel VII, 4). Die roth- und gelbseidenen Siegelbänder sind unten verknotet, die Urkunde war damit zugebunden.
3891	1223 (Mai)	Strafsburg, B.-A.	Das Anfangs-H verziert. — Das ganze Data scheint nachgetragen. Echtheit oder Unechtheit läfst sich aus den Kriterien des Stückes selbst kaum entscheiden, da das Siegel mit den Schnüren fehlt.
3893	1223 (Mai)	Karlsruhe, G.-A.	Vom Dat. an dieselbe Hand, aber hellere Dinte. — Von der Besiegelung ein grünseidenes Band, das zerrissen und wieder angeknüpft ist, erhalten.
3894	1223 Mai 13.	München, St.-A.	Das Datum in besonderer Zeile; das Monatsdatum in dafür gelassene Lücke eingetragen. — Von der Besiegelung ein Pergamentstreifen. — Schreiber von 3888.
3895	1223 Juni 26.	Münster.	Rechtsspruch; das Datum steht in eigener Zeile in unregelmäfsiger Schrift und mit unregelmäfsigen Zwischenräumen; die Nachtragungen sind im Einzelnen nicht zu erkennen. — Siegel an weifsen geflochtenen Hanffäden. — Schreiber von 3888. (Tafel XII.)
3896	1223 August 15.	Goslar.	Offener Brief; einmal der Quere nach gefaltet; das Siegel mit doppelt gefaltetem Pergamentstreifen, der über der vierten Zeile von unten durchgezogen ist, befestigt; im Datum XVIII. Kal. Septembris und Indict XI mit hellerer Dinte und anderer Schrift nachgetragen; auch Dat. Northusen scheint nicht ursprünglich.
3899	1223 Septbr. 11.	München, R.-A.	Grofses Privilegium, allerdings ohne Signum, aber mit Chrismon und litt. longg., bez. verzierten Capitälchen in der Invocation und dem Titel der ersten Zeile. Mehrfache Rasuren: III Idus Sept. später eingefügt. Die radirte, aber noch lesbare Schrift auf dem Bug lautet: Dominus Herbipolensis episcopus precepit. Das auf der Kehrseite des Siegels aufgeprägte kleine Siegel zeigt den Abdruck einer antiken Gemme mit der schwer zu entziffernden Umschrift: Sigillum Marquardi; das Siegel hängt an bunten Seidenfäden. — Schreiber von 3888, vergl. oben S. 40 u. Tafel IX. 7.
3900	1223 Septbr. 11.	Dresden, 238.	Mandat mit Invocation in Minuskel, gegen Ende hellere Schrift; die Datirung auseinander gezogen, unten noch mehrere Zeilen Raum. Trotz der sehr entwickelten Schrift und der Zeugenreihe, die unmöglich stimmen kann, mufs die Urkunde wegen des Siegels als echt angesehen werden. — Siegel ursprünglich befestigt an rothen Seidenfäden.
3901	(1223 Septembr.)	Dresden, 239.	Invocation in verlängerten Buchstaben. Am Ende noch Raum für eine kurze Datirung. — Siegel an feinen rothen Seidenfäden.
3902	1223 Septbr. 12.	Münster.	Grofses Privilegium, offenbar durch die nicht mehr im Originale erhaltene Vorlage Stumpf 3482 beeinflufst; die Invocation in litt. longg. Im Acta und Dat. per manum sind Nachtragungen nicht zu bemerken. Die Signumzeile in litt. longg. von anderer Hand, als die Invocation; mit hellerer Dinte, als der Text der Urkunde. Das Signum wie das Friedrichs II. — Siegel an gelben Seiden(?)-Fäden.
3903	1223 Septbr. 14.	Paderborn, G.-A.	Vom Schreiber von 3888. (J. Graf Asseburg.)
3906	1223 Septbr. 21.	Wolfenbüttel.	Grofses Privilegium. Invocation, Titel und Signumzeile in litt. longg.; Recognition, Acta und Datum in dunklerer Dinte. Das Datum unregelmäfsig. — Siegel in rothem Wachse an bunten Seidenfäden.
3909	1223 Septbr. 24.	Schwerin.	Nach gütiger, detaillirter Mittheilung des Geheimen und Haupt-Archivs: Vertragsform; das Datum weit auseinander gezogen und wohl nachgetragen. — Siegel an rothgelben Seidenfäden: 1) Gunzelin v. Wolfenbüttel, 2) und ff. an rothen Seidenfäden Eberhard v. Waldburg, 3) Bischof v. Würzburg, 4) Der König, 5) Diepold von Hohenburg, 6) Gerhard Grf. v. Dietz, 7) Anshelm von Justingen. — Wohl vom Schreiber von 3888.
3910	1223 Septbr. 30.	Dresden, 254.	Unregelmäfsige Ausfertigung; das Datum noch unregelmäfsiger. — Siegel an bunten Seidenkordeln.
3911	1223 Octobr. 18.	München, R.-A.	Offener Brief; das ganze Datum nachgetragen; an dem unter der dritten Textzeile durchgezogenen Pergamentstreifen das Halsstück des Siegels. — Schreiber von 3888.
3912	1223 Novbr. 10.	München, R.-A.	Das ganze Acta scheint nachgetragen. — Von der Besiegelung bunte Seidenfäden.
3913	1224 Januar 8.	Berlin.	Grofses Privilegium in ganz unregelmäfsiger Ausfertigung. Chrismon; Invocation in litt. longg.; aber das Trinitatis scheint von anderer Hand; die litt. longg. der Signumzeile und Kanzlerunterschrift sind denen im Anfange der Invocation ähnlich; die Zeugen, als die Signumzeile schon stand in gedrängten Reihen zugefügt. Das Signum, welches dem Konrads III. gleicht, steht in der Datirungszeile ganz unten, die plica bedeckt diese und die grün- und rothseidenen Siegelfäden gehen durch das Signum; das Siegel scheint später angeknotet, an den unten herabhängenden Siegelfäden ein festgenähter, gewelkter Seidenschieber.
3914	1224 Januar 8.	? ?	Facsimile; Pistorius, amoenitates III 692 3. Chrismon; Invocation in litt. longg.; in der Datirung Nachtragungen, Wormaciam sicher. — Aus der Siegelzeichnung läfst sich nichts entnehmen. — Schreiber von 3888.
3915	1224 Januar 20.	Strafsburg, B.-A.	Im Datum Hagenowe und wohl noch mehr nachgetragen. — Von der Besiegelung geflochtene Leinenfäden erhalten. — Wohl von dem Schreiber von 3888.
3917	1224 Febr. 24.	Bern.	Siegel ab (Berger).
3919	1224 April 3.	München, R.-A.	Privilegium, zwar ohne Chrismon, Invocation, Signumzeile und Kanzlerunterschrift, aber mit dem Signum Kaiser Friedrichs, dem das Zeichen für et fehlt. Im Datum scheint apud Wimpinam und Tercio Non. Aprilis nachgetragen. — Von der Besiegelung nur bunte Seidenfäden. — Scheint von demselben Schreiber gefertigt, wie 3888.

3921	1224 (Mai)	München, St.-A.	Grofses Privilegium; Invocation und Königsnamen in litt. longg. Die letzten Zeilen sind enger geschrieben, weil Platz bleiben sollte, um die genaueren Daten und wohl auch die Signumzeile zuzufügen, doch ist das unterblieben. Das Signum Friedrichs II. rechts unten. — Siegel an grünseidenen Faden.
3925	1224 Juli 15.	Paderborn, St.-A.	Vergl. meine Bemerkungen in den Kaiserurkunden der Provinz Westfalen 2, 375; eine erneute Prüfung des Originals war mir unmöglich.
3927	1224 Juli 23.	Wien, St.-A.	Privilegienartig; ohne Chrismon und Signum; Invocation und Königsnamen in litt. longg. Zwischen Text und Datum 3 Zeilen Raum; das Dat. von anderer Hand und Dinte; darin wieder Nuorimberch und Decimo nachgetragen. Von einem Salzburger Schreiber, der auch 3928, 29 fertigte, geschrieben. Auf der Rückseite eine wohl aus der Kanzlei stammende Bemerkung. — Siegel an bunten Seidenfäden.
3928	1224 Juli 23.	Wien, St.-A.	Privilegiumartig; Kreuz; Invocation und Titel in perpetuum in litt. longg.; im Uebrigen ganz wie 3927. Die litt. longg. sehen denen von 958 sehr ähnlich. — Siegel an rothgelben Seidenfäden.
3929	1224 Juli 23.	Wien, St.-A.	Genau in derselben Ausstattung wie 3927, nur steht im Dat. kl. tiefer als Decimo und Aug.; auch die Rückbemerkung von derselben Hand, wie auf 3927. — Siegel an rothgelben Seidenfäden.
3930	1224 Juli 23.	Dresden, 258.	Die erste Zeile mit Invocation bis perpetuum in litt. longg. Nach Posse Altenzeller Hand. Unten noch zwei Zeilen Raum. — Siegel ab.
3931	1224 Juli 25.	München, R.-A.	Offener Brief; das ganze Datum nachgetragen. Zwölfte Indiktion; ähnliche Schrift in 4014. — An einem unter der vierten Zeile durchgezogenen Pergamentstreifen das Bruststück des Siegels.
3936	1224 (August)	Berlin.	Verzierte Initiale, der Namen in litt. longg. Es war Platz für ein vollständiges Datum gelassen, dann aber das Wort acta und die Jahrzahl weit auseinander gezogen. — Siegel an grünseidenen Fäden.
3937	1224 Septbr. 4.	Münster.	Die Invocation in litt. longg.; das Datum per manum scheint nachgetragen und darin wieder Marquardi. — Siegel an rothen Seidenfaden.
3938	1224 Septbr. 9.	Münster.	Im Datum stand anno domini MCCXXIIII ursprünglich, das andere scheint nachgetragen. — Siegel an weifsen Hanffäden, die so verknotet sind, dafs man das Diplom noch damit schliefsen kann.
3939	1224 Septbr. 20.	Berlin.	Die Invocation in litt. longg. Nach der Bemerkung über den Tod des Erzbischofs Engelbert erst nach November 1225 ausgefertigt. Nachtragungen sind aber nicht zu bemerken, aufser dafs etwa der Rest von Swetherus an etwas anders aussieht. — Siegel an rothgelbseidenen Fäden.
3946	1224 Decbr. 4.	München, R.-A.	Im Datum Hagenowe II Non nachgetragen. — Siegel an Pergamentstreifen. — Schreiber von 3868.
3957	1225 Januar 6.	Zürich, St.-A.	Mandat; das Datum noch etwas unregelmäfsiger, als die Urkunde. — Siegel an bunten Seidenfäden in rothem Wachse.
3960	1225 Januar 20.	Köln, St.-A.	Privilegium; Chrismon; Invocation und Titel in litt. longg.; die letzten 4 Zeilen haben gröfsere Abstände, das Datum ist nicht in einem Zuge geschrieben. — Siegel an rothgelbseidenen Fäden in grünem Wachs.
3961	1225 Januar 20.	Bern.	Siegel an rothseidener Schnur (Berger).
3963	1225 Januar 23.	Karlsruhe, G.-A.	Das Wort Datum scheint ursprünglich, die eigentlichen Angaben aber alle nachgetragen, im Kloster geschrieben von demselben Schreiber wie 3853. — Siegel an rothgelben Seidenfaden.
3969	1225 April 28.	Stuttgart.	Privilegium; Chrismon; Invocation in litt. longg.; Datum in Hall. nachgetragen; vielleicht auch indictione tercia decima. — Siegel in brauner Maltha (?) an bunten Seidenfäden (Tafel IX, 4.)
3974. I. II.	1225 Juli 27.	München, R.-A.	Die beiden Ausfertigungen bis auf die Datirung und die Siegelfäden gleich. Privilegium; Chrismon und Invocation in litt. longg. in der ersten Zeile. Die Datirung in I mit immer heller werdender Dinte geschrieben; indict. XIII. VI. scheinen zusammen geschrieben und dann Kalen. Aug.; unten noch viel Platz. — An No. I die Siegel an gleichmäfsig bunten Seidenfäden; an II Siegel 1) des Königs und 3) des Naumburger Bischofs an rothen Seidenfaden; die beiden andern an gelben.
3976	1225 Juli 28.	Goslar.	Mandat; da die Urkunde an mehreren Stellen abgerieben ist, sind Nachtragungen nicht mehr zu erkennen; doch ist das Datum unregelmäfsig geschrieben. 4 Siegelschnitte, im ersten an Pergamentstreifen Rest des Siegels von Siegfried von Mainz, im zweiten ebenso das Siegel Engelberts von Köln, neben dem dritten sind Löcher geschnitten, durch welche an gelbrothen Seidenfäden das Königssiegel befestigt ist; das vierte Siegel (Conrads von Hildesheim) ist ausgefallen.
3977	1225	Hannover.	Invocation in klobigen litt. longg.; die letzten Zeilen stehen enger; die letzten Worte von conreguante an sind kleiner geschrieben; im Acta sind Nachtragungen nicht zu erkennen; im Asseburger Urkundenbuch 1, S. 101 eine Siegelbeschreibung nach einem Transsumpte von 1421, welche nur auf das Siegel Heinrichs (VII.) gedeutet werden kann.
3978	1225 (?) August 23.	Wiesbaden.	Das Datum ist unregelmäfsig geschrieben; ob aber die Tagesangabe und Ingelenh. nachgetragen sind, wage ich nicht zu entscheiden. — Siegel in rother Maltha (?) an Pergamentstreifen.
3979	1225 Septbr. 3.	Osnabrück.	Mandat; Datum nicht nachgetragen. — Siegel an Pergamentstreifen. (Dickamp.)
3980	1225 Septbr. 4.	München, R.-A.	Datum — Nonas ist später eingetragen. — Siegel an schmalem Bug, bunte Seidenfäden.
3985	1225 Septbr. 27.	Düsseldorf.	Einfaches Mandat. Siegel mit den Fäden ausgerissen.
3990	1225 (October)	Düsseldorf.	Mandat mit Invocation in litt. longg. Das Acta nachgetragen. — Rest der grün-gelbseidenen Siegelfäden.

3987	1225 (October)	Düsseldorf.	Wie 3986, aber von einem anderen Schreiber: das Acta mit dunklerer Dinte nachgetragen, für das Datum Platz gelassen. — Das mit grünseidenen Fäden angehängt gewesene Siegel ist jetzt mit Bindfaden angebunden.
3988	1225 October 12.	Düsseldorf.	Aehnlich wie 3987, aber anderer Schreiber. In der Zeugenaufzählung Dintenunterschiede bemerkbar. — Siegel an graurothseidenen Fäden.
3993	1225 Novbr. 19.	Wolfenbüttel.	Mandat; das ganze Datum in feinerer Schrift mit anderer Dinte nachgetragen; darin aber wieder Dat. apud Hallis XIII und vielleicht auch die Indictionsziffer XIIII. — Siegel an bunten Seidenfäden.
3994 I u. II	1225 Novbr. 30.	München, R.-A.	Von demselben Schreiber, aber auf verschiedenartigem Pergamente; an I Reste von 4 Siegeln, das Königliche fehlt; an II Reste von 3 Siegeln, das des Königs und des Bischofs von Passau fehlt.
4001	1226 März 26.	Strafsburg, D.-A.	Privilegienähnlich; Chrismon; Invocation und Titel in litt. longg. später übergeschrieben; wohl das ganze Datum nachgetragen. — Löcher für Siegelfäden oder Schnüre; ob echt?
4002	1226 März 31.	Stuttgart.	Privilegienähnlich; Titel in litt. longg.; Datum unregelmäfsig geschrieben. — An bunten, gewebten Seidenkordeln das Siegel. — Schreiber von 4009 u. s. w.
4012	1226 August 18.	Solothurn.	Invocation und Titel in litt. longg., dann noch in Minuskeln bis bonum in der ersten Zeile. Zeugen und Datum unregelmäfsig geschrieben; darin wohl Ulmam und einige Zahlen nachgetragen. — Siegel an rothgelben, verblafsten Seidenfäden.
4013	1226 August 22.	Hannover.	Offener Brief; das ganze Datum scheint nachgetragen. Von dem an einem unter der dritten Zeile durchgezogenen Pergamentstreifen hinten eingehängten Siegel das Mittelstück erhalten. Abgebildet von beiden Seiten Kaiserurkunden in Abbildungen VI, 18c.
4014	1226 August 23.	Hannover.	Mandat; im Datum Nachtragungen wohl: Wimpinam und x kl. — Siegel an zwei rothen Seidenkordeln.
4015	1226 Septbr. 7.	Stuttgart.	Privilegienähnlich; Invocation und Titel in drei verschiedenen Arten von litt. longg. Ob das Datum in einem Zuge nachgetragen ist? in der Jahrzahl und dem Worte indictione Rasuren. — Siegel an rothgelben Seidenfäden.
4018	1226 Novbr. 6.	Stuttgart.	Privilegienähnlich; im Anfange litt. longg. — Das Datum per manus steht in eigener Zeile, ob darin Heinrici und der Monatstag nachgetragen ist, scheint fraglich. — Die Siegellöcher stehen im ersten Drittel der plica, darin Reste von rothgelben Seidenfäden, in dem in neuerer Zeit mit weifser Kordel angenähten Säckchen bedeutende Reste des Siegels und weitere entsprechende Seidenfäden.
4022	1226 Novbr. 13.	München, R.-A.	Privilegienähnlich; Invocation in litt. longg. Titel in kleinen Capitälchen; das Datum per manus unregelmäfsig geschrieben; darin der Tag sicher nachgetragen und zwar in Capitälchen. — Von der Besiegelung rothe und gelbe Seidenfäden.
4023	1226 Novbr. 22.	? ?	Facsimile, Schönemann Diplomatik Tafel XII. Mandatartig. — Siegel an Seidenfäden.
4025	1226 November	Lille.	Goldbulle; befestigt wie bei den älteren Goldbullen Friedrichs II., aber nur der untere Ring erhalten. (Vergl. S. 66.) Abbildung auf dem Titelblatt. (Jules Finot.)
4028	1226 Novbr. 27.	München, R.-A.	Im Datum scheint V° Kal. Dec. pontificatus nostri anno XXVI° nachgetragen. — Siegel an Pergamentstreifen.
4029	1226 Novbr. 28.	Strafsburg, B.-A.	Innerhalb der Zeugen ein gröfserer Zwischenraum zwischen den Zeilen. Im Dat. Herbipolim — Decemb nachgetragen; langes schmales Pergament. Von den an 6 Pergamentriemen angeheftet gewesenen Siegeln ist nur von einem geistlichen ein schwer bestimmbarer Rest erhalten; die Stelle des Königssiegels ist nicht mehr nachweisbar.
4031	1227 Januar 20.	Stuttgart.	Die im Actum sicher zu Tage tretenden Nachtragungen sind bei der schlechten Erhaltung im Einzelnen schwer festzustellen. — 3 Siegel an rothgelbseidenen, oben sehr langen Fäden: 1) des Königs, 2) Bischofs Hermann von Würzburg, 3) Herzogs Ludwig von Bayern mit dem gezackten Balken.
4035	—	—	hat deutlich Indiction XI, also 1223 März 20. S. nach No. 3988.
4040	1227 März 29.	Wien, St.-A.	Grofse Privilegienausfertigung; Chrismon; Invocation, Titel und Signumzeile in litt. longg.; Signum wie das Friedrichs aber das Zeichen für et steht ganz oben auf der Diagonallinie. — Siegel ausgerissen. — Offenbar von einem Salzburger Schreiber.
4047	1227 März	Düsseldorf.	Das Acta scheint nicht in einem Zuge geschrieben; im Regierungsjahre radirt; Platz für ein Monatsdatum. — Siegel an rothseidenen Fäden ähnlich angeknotet wie an B. F. 820, 821; andere Schrift wie 4049.
4049	1227 April 1.	Düsseldorf.	Im Actum fehlt das anno, Aprilis ist feiner geschrieben und auseinander gezogen. — Siegel an leinenen (?) grün und weifsen Fäden. (Tafel IX, 3.)
4051	1227 April 5.	Düsseldorf.	Das Datum ist unregelmäfsig. Nachtragungen sind im Einzelnen schwer zu unterscheiden. — Siegel an grünseidenen Fäden. — Schrift feiner, aber ähnlich wie 4049.
4052	1227 April (VIII Non.)	Stuttgart.	Privilegienähnlich; Titel in litt. longg. Im Actum scheinen die Zahlen bis auf die Indictionsziffer nachgetragen. — Siegel an sehr langen weifs- und rothseidenen Fäden. — Schreiber von 3988.
4056	1227 April 25.	München, R.-A.	Offener Brief; unter der dritten Zeile die Schnitte für den Pergamentriemen des Siegels, welches mit demselben verloren ist; das Datum von apud an nachgetragen. — Schreiber von 3988.
4064	1227 Juli 17.	München, R.-A.	Von Werdam ab scheint das ganze Datum nachgetragen; auf Leinwand gezogen, das Siegel ab, schwere rothseidene Fäden. — Schreiber von 3988.
4069	1227 August 3.	Frankfurt a M.	Der Königsname in litt. longg.; Zeugen und Datum unregelmäfsig geschrieben. — Siegel an rothseidenen Fäden. — Schreiber von 4052.

4072	1227 August 16.	Wolfenbüttel.	In dem unregelmäfsig geschriebenen und auseinander gezogenen Datum scheint Dat. — Septemb. nachgetragen. — Siegel an Pergamentstreifen. — Schreiber von 4002.
4073	1227 August 26.	Nürnberg.	Chrismon; Invocation und Titel in litt. longg. Die Erwähnung der drei Tutoren in dunklerer Dinte wohl auf Rasur nachgetragen. Die Datirung auseinander gezogen. — Siegel an rothseidenen Bändern, scheint zugebunden gewesen.
4074	1227 August 27.	Goslar.	Fälschung saec. XVI oder XVII, die Schrift vielleicht nach 4073 oder 4075, doch nicht sicher zu erkennen; kein Bug, unten ein Schnitt, in dem ein Siegel gehangen haben kann.
4075	1227 August 29.	Nürnberg.	Titel in litt. longg. Ganz unregelmäfsig geschriebene Urkunde; Zeugen und Datirung noch unregelmäfsiger und zum Theil mit dunklerer Dinte. — Siegel an Litze.
4076	1227 Septbr. 18.	München, R.-A.	Der einzelstehenden Datirungszeile scheint Datum ap. Ou. vorgesetzt, vielleicht ist auch quarto decimo nachgetragen. — Von der Besiegelung nur die Seidenfäden. — Schreiber von 4002.
4078	1227 Septbr. 21.	München, R.-A.	In der Datirung apud Wimpinam und vielleicht die ganze letzte Zeile von undecimo Kal. an nachgetragen. — Siegel an Pergamentstreifen.
4079	1227 Septbr. 22.	Dresden, 277.	Der Titel in litt. longg.; das Actum unregelmäfsig; doch sind Nachtragungen kaum zu erkennen. — Siegel an rothgelben Seidenfäden.
4081	1227 October 1.	München, St.-A.	Im Datum apud Augustam und auch wohl sonst einiges nachgetragen. — Siegel an rothen Seidenfäden. — Schreiber von 3888.
4082	1227 Octobr. 10.	München, R.-A.	Privilegienähnlich; der Titel allein in der ersten Reihe in litt. longg.; im Datum Augustam nachgetragen, vielleicht auch VI Idus Octobr. — Siegel an rothgelben Seidenfäden. — Schreiber von 3888.
4083	1227 Octobr. 10.	München, R.-A.	Das Anfangs-H in dunklerer Dinte, im Datum Augustam, vielleicht auch das Tagesdatum nachgetragen; der Namen des Ortes steht auf Rasur; von der unteren Schrift ist ein p sichtbar; die obere ist von derselben Hand, aber kaum lesbar. — Von der Besiegelung roth-gelbseidene Fäden. — Schreiber von 3888.
4093	1228 Januar 1.	Wien, St.-A.	Offener Brief, ursprünglich als Mandat geplant, wie der schon leicht umgefaltene Bug beweist; dann das Siegel auf der unteren Hälfte über der vierten Zeile von unten eingehängt; ein Rest erhalten; das ganze Datum ist mit hellerer Dinte nachgetragen. — Scheint vom Schreiber von 3888.
4097	1228 (Februar)	Münster.	Die letzten Zeilen enger geschrieben, im Datum Nachtragungen. — Von der Besiegelung Pergamentstreifen. — Schreiber von 4002.
4100	(1228) April 22.	Düsseldorf.	Offener Brief; im Datum apud Wittlar. später zugefügt. 3 (?) Schnitte für den Siegelriemen.
4107	1228 Juli 29.	Paris. A. N.	Einfache Ausfertigung. Siegel an violett-gelben Seidenfäden (nach Teulet Trésor No. 1972).
4109	1228 (Juli)	München, R.-A.	Kreuz am Anfange; ganz unregelmäfsige Ausfertigung; bunte Seidenfäden ohne Bug durch das Pergament gezogen, kein Siegel.
4110	1228 August 18.	Wien. St.-A.	Privilegium; Invocation, Titel bis in perpetuum, Signumzeile in litt. longg.; Signum wie in 4040; im Datum Ulmam und Quinto — Septembr nachgetragen. Salzburger Ausfertigung, doch ähnelt die Hand der von 4060. — Von der Besiegelung rothgelbe Seidenfäden. — Schreiber von 4002.
4111	1228 (Aug.) 19	Stuttgart.	Die letzten Zeilen enger und unregelmäfsiger, auch das Datum nicht in einem Zuge. — Das Siegel hing an Pergamentstreifen, in dem Säckchen geringe, aber echte Reste, die nicht von demselben Abdrucke, wie die Stückchen bei 4521 stammen.
4113	1228 August 21.	Wien, St.-A.	Sehr elegante Fälschung in ähnlicher Schrift wie 3483; ein echtes Siegel ist zerbrochen, dann aber beim Anhängen wieder zusammengeflickt.
4119	1228 Septbr. 6.	München, R.-A.	Dat. apd. Nurdelinge nachgetragen. — Von der Besiegelung bunte Seidenfäden.
4120	1228 Septbr. 6.	Wien, St.-A.	Von derselben Hand wie 4097; in der Datirung scheinen Nachtragungen bemerkbar. — Siegel an bunten Seidenfäden, mit denen die Urkunde noch verschlossen werden kann. — Schreiber von 4002.
4123	1228 Decbr. 25.	Colmar.	Von der Besiegelung gelbe Seidenschnur. (Niemann.)
4130	1229 März 23.	Zürich, St.-A.	Das Datum unregelmäfsig in treppenartigen Absätzen geschrieben. — Siegel an bunten Seidenfäden. — Schreiber wie in 3888.
4132	1229 Mai 18.	Engelberg.	Invocation zum Theil in litt. longg.; das Datum unregelmäfsig. — An grünrothen Seidenfäden das Siegel.
4140	1229 Octobr. 23.	Karlsruhe, G.-A.	Der Namen Heinricus in litt. longg.; im Datum Nachtragungen und zwar wohl Ortsnamen und Tagesdatum. — Siegel an rothgelben Seidenfäden. — Salemer Schreiber.
4367	zw. 1229 Nov. und 1231 Juni	Luzern, St.-A.	S. nach 4369.
4142	1229 Decbr. 13.	Lüttich.	Im Datum Novembere und wohl auch Idus Decembris nachgetragen. — Sehr gut erhaltener Rest des Siegels mit der kleinen Inschrift: et dux Suevie.
4145	1230 Febr. 15.	Colmar.	Von der Besiegelung Spur eines Pergamentstreifens. (Niemann.)
4146	1230 Febr. 20.	Bern.	Siegel ab. (Berger.)
4158	1230 Juni 17.	München, St.-A.	Siegel mit der Inschrift an rothgelben Seidenfäden. — Schreiber von 4002.

4161	1230 Juli 13.	München, R.-A.	Gegen Ende grober geschrieben; das Datum unregelmäfsig. — Siegel an rothgelben Seidenfäden. — Schreiber von 3888.
4163	1230 August 13.	Karlsruhe, G.-A.	Im Datum der Ortsnamen nachgetragen, vielleicht auch die Tagesangabe. — Reste der rothgelbseidenen Siegelfäden. — Schreiber von 4002.
4165	1230 Septbr. 17.	Berlin.	Zeugen unregelmäfsig; im Datum wohl Nachtragungen. — Siegel an Pergamentstreifen. — Schreiber von 4002. (Tafel XII.)
4167	1230 Septbr. 23.	Marburg.	Zeugen unregelmäfsig, wie nach Diktat eingetragen; im Datum der Ortsnamen nachgetragen. — Siegel an rothgelbseidenen Faden. — Schreiber von 4002.
4168	1230 Septbr. 29.	Karlsruhe, G.-A.	Im Datum der Ortsnamen und wohl auch die Tagesangabe nachgetragen. — Siegel am Pergamentstreifchen.
4170	1230 Novbr. 16.	München, R.-A.	Im Datum der Ortsnamen und wohl auch die Tagesangabe nachgetragen. — Von der Besiegelung grüne Seidenfäden. — Schreiber von 3888.
4175	1230 Decbr. 9.	Düsseldorf.	Im Datum scheint Spirum — Decem. eingefügt. — Schnitte für die Besiegelung mit Pergamentstreifen. Kindlinger (Msc. 104, 114) sah noch Reste des echten Siegels.
4176	1230 Decbr. 22.	? ?	Mandat, zu Anfang litt. longg.; für die Vornamen der beiden Bischofszeugen leerer Raum. — Siegel an „rothen, grünen und weifsen seidenen zusammengeklöppelten Faden“. Kindlingers Msc. 138, 2 (Münster).
4178	1231 Januar 18.	Stuttgart.	Privilegienartig; Invocation, Titel — in perpetuum in litt. longg. — Siegel an rothseidenem Bande.
4180	1231 Januar 19.	Köln, St.-A.	Das Datum unregelmäfsig. — Siegel an rothen Seidenfäden.
4181	1231 Januar 20.	Lüttich.	Das Datum in eigener Zeile; Nachtragungen sind darin schwer zu unterscheiden. Die Stelle: apellatur, quas inter vos illicite in feinerer Schrift auf Rasur. — Siegel von den Pergamentstreifen ab.
4183 I. II	1231 Januar 23.	München, R.-A.	Zwei Ausfertigungen, in beiden scheint von verschiedenen Schreibern der Ort im Datum nachgetragen. — Siegel an einem Exemplar an bunten, am anderen an rothen Seidenfaden.
4185	1231 Februar 3.	Lüttich.	Im Datum Eslingen und III auf einem grofsen freien Raum, wohl nachgetragen. — Siegel von Pergamentstreifen ab.
4186	1231 Februar 5.	Stuttgart.	Sehr flotte Ausfertigung, die gegen Ende immer unregelmäfsiger wird, in der vierten und fünften Zeile von unten starke Rasuren; das Datum ist so schlecht geschrieben, dafs nicht unterschieden werden kann, ob Nachtragungen darin sind, oder nicht. — Von der Besiegelung grüne, geflochtene Kordeln. — Schreiber von 3888.
4188	1231 April 20.	Wolfenbüttel.	Datum unregelmäfsig, darin Frankinfort sicher, wahrscheinlich aber noch mehr nachgetragen. — Siegel von Pergamentstreifen ab. — Schreiber v. 3888.
4189 I	1231 April 29.	Speyer.	Das Anfangs-H in dafür gelassene Lücke eingefügt; im Datum apud Wormat. und der letzte Theil von tercio Kal. an unregelmäfsig. — Zerbröckeltes echtes Siegel an rothgelben Seidenfäden. Beiliegend Reste eines andern echten Siegels, ob von dem Duplicate?
4189 II	1231 April 29.	Heidelberg.	Das Datum in eigener Zeile. — Vom Siegel, dessen Reste in Speyer (s. No. 4189 I), sind Abdrücke und Reste der weifsleinenen (?) Kordeln erhalten. — Andere Hand, wie in 4189 I.
4192	1231 April 30.	Berlin.	Schrift anfangs schwer und sorgfältig, nachher flotter und unregelmäfsig; die Zeugen stark zusammengedrängt; die Korrekturen im Texte scheinen von anderer Hand herzurühren, die auch wohl im Datum Nachtragungen machte. — Von der Besiegelung blaue und gelbe Seidenfäden.
4195 I—III	1231 Mai 1.	München, R.-A.	I (M) Mainzer Exemplar, das Datum unregelmäfsig. — Siegel an rothseidenen Fäden. — Von dem Schreiber von 4183 II. II (A) Augsburger Exemplar; im Datum Wormacia und wohl auch noch anderes nachgetragen; unten noch Raum, breiter Bug. — Rest von rothen Seidenfäden. — Schreiber von 3888. III (W) Würzburger Exemplar; im Datum Nachtragungen. — Siegel an rothgelben Seidenfäden. — Schreiber von 4183 I.
4199	1231 Mai 1.	? ?	Offener Brief. — Siegel aufgeheftet. — Schreiber von 3888. Kindlinger Msc. 138, 3 (Münster).
4202	1231 Juni 2.	Worms.	Mandat; die ganze Urkunde ist ungleichmäfsig; das Datum nicht in einem Zuge geschrieben, die einzelnen Nachtragungen sind jedoch schwer zu bestimmen. — Von der Besiegelung Pergamentstreifen.
4203	1231 Juni 2.	Wiesbaden.	Ganz unregelmäfsig geschriebene Urkunde; sowohl der Ortsnamen, wie die Tagesangabe scheinen nachgetragen. — Siegel an roth und grünen Seidenfäden. — Schreiber von 3888.
4205 I	1231 Juni 9.	Naumburg.	Privilegienartig, in der Textschrift Wechsel der Dinte, der Vornamen des Legaten durch Punkte angedeutet; die genaueren Daten alle in grofse dafür gelassene Lücken eingetragen; die Zeugen unregelmäfsig, es war mehr Platz dafür in Aussicht genommen, als nöthig; die Kanzlerunterschrift unten halb vom Bugo bedeckt. — War besiegelt, Siegel mit Befestigung ab. — Schreiber von 4230.
4205 II	—	—	wie 4205 I. Der Namen des Legaten: Willelm eingefügt; im Texte redactionelle Verbesserungen; auch hier Nachtragungen in den Daten und unregelmäfsige Schrift bei den Zeugen; die Kanzlerunterschrift nur mit einer Linie Abstand. — Siegel mit der grofsen Inschrift an gelb-violetten Fäden, also wohl erst nachträglich besiegelt.
4206	1231 (Juni)	München, R.-A.	Invocation in litt. longg.; die Zeugen scheinen erst nachträglich zugefügt, als das Acta schon stand, wenigstens sind die letzten 9 Worte der Zeugenaufführung so auseinandergezogen, dafs sie 2 Zeilen füllen. — Siegel an bunten Seidenfäden.
4207	1231 Juni 29.	Stuttgart.	Das Datum scheint in mehreren Absätzen nachgetragen. — Siegel mit der kleinen Inschrift in brauner Maltha (?) an bunten Seidenfaden.

4209	1231 Juli 15.	Frankfurt a. M.	Mehrere Rasuren und Korrekturen; im Datum scheint mehreres nachgetragen. — Ziemlich unkenntliche Siegelreste an rothgelbseidenen Fäden; war zugebunden. — Schreiber von 4205 I.
4213	1231 Juli 23.	? ?	Mandat. — Siegel an Fäden. Kindlinger Msc. 188, 3 (Munster).
4214	1231 August 9.	München, R.-A.	Invocation mit eleganten litt. longg.; das Datum ist unregelmäfsig geschrieben, es ist jedoch eine Nachtragung nicht zu erkennen. — Bunte Seidenfäden.
4215	1231 August 9.	Karlsruhe, G.-A.	Die Invocation in litt. longg., dann eine Lücke; der Umschlag des Buges ist abgeschnitten, mit Bindfaden ist am Pergamentstreifen ein Siegel Otto's IV. (nicht bei Heffner; wohl von einem der offenbar absichtlich vernichteten Privilegien dieses Königs entnommen) angeknüpft.
4217	1231 Octobr. 1.	Stuttgart.	Im Datum wohl Jahr- und Tagesangabe nachgetragen. — Siegel mit der grofsen Inschrift an rothgelbseidenen Fäden, war zugebunden. — Schreiber von 3888.
4220	1231 Novbr. 22.	München, R.-A.	Das Datum unregelmäfsig. — An rothgelben Siegelfäden das Siegel, war zugebunden. — Schreiber von 3888.
4221	1231 Decbr. 17.	Lüttich.	Geschlossener Brief; auf der Rückseite, jetzt durch eine moderne Signatur verdeckt, sind noch schwache Reste der Adresse zu erkennen; 6 Löcher für die Pergamentriemchen; Siegel ab; im Datum scheint apud — kl. nachgetragen. — Flotte Schrift; Schreiber von 3888.
4223	1231 Decbr. 31.	Colmar.	Siegel an grünrother Seidenschnur. (Niemann.)
4224	1232 Januar 1.	Bern.	Siegel an rother Seidenschnur. (Berger.)
4225	1232 Januar 15.	Frankfurt a. M.	Im Datum Nachtragungen. — Siegel an rothgelbseidenen Fäden. — Schreiber von 3888.
4228	1232 März 17.	Darmstadt.	Offener Brief (litterae apertae vergl. die in den Regesten Böhmer-Fickers angeführte Stelle: Böhmer Fontes 2, 219). Das Datum in einer eigenen Zeile und wohl in einem Zuge nachgetragen. — Von dem Siegel nur der Pergamentstreifen unter der dritten Zeile. — Schreiber von 3888.
4236	1232 Juli 1.	München, R.-A.	Das Datum unregelmäfsig geschrieben; der Ortsnamen scheint nachgetragen. — Siegel an Pergamentstreifen. — Schreiber von 3888.
4237	1232 Juli 1.	München, R.-A.	Das ganze Datum scheint nachgetragen. — Schnitte für Besiegelung mit Pergamentstreifen. — Schreiber von 3888.
4239	1232 Juli 30.	Karlsruhe, G.-A.	Privilegienartig; Chrismon, Invocation; im Acta scheint die Tagesbezeichnung nachgetragen; das ganze Datum später zugefügt. — Ein sehr abgeriebener Rest des Siegels (Fuſs) umgekehrt wieder an die rothgelben Seidenfäden angeknotet.
4240	1232 August 1.	Düsseldorf.	Im Datum wohl der Ortsnamen und Kal. Aug. nachgetragen. — Von der Besiegelung grüngelbe Seidenfäden. — Schreiber von 4002.
4241	1232 August 1.	Düsseldorf.	Datum unregelmäfsig. — Siegel an rothgelben Seidenfäden. — Schreiber von 4002.
4242	1232 August 2.	Düsseldorf.	Sehr unregelmäfsige Ausfertigung; im Datum Nachtragungen. — Siegel an rothen Seidenfäden. — Schreiber von 3888.
4243	1232 August 3.	Osnabrück.	Im Datum: apud Frankenfurt III Non. Aug. nachgetragen. — Siegel an rothseidenen Fäden. (Diekamp.)
4245	1232 August 3.	Worms.	Privilegium; Chrismon; Invocation und Titel in litt. longg.; dann in der ersten Zeile noch der Anfang der Urkunde in Minuskel; die Kanzlerunterschrift fehlt; die Signumzeile in litt. longg. stand schon als das Actum eingetragen wurde; differenzirtes Signum. — Siegel ab.
4247	1232 August 8.	Worms.	Mandat; im Datum scheint apud Frankinfort VI Idus Augusti in eine dafür gelassene Lücke eingefügt. — Von der Besiegelung Pergamentstreifen. — Schreiber von 3888.
4253	1232 Septbr. 30.	Dortmund.	Korrekturen und Rasuren; das Datum vor der Besiegelung nachgetragen. — Siegel an gelbseidenen Fäden.
4255	1232 Octobr. 19.	München, R.-A.	Im Actum der Ortsnamen nachgetragen, vielleicht auch die Tagesangabe. — Von der Besiegelung bunte Woll- und Seidenfäden. — Schreiber von 3888.
4257	1232 Novbr. 20.	Stuttgart.	Sehr elegante Nachahmung einer kaiserlichen Protection (1081), die verzierten Buchstaben, Zeugen und Acta scheinen von anderer Hand und in anderer Dinte. Im Datum 123 Tercio. — Siegel an verblafsten rothen Seidenfäden.
4261	(1232 Decbr. 2.)	Engelberg.	In ähnlicher Schrift und Ausstattung wie 4205. Auf der Urkunde nichts weiter wie Dat., dann noch Raum; auf einem angenähten Zettel wohl von dem Schreiber von 3888: Scribatur data aput Hagenowe IIII Non. Decemb. Indict. VI et nomina ommissa et hoc fiat eadem manu. Nachtragung von Namen kaum erkennbar. — Bug mit durchgezogenem Pergamentstreifen, an welchem ein Siegel gehangen hat.
4265	1233 Januar 11.	Engelberg.	Einfaches Mandat; das Datum unregelmäfsig, vielleicht Geilinhusen — Januarii nachgetragen. — An Pergamentstreifen ein Siegelrest.
4267	1233 Febr. 13.	München, R.-A.	Der Königsnamen in litt. longg. — Siegel an rothgrünen Seidenfäden.
4268	1233 Febr. 16.	München, R.-A.	Privilegium; Chrismon; die erste Zeile in litt. longg.; Datirung, wie in den gröfseren Ausfertigungen Friedrichs II. mit Actum und Datum; das Actum scheint nachgetragen; im Datum wohl der Ortsnamen. Für das Signum ist Raum gelassen; an dieser Stelle finden sich leise Spuren desselben, wahrscheinlich war es nur angedeutet und die Ausführung vergessen. — Siegel an bunten Seidenfäden. — Scheint vom Schreiber von 3888.

4271	1233 März 6.	? ?	Offener Brief. — Siegel abgefallen. — Schreiber von 3988 (?). Kindlinger Msc. 138, 3 (Münster).
4273	1233 März 9.	Bremen.	Das Datum unregelmäfsig; vielleicht Dat. apud Weselam nachgetragen. — Siegel an grunrothen wollenen (?) Faden.
4281	1233 Juni 2.	Speyer.	Grobgeschriebenes Mandat; im Datum scheint Ezelingen und Quarto Non. Junii nachgetragen. — An gelbrothen Seidenfäden als echt erkennbare Siegelreste.
4286	1233 Juni 27.	Goslar.	Privilegium; Invocation in litt. longg.; verziertes H, der Rest der Zeile in hochgezogener Minuskel; im Actum sind Nachtragungen nicht zu bemerken: Kl. steht auf Rasur; für Signum und Signumzeile Platz gelassen, sie fehlen; die Recognition etwas feiner, aber von der Hand des Textes. — Siegel an rothgelben Seiden(?)-Fäden, mit denen das Stück wohl zugebunden war. — Sehr auffallende Schrift.
4288	1233 Juli 26.	Karlsruhe, G.-A.	Privilegienartig; die ganze Urkunde unregelmäfsig geschrieben, die Zeugen noch unregelmäfsiger; im Actum wohl ap. Maguntiam und von VII Kalendas an der Rest nachgetragen; dafs in der letzten Hälfte der Recognition die Schrift feiner erscheint, ist wohl zufällig. — Siegel an mehrfach bunten Seidenfäden. — Schreiber von 3988.
4292	1233 Septbr. 1.	Weimar, St.-A.	Unregelmäfsige Schrift. Das Datum in dunklerer Schrift nach der Besiegelung, der es ausweicht, zugefügt. — Siegel an breiten Pergamentstreifen.
4298	1234 Januar 25.	Stuttgart.	Fälschung; die Schrift gehört, wie ein Vergleich mit anderen Urkunden aus dem Weingartener Archiv lehrt, den letzten Jahrzehnten des Jahrhunderts an, versucht aber zu archaisiren. — Die wollenen (?) Siegelfäden sind durch unregelmäfsig gerissene Schnitte gezogen.
4301	1234 Febr. 5.	? ?	Mandat. — Siegel schon damals von roth-gelb-grünseidenen Fäden ab. Kindlinger Handsch. 188, 120.
4302	1234 Februar 6.	Dresden, 316.	Grofses Privilegium; Invocation, Titel und Signumzeile in verlängerten Buchstaben; Datum unregelmäfsig. Innerhalb des Buges flüchtige Notizen, wohl aus der Kanzlei, aber schwer zu entziffern: videamus u. s. w. Signum wie in 4040. — Siegel an rothgelben Seidenfäden durch Schnitte befestigt; war wohl zugebunden.
4303	1234 Febr. 10.	Osnabrück.	Im Datum Nachtragungen nicht bemerkbar. — Von der Besiegelung dicke blauweifse Fäden. (Diekamp.)
4306	1234 Febr. 12.	Hannover.	Offener Brief; das ganze Datum und darin wieder die Indictionsziffer nachgetragen. — Siegel an unter der vierten Zeile durchgezogenem Pergamentstreifen.
4307	1234 Febr. 13.	Bremen.	Das Datum ist nicht in einem Zuge mit der Urkunde geschrieben. — Siegel an Pergamentstreifen.
4310	1234 Febr. 15.	Solothurn.	Datum unregelmäfsig. — Siegel an rothen Seidenfäden.
4314	1234 (März)	Luzern, G.-A.	Chrismon und Invocation in litt. longg.; die Form des Actums scheint dem der transsumirten Urkunde nachgebildet; es war noch Raum für das Tagesdatum. — Siegel von bunten Seidenfäden ab.
4315	1234 März 23.	Luzern, G.-A.	Abschrift des 14. Jahdts. ohne Besiegelung, aber in Urkundenform.
4318	1234 Mai 10.	Karlsruhe, G.-A.	Der Anfang feiner, dann flüchtiger; im Datum die Tagesangabe und wohl auch der Ortsnamen nachgetragen. — Von dem vom Pergamentstreifen abgefallenen Siegel liegen grofse Bruchstücke bei. — Schreiber von 3988.
4319	1234 Mai 11.	Goslar.	Mandat; das Datum auseinandergezogen; es scheint aufser Dat. alles nachgetragen. — Siegel an Pergamentstreifen. — Schreiber von 3988.
4323	1234 Juni 4.	Zürich, St.-A.	Offener Brief; das Datum unregelmäfsig; der Ortsnamen und II non. scheint nachgetragen. — An dem unter der vierten Textzeile durchgehenden Siegelriemen ein Rest des Siegels. — Schreiber wie in 4324, 30, 31, 37, Winkelmann Acta II, 71, 4350, 51, 63, 64, 66, 82. Vergl. Tafel XII.
4324	1234 Juni 4.	Zürich, St.-A.	Offener Brief; das Datum unregelmäfsig geschrieben. — Der jetzt verschwundene Pergamentstreifen ging unter der dritten Textzeile durch. — Schreiber von 4323.
4325	1234 Juni 15.	Stuttgart.	Das Datum unregelmäfsig. — Das Siegel an rothgelben Seidenfäden.
4330	1234 Juli 2.	Magdeburg.	Die letzten Zeilen vor der Datirung rücken näher zusammen, während das Actum in den beiden letzten Zeilen auseinandergezogen ist; darin scheinen Nachtragungen bemerkbar. — Siegel von grünrothseidenen Fäden abgerissen. — Schreiber von 4323.
4331	1234 Juli 3.	Goslar.	Mandatähnlich; die Zeugen und das Actum scheinen nachgetragen und dann wieder später das Datum. Ursprünglich war ein breiter Bug gekniffen, dann aber die Zeugen darüber geschrieben. — Siegel ab, der Siegelriemen ist von der Urkunde selbst genommen. — Schreiber von 4323.
4333	1234 Juli 5.	Goslar.	Privilegium; Chrismon; Invocation und Titel in litt. longg.; ebenso die Signumzeile; keine Recognition. Im Actum kann tercio Nonas Julii, im Datum ist Aldenburch nachgetragen. Signum wie in 4040. — Siegel an langen rothgelben Seidenfäden, mit denen wahrscheinlich das Diplom zugebunden war.
4334	nach 1234 Juli	Goslar.	Urkundliche Aufzeichnung ohne Datirung, für welche auch kein Platz war; unklare Siegelankündigung. — Das Siegel mit der grofsen Inschrift im Felde (vergl. 4205 I und 4217) an rothseidener verflochtener Kordel.
4335	1234 Juli 10.	Dresden, 319.	Grofses Privilegium; Chrismon; Invocation, Titel und Signumzeile in litt. longg.; im Actum scheint Sexto Idus Junii, im Datum Altenburc nachgetragen. Signum wie in 4040. — Siegel an rothen Seidenfäden.

4337	1234 Juli 12.	Weimar, G.-A.	Der Namen (Sci Georgii Nuemburg — am Ende der ersten Zeile) auf Rasur; in dem sehr auseinander gezogenen Datum scheint apud Aldenburg und Idus Julii, aber nicht quarto nachgetragen. — Das Siegel an flüssigen dicken rothen Seidenschnüren. — Schreiber von 4323.
4339	1234 Juli 14.	Karlsruhe, G.-A.	In der Urkunde mehrfach Rasuren und Correcturen mit dunklerer Dinte; das Datum weit auseinander gezogen; darin scheint apud Egram II. Idus Julii nachgetragen. — Siegel an rothseidenen geflochtenen Fäden, mit denen es zugebunden war.
4341	1234 August 15.	München, R.-A.	Das ganze Actum unregelmäfsig geschrieben. — Von der Besiegelung Pergamentstreifen. — Schreiber von 3888.
4342	1234 August 16.	Bern.	Siegel an rothgelbseidener Schnur. (Berger.)
4343	1234 August 21.	Dresden, 320.	Invocation und Titel in litt. longg.; das Actum von der Jahreszahl an unregelmäfsig geschrieben; im Datum: apud — prenotatis nachträglich eingefügt. Der vordere Theil des Buges ist abgeschnitten, da aber im hinteren Siegellöcher nicht bemerkbar sind, scheint das Stück nie besiegelt gewesen zu sein.
4346	1234 August 30.	München, R.-A.	Das verzierte Anfangs-H in dafür gelassenen Raum eingetragen; das Datum ist unregelmäfsig. — Von der Besiegelung Seidenfäden.
4347	1234 August 30.	München, R.-A.	Privilegium; Chrismon; Invocation, Titel und Signumzeile in litt. longg.; differenzirtes Signum; das Datum unregelmäfsig. — Siegel an rothgelben Seidenfaden.
Nachtrag zu 8, 31.	1234 Septbr. 10.	Magdeburg.	Die letzten Zeilen rucken enger zusammen; das Datum ist nicht in einem Zuge geschrieben. — Siegel an rothgelbseidenen Fäden. — Schreiber von 4323.
4350	1234 Septbr. 11.	Darmstadt.	Im Datum der Ortsnamen und wohl auch die Tagesangabe nachgetragen. — Siegel an grünseidener Litze. — Schreiber von 4323.
4351	1234 Septbr. 11.	Berlin.	Das Actum auseinander gezogen. — Siegel an rothgelbseidenen Fäden. Tafel IX, 6. — Schreiber von 4323.
4355	1234 October 6.	Zürich, St.-A.	Nach Datum der Rest unregelmäfsiger. — Siegel an Pergamentstreifen. — Schreiber von 4002.
4356	1234 Novbr. 1.	Nürnberg.	Im Act. scheint apud Ezelingen und Kl. Novemb. nachgetragen. — Siegel von rothen Seidenfäden ab. Schreiber von 3888.
4361	1234 Novbr. 17.	Stuttgart.	Privilegienähnlich; Chrismon; Invocation in litt. longg. Das Datum auseinander gezogen; darin Nachtragungen. — Siegel in rothbrauner Maltha (?) an langen bunten Seidenfäden. — Schreiber von 4323.
4362	1234 Novbr. 18.	München, R.-A.	Titel und Namen des Bischofs in litt. longg.; im Datum wohl nur Herbipoli nachgetragen. — Siegel an bunten Seidenfäden.
4363	1234 Novbr. 21.	München, R.-A.	Privilegienähnlich; Invocation in litt. longg.; die Schrift wird gegen Ende kleiner und feiner; das Datum unregelmäfsig und auseinander gezogen; scheint nicht gefaltet, sondern gerollt aus der Kanzlei ausgegeben zu sein. — Von der Besiegelung bunte Seidenfäden.
4364	1234 Novbr. 23.	München, R.-A.	Grofse sehr ungleich geschriebene Ausfertigung in alterthümlicher Schrift. Die Datirung steht ganz unter dem Buge, war das Stück besiegelt, so war der Ortsname nicht lesbar. — Siegel mit der Befestigung verloren oder vielmehr zweifelhaft, ob je besiegelt gewesen.
4365	1234 Decbr. 21.	Speyer.	Auffallend grofses Privilegium; Chrismon; Invocation, Titel und Signumzeile in litt. longg.; dann in der ersten Zeile noch einige Worte in Minuskel; im Acta XII Kl. Jan., im Datum apud Spiram nachgetragen; indictione octava ist mit Verweisungsstrichen vor dem annus regni eingeschoben; im Signum eine zweite Diagonale radirt. — Siegel an rothgelb-grünen Seidenfäden. — Schreiber von 4323.
4366	1235 Januar 15.	Stuttgart.	Ein grofser Theil der Datirung nachgetragen. — An rothgelben seidenen (?) Fäden das Siegel. — Vom Schreiber von 4323.
4367	(1229 Jan. — 1231 Juni)	Luzern, St.-A.	In der letzten Zeile noch Raum für die Datirung. — Siegel mit der kleinen Inschrift im Felde an Pergamentstreifen.
4370	1235 Januar 30.	München, R.-A.	Im Datum der Ortsnamen nachgetragen, vielleicht auch tercio in der Tagesangabe. — Siegel an bunten Seidenfäden; scheint zugebunden gewesen. — Schreiber von 3888.
4371	1235 März 3.	München, R.-A.	Invocation; die Zeugenreihen enger geschrieben, daran in einem Zuge die Datirung angehängt; in derselben ist apd Noerenberc nachgetragen. — Siegel an bunten Seidenfäden. — Schreiber von 3888.
4374	1235 März 1.	Bern.	Siegel an rothgelben Seidenschnüren. (Berger.)
4377	1235 März 23.	Düsseldorf.	Im Datum Ortsnamen und Tagesbezeichnung nachgetragen, die Indictionsziffer hat sehr helle Dinte. — Siegel an rothgelben Seidenfäden. — Schreiber von 3888.
4378	1235 März 20.	Strafsburg, B.-A.	Von anno gre. an scheint die ganze Datirung nachgetragen. Von der Besiegelung bunte Seidenfäden.
4380	1235 April 1.	Osnabrück.	Im Datum scheint apud Oppenheim Kl. April. nachgetragen. — Von der Besiegelung rothgelbseidene Fäden. (Diekamp.)
4382	1235 Mai 10.	Frankfurt a M.	Invocation; in sich mit verschieden aussehender Schrift; das Datum sehr auseinander gezogen. — Siegel an rothgelben Seidenfäden. — Schreiber von 4323.

Konrad IV.

4384	1236 December	München, R.-A.	Im Datum Nuerinberc und vielleicht Decembr. nachgetragen; auf dem Buge bei den Siegellöchern Federproben und rechts die Namenssigle klein von anderer Hand als der Text. — Das Jerusalemitische Königssiegel an buntseidenen Fäden (vergl. Tafel X, 1).
4385	1236 December	München, R.-A.	Gleicher Schreiber und gleiche Nachtragungen wie in 4384. — Von der Besiegelung bunte Seidenfäden.

4388	1237 December	München, R.-A.	Im Actum kaum Nachtragungen zu erkennen. — Rest des deutschen Königssiegels an Pergamentstreifen.
4395	1239 Januar 1.	München, R.-A.	Das Datum in mehreren Absätzen geschrieben. — Siegel an Pergamentstreifen ohne Model geformt.
4399	(1239 April)	Schaffhausen.	Einzelcopie aus der Grenzscheide des 13. und 14. Jahrh. Gröfser als die Briefe Konrads, doch im Formate entsprechend. — Das Datum M CC XIII Nono Mense April. Duodecime Ind. — Ohne irgend welche Andeutung einer Besiegelung.
4401	1239 Mai	München, R.-A.	Wie 4402; im Datum apd Horburc und vielleicht mense Maii nachgetragen. — Von der Besiegelung bunte Seidenfäden.
4402 I u. II	1239 Juni	München, R.-A.	In I wohl apud Egram und mense Junii im Datum nachgetragen, vielleicht auch in II. — An beiden die Siegel an grünen bez. rothen Seidenfäden.
4408	1240 Januar 6.	Frankfurt a M.	Offener Brief; im Datum Nachtragungen. — Ueber die Besiegelung vergl. die Abbildung: Kaiser-Urkunden in Abbildungen VI, 18a.
4410	1240 Januar 15.	Marburg.	Im Datum Nachtragungen (Zahl des Monatstags); die Jahreszahl im 15. Jahrhundert zugefügt. — Siegel von Pergamentstreifen ab.
4411	1240 Januar 15.	Marburg.	Von derselben Hand wie 4410; das Datum unregelmäfsig, wohl XV nachgetragen. — Siegel von Pergamentstreifen ab.
4419	1240 Februar	Colmar.	Das an rother Seidenschnur anhängende Siegel scheint nicht das Konrads zu sein. (Niemann.)
4423	1240 Juni	Stuttgart.	Die letzten Zeilen enger geschrieben; das Datum unregelmäfsig. — Von der Besiegelung buntseidene Fäden.
4424	1240 Juli 7.	Köln, St.-A.	Das Datum in eigener Zeile, darin wohl wieder apud Ulmam nachgetragen. — Siegel an rothseidenen Fäden.
4425	1240 Juli	Stuttgart.	Siegel an rothseidenen Fäden.
4427	1240 Juli 25.	München, R.-A.	Aelteste — aber zugleich auch einzige — deutsche Urkunde aus der Königlichen Kanzlei Konrads; facsimilirt „Kaiserurkunden in Abbildungen" VI 19b; das Datum von Houwetse an nachgetragen. — Siegel an rothen und blauen Seidenfäden.
4431	1240 Septr. 5.	Karlsruhe, G.-A.	Scheint von einem Salemer Schreiber gefertigt; das Datum ist nicht in einem Zuge geschrieben, wohl sämmtliche Zahlenangaben sind nachgetragen. — Siegel an bunten Seidenfäden.
4433	1240 November	München, R.-A.	Nicht von einem Kanzleischreiber gefertigt (der Notar Konrad Zeuge); Invocation und der Königsnamen in litt. longg.; im Datum Nachtragungen nicht zu unterscheiden. — Siegel an rothgelben gebleichten Seidenfäden.
4435	1241 März 6.	Stuttgart.	Offener Brief; Datum unregelmäfsig. — Siegel abgeblättert, auch der unter der dritten Zeile durchgezogen gewesene Pergamentriemen verloren.
4442	1241 October 6.	Karlsruhe, G. A.	In dem auseinander gezogenen Datum wohl Nachtragungen. — Siegel an rothseidenen Fäden.
4443 I 4443 II	1241 October	Stuttgart. München.	Beide mit Invocation, wohl von demselben Schreiber gefertigt; Actum unregelmäfsig. An I nur das Siegel des Abts von Salem erhalten; an II 1) das des Königs, 2) das des Abts in rother Maltha (?), 3) das des Notars in schwarzer Maltha (?): mandelförmig, der Notar schreibend; Umschrift † S. CVN . . . DE ULMA (NO)TA(RII) DOMINI REGIS.
4445	1241 Octobr. 11.	Zürich, Stdt.-A.	Offener Brief; Cunr.; die Schrift unregelmäfsig; das ganze Datum nachgetragen. — Siegel ab; Siegelriemen unter der 5. Zeile.
4447	(1241 November)	Köln, G.-A.	Fälschung aus dem Ende des Jahrhunderts (Tafel XI). — Von der Besiegelung rothseidene Fäden. Vergl. S. 45.
4450	1242 Februar	Mainz.	Nach Actum et Datum der Rest ganz unregelmäfsig geschrieben und wohl in mehreren Absätzen zugefügt. — Siegel mit Fäden ab.
4451	1242 März 1.	Trier.	Der Namen Cunr.; das Datum wohl nachgetragen. — Siegel an Pergamentstreifen.
4455	1242 April 6.	Marburg.	nre. celsitudinis auf Rasur; das Datum scheint später zugefügt. — Siegel an Pergamentstreifen.
4457 I, II	1242 Mai 1.	München, R.-A.	Zwei Ausfertigungen; in beiden Nachtragungen im Datum und Actum. — An der einen hängt das Siegel an rothgelben Seidenfäden, an der anderen an Pergamentstreifen.
4459	1242 Mai	Frankfurt a M.	Rasuren und Correcturen; das Monatsdatum auf einer Lücke zwischen Jahrzahl und Indiction. — Siegel an Pergamentstreifen. Tafel X. 3.
4461	1242 Mai 31.	Wolfenbüttel.	Geschlossener Brief; im Datum scheint Hagen. und ultimo Maij nachgetragen. — Spuren des aufgedrückten Siegels.
4471	1243 Febr. 11.	Wien.	Das Datum auseinander gezogen; Hagin. eingetragen. — Siegel an Pergamentstreifen.
4472	1243 Febr. 27.	Solothurn.	Geschlossener Brief; das Datum unregelmäfsig. — Spuren des Siegels auf der Rückseite. — Deutlich primo indict.
4473	1243 April	Dresden, 391.	Actum unregelmäfsig und theilweise auf Rasur. — Siegel an grünen Seidenfäden. — Auf der Rückseite, die etwas rauher ist, steht ebenfalls Cunr.
4477	1243 Novbr. 24.	München, R.-A.	Im Datum vielleicht Nachtragungen. — In der Mitte des Buges hängt an Pergamentstreifen das Königssiegel, dahinter das des Marquart mit Löwe und Fisch.
4487	1244 Januar 7.	? ?	Offener Brief. — Erkennbarer Siegelrest auf der Rückseite. Kindlinger Msc. 138, S. 148r.
4489	1244 Februar	Bern.	Siegel an Pergamentstreifen. (Berger.)

4490	1244 Septbr. 9.	Strafsburg, B.-A.	Von der Besiegelung weifs-blaue Kordel.
4492	1244 Decbr. 3.	Colmar.	Von der Besiegelung Rest einer rothgelben Seidenschnur. (Niemann.)
4494	1245 Febr. 20.	München, R.-A.	Kaum in der Kanzlei geschrieben; im Datum Unregelmäfsigkeiten. — Siegel an bunten Seidenfäden.
4501	1245 August 1.	Heidelberg.	Im Datum apud Taurinum und Primo Augusti Tercie nachgetragen. — Siegel mit Pergamentstreifen verloren.
4502	1245 Novbr. 30.	Düsseldorf.	Grofse Ausfertigung mit verzierter Initiale; im Dat. Nachtragungen. — Siegel mit den Fäden ausgerissen.
4504	1246 Marz 27.	München, R.-A.	Im Dat. Schafhuse XXVII Marcii nachgetragen. — Siegel an Pergamentstreifen.
4506	1246 Mai	Frankfurt a.M.	Das Datum unregelmäfsig. — Siegel an rothgelben Seidenfäden.
4512	1246 September	Wien.	Das ganze Dat. unregelmäfsig; apud Augustam wohl nachgetragen. — Siegel an rothen Seidenfäden.
4513	1246 September	München, R.-A.	Datum unregelmäfsig. — Siegel an rothen Seidenfäden.
4521	(1231 Mai 10.)	Stuttgart.	Falschung und nach Vergleichung mit anderen Weingartener Diplomen wohl erst 1260—70 geschrieben. — Rothseidene Siegelfäden, in dem daran gehängten Papiere Reste des dritten Siegels König Heinrichs (VII.).
4522	—	—	s. oben zwischen 4471 und 73 zu 1243 Februar 27.
4526	1250 Marz	München. R.-A.	Im Datum vielleicht Auguste, ob auch Martii nachgetragen? unten noch Platz (für Zeugen?). — Im Bug ein Pergamentstreifen.
4530	1251 Januar	München, R.-A.	Ausgeschriebener Königsnamen; die Anfänge der einzelnen Urkundentheile in Capitälchen; im Datum scheinen Nachtragungen zu sein. — Siegel an bunten Seidenfäden.
4531	1251 Januar 20.	München, R.-A.	Wohl das ganze Datum nachgetragen. — Siegel an Pergamentstreifen.
4532	1251 Januar 20.	München. R.-A.	Wohl das ganze Datum nachgetragen. — Siegel an Pergamentstreifen.
4533	1251 Februar	München, R.-A.	Im Datum apud Augustam und wohl auch Febr. nachgetragen. — Siegel an Pergamentstreifen.
4534	1251 Februar	Marburg.	Der Titel (nicht mehr heres regni Jer., sondern Jerusalem et Sicilie rex) füllt auseinander gezogen die erste Zeile; die letzte Zeile auseinander gezogen; ob Nachtragungen im Datum? — Siegel an Pergamentstreifen, mit welchen die Urkunde wohl zugebunden war. Tafel X, 2.
4541	1251 März 27.	Wiesbaden.	Siegel in malthaähnlichem Wachse an Pergamentstreifen; die Figur scheint schlanker, als auf früheren Siegeln, trotzdem möchte ich nicht annehmen, dafs ein neuer Stempel vorliegt (ebenso an 4548, 57, 58, 89, 91 u. S. 66). — Auch mir ist nur eine Ausfertigung dieses Stückes bekannt.
4542	1251 April	Stuttgart.	Wohl alle Einzelangaben des Datums nachgetragen. — Siegel an dicken rothweifsen gedrehten Seidenfäden.
4544	1251 April	München, St.-A.	Die Monatsbezeichnung nachgetragen, der Ortsnamen kaum. — Siegel an gelbseidenen Fäden; noch durch die Siegelfäden verschliefsbar.
4546	1251 Mai	Frankfurt a M.	Das Datum auseinander gezogen und unregelmäfsig geschrieben. — Siegel an Pergamentstreifen, mit welchen das Diplom wohl zugebunden war.
4547	1251 Mai	Stuttgart.	Ob der Ortsnamen im Datum nachgetragen? — Von der Besiegelung ein Rest des Pergamentstreifens.
4548	1251 Juli 24.	Wien.	Das Dat. nicht uno tenore geschrieben. — Siegel an Pergamentstreifen (vergl. die Notiz zu 4541).
4554	1251 August	München, R.-A.	Im Datum Nuirinbere und wohl auch Augusti nachgetragen. — Siegel an Pergamentstreifen.
4555	1251 August	Mühlhausen i. Th.	Dat. unregelmäfsig, menso Augusti nachgetragen; ob auch Nuirimbere und Nono? — Siegel an Pergamentstreifen.
4556	1251 August	Mühlhausen i. Th.	Im Dat. Nuirimbere und wohl auch Mense Augusti und None nachgetragen. — Siegel mit langem Pergamentstreifen, war wohl zugebunden.
4557	(1249 August)	Wien.	Das Datum halb unter dem Buge, darin Nachtragungen nicht zu erkennen. — Das Siegel durch Schnitte mit rothgelbseidenen Fäden eingeknotet (vergl. die Notiz zu 4541).
4558	(1249 August)	Wien.	Ganz wie 4557.
4560	1251 October	München, R.-A.	Im Datum vielleicht der Ortsnamen und der Monat nachgetragen. — Von der Besiegelung rothseidene Fäden.
4561	1251 October	München, St.-A.	Dat. Monaci und Menso Octobr. wohl nachgetragen. — Siegel an rothseidenen, verblafsten Fäden.
4589	1252 December	Wien.	In Schrift, Ausstattung und Besiegelung ganz ähnlich wie 4557, 58; im Dat. wohl apud Tranum und Decembr. nachgetragen.
4591	1253 Februar	Wien.	Von einem italienisch gebildeten Schreiber gefertigt. — Besiegelung, wie an 4557, 58.

Register.

Verzeichniss

der benutzten Archive und der in denselben mir bekannt gewordenen Originalurkunden der betr. Herrscher.

Zu den Namen der Archive, deren Urkunden ich nicht selbst einsah, habe ich ein Sternchen gesetzt.*)

—

Aachen, Stadtarchiv. B. F. 814, 3438.

Basel, Staatsarchiv. 947, 949.
Berlin, Geheimes Staatsarchiv. 797, 798, 857, 862, 1001, 1541, 3878, 3913, 3930, 3939, 4165, 4192, 4351.
*Bern, Staatsarchiv. 935, 1090, 1588, 2135, 3917, 3901, 4140, 4221, 4312, 4374, 4489.
Bremen, Staatsarchiv. 1027, 1792, 1942 I, 4273, 4307.

Coblenz, Staatsarchiv. 1111.
*Colmar, Bezirksarchiv. 787, 768, 1015, 1130, 1655, 1733, 2112, 4123, 4145, 4228, 4412, 4192.
Cremona, Stadtarchiv. 670, 689, 689 a, 965, 1041, 1131, 1470, 1477, 1581.

Darmstadt, Haus- und Staatsarchiv. 713, 909, 1635, 2153, 2168, 2402, 3486, 4228, 4350.
Dortmund, Stadtarchiv. 2102, 4253.
Dresden, Hauptstaatsarchiv. 732, 734, 780 I u. II, 878, 918, 1032, 1375, 1379, 1401 I u. II, 1063, 1988, 2173, 2174, 2394, 3465, 3166, 3880, 3901, 3910, 3930, 4079, 4302, 4335, 4313, 4173.
Düsseldorf, Staatsarchiv. 790, 820, 821, 823, 914, 1105, 1106, 1572, 1615, 2080, 2115, 2165, Winkelmann Acta II, 24 (2165 a), 3873, 3985, 8986, 3987, 3988, 4017, 4049, 4051, 4100, 4175, 4219, 4241, 4242, 4377, 4502.

Engelberg, Stiftsarchiv. 686, 4132, 4261, 4265.

Florenz, Staatsarchiv. 893, 1083, 1467, 1604, 1870, 3533, 3555.
Frankfurt a M., Stadtarchiv. 799, 1080, 3128, 4069, 4209, 4225, 4382, 4408, 4459, 4506, 4546.

Genua, Staatsarchiv. 3580.
Goslar, Stadtarchiv. 1025, 3898, 3970, 4074, 4296, 4319, 4331, 4333, 4351.
*Graz, Steiermärkisches Landesarchiv. 2205, 2209.

Halle a S., Stadtarchiv. 1973.
Hannover, Staatsarchiv. 1061, 1387, 1458, 1460, 1614, 1615 I u. II, 1616 I u. II, 1617, 1625, 1627, 1628, 1634, Winkelmann Acta II, 18, 1654, 1709, 1927, 2113, 3977, 4013, 4014, 4398.
Heidelberg, Universitätsbibliothek. 4189 II, 4501.

Imola, Capitelarchiv. 980, 1713, 3409.

Karlsruhe, Generallandesarchiv (G.-A.). 622, 623, 700, 701, 702, 710, 711, 725, 730, 737, 868, 871, 872, 894, 1047, 1050, 1136, 1068, 1083, 2114, 2250, 2259, 3510, 3353, 3883, 3864, 3893, 3903, 4140, 4163, 4168, 4215, 4239, 4288, 4316, 4309, 4431, 4442.
Karlsruhe, Hausarchiv (H.-A.). 2080.
Köln, Stadtarchiv (St.-A.). 855, 2161, 3294, 3960, 4189, 4124.
Köln, Gymnasialarchiv (G.-A.). 1107, 3377, 4447.
Königsberg, Staatsarchiv. 1598, 3479.

La Cava, Klosterarchiv. 1255, 1865, 2079.
*Lille. 4025.
Lucca, Capitelsarchiv (A. C.). 1671.
„ Staatsarchiv (St.-A.). 3426.
*Lübeck, Staatsarchiv. 1608 I u. II, 1636 I u. II, 1802, 1841.
Lüttich, Staatsarchiv. 812, 2161, 3861, 3879, 4142, 4181, 4185, 4221.
Luzern, Staatsarchiv (St.-A.). 4367.
„ Gatterers Apparat (G.-A.). 1976, 3870, 4314, 4315.

Magdeburg, Staatsarchiv. 1147, 1968, 2050, 3308, 4330, Winkelmann, Acta II, 71 (4349 a).
Mailand, Staatsarchiv. 870, 1618.
Mainz, Stadtbibliothek. 2183, 4150.
Marburg, Staatsarchiv. 770, 2049, 4107, 4410, 4411, 4455, 4534.
Mastricht, Staatsarchiv. 811, 1969, 2014, 3877.
Monte Cassino, Klosterarchiv. 864, 1269, 1452, 1478, 1529.
Mühlhausen in Thüringen, Stadtarchiv. 4555, 4556.
München, Allgemeines Reichsarchiv (R.-A.). 675, 690, 691, 694, 698, 709, 710, 730, 751 II, 789, 790, 791, 813, 831, 832, 849, 813, 856, 861, 863 I u. II, 869, 877, 890, 891, 903, 904, 906, 919, 940, 941, 942, 944, 951, 954, 959, 961, 1018, 1019, 1073, 1074, 1079, 1091, 1114, 1115, 1131, 1148, 1151, 1152, 1231, 1384, 1389, 1404, 1134, 1512, 1518, 1576, 1595, 1599, 1019, 1683, 1700, 1778, 1779, 1806, 1850, 1912, 1914, 1940, 1942 II u. III, 1965 (1971 I), 1971 II, 1975, 1990, 2065, 2069, 2070, 2071, 2094, 2111, 2116, 2117, 2118, 2151, 2177, 2181, 2187, 2221, 2233, 2235, 2239, 2240, 2241, 2246, 2252, 2273, 2274, 2277, 2299, 2387, 3119, 3296, 3305, 3306, 3356, 3708, 3850, 3866, 3881, 3885, 4035, 3899, 3911, 3912, 3919, 3921, 3931, 3146, 3974 I u. II, 3980, 3994 I u. II, 4022, 4028, 4056, 4066, 4070, 4078, 4081, 4082, 4083, 4109, 4110, 4161, 4170, 4183, 4195 I, II, III, 4206, 4214, 4220, 4230, 4237, 4255, 4267, 4268, 4341, 4340, 4317, 4362, 4363, 4364, 4370, 4371, 4384, 4385, 4398, 4305, 4401, 4402 I u. II, 4427, 4433, 4443 II.

*) Vergeblich fragte ich nach in den Archiven zu Aarau, Arnheim, Göttingen (Diplomatischer Apparat der Universitätsbibliothek), Grotta Ferrata, Haag, Imola (Stadtarchiv), Lucca (Bischöfliches Archiv), Mailand (Capitulum Ambrosianum), Mantua, Merseburg, Metz, Nimwegen, Oldenburg, Zerbst, weil dort keine Originale der betreffenden Herrscher bewahrt werden; in Verona waren die Urkunden der Ueberschwemmung halber nicht zugänglich, das Diplom im bischöflichen Archive zu Imola war nicht aufzufinden.

4437, 4477, 4494, 4504, 4513, 4526. 4530, 4531, 4532, 4533, 4544, 4554, 4580.

München, Staatsarchiv (St.-A.). 1462, 1998, 3818, 3894. 3921, 4158, 4544, 4581.

Munster, Staatsarchiv. 987 I u. II, 1009, 2103. 3895. 3902, 3937, 3958, 4097.

Naumburg, Stiftsarchiv. 4205 I u. II.

Neapel, Staatsarchiv. 552, 571, 577, 604, 609. 630, 667, 818, 897, 1208, 1291, 1316. 1420, 1543, 1750, 1761. 1887. 1890, 1891. 1989. 3323.

Nürnberg, Archiv des Germanischen Museums. 1978, 4073, 4675, 4356.

*Osnabrück, Domarchiv. 1925, 1926, 1979, 3979, 4243, 4303. 4380.

*Paderborn, Archiv des Generalvicariats (G.-A.). 3903.

* „ Stadtarchiv (St.-A.). 3925.

Palermo, Staatsarchiv (St.-A.). 562, 573, 585, 940, 974. 976, 3360.

Palermo, Domarchiv (D.-A.). 525, 541, 546, 548, 551, 583, 588, 640, 641, 647, 787, 788, 794, 2020, 3837.

*Palermo, Palastkapelle (C. P.). 1549.

*Paris, Nationalarchiv (A. N.). 1557, 1578, 2057, 2131. 2132, 2598, 3439, 3511, 3584, 3585. 4107.

*Paris, Nationalbibliothek (B. N.). 1475.

Parma, Stadtarchiv (A.-M.). 991.

„ Bibliothek (B.-R.). 1022, 1660.

Pisa. Staatsarchiv (St.-A.). 1009, 1217, 1368, 1656.

„ Archiv Roncioni (A.-R.). 587. 3443.

Rom, Vaticanisches Archiv (A.-V.). 1050, 1051, 1275, 2029, 3369, 3387, 3434.

Rom, Chigische Bibliothek (B.-C.) 924, 1017, 1064 I u. II, 1482.

Schaffhausen, Staatsarchiv. 4399.

*Schwerin. Geheimes und Hauptarchiv. 3909.

Siena. Staatsarchiv. 1288, 1463, 3411. 3418, 3454.

*Sigmaringen, Fürstliches Archiv. 3845.

Solothurn. Staatsarchiv. 4012, 4310, 4522.

Speyer, Stadtarchiv. 3498, 4189 I, 4291, 4365.

Strafsburg. Bezirksarchiv (B.-A.). 752, 800, 851, 2143, 2147, Winkelmann Acta I, 483, 3890, 3891. 3915, 3918, 4001, 4029. 4378. 4490.

Strafsburg. Stadtarchiv (St.-A.). 1052, 1821, 2142, 2145, 2185, 2263.

Stuttgart, Geheimes Haus- und Staatsarchiv. 751 I, 804 I u. II, 805. 806. 807. 808, 968. 1012. 1083 I, 1084 I u. II, 1085, 1086, 1126, 1483 I u. II. 1514. 1550. 1730, 1756, 1961, 2137. 2272, 3219, 3383, 3849, 3872, 3887, 3888. 3960. 4002. 4015, 4018, 4031, 4052. 4111. 4173, 4186. 4207, 4217. 4257. 4298, 4325. 4361. 4366. 4423, 4425. 4435, 4443 I. 4521, 4512. 4547.

Trier. Stadtbibliothek. 4461.

Turin, Staatsarchiv (St.-A.). 834, 1472, 1472 a, 1602. 2810, Winkelmann Acta II, 55 (3722 a).

Turin. Hausarchiv (A. C.). 3504. 3624, 3729, 3733. 3734 I u. II, 3735 I u. II. 3736, 3737, 3738, 3739 I u. II. 3740, 3741, 3743. 3781. 3782, 3818.

Turin, Königliche Bibliothek (B.-R.). 2327.

„ Erzbischöfliches Archiv (A.-A.). 979. 980.

Venedig, Staatsarchiv (St.-A.). 1006, 1381, 1591 I u. II, 1746. 1748. 1749. 1752, 1755. 1919, 3380. 3619.

*Venedig. Marcianische Bibliothek (B.-M.). 685.

Weimar, Ernestinisches Gesammt-Archiv (G.-A.). 3372. 4337.

„ Haus- und Staatsarchiv (St.-A.). 4292.

Wernigerode, Gräfliches Archiv. 1083 II.

Wien, Haus-, Hof- und Staatsarchiv (St.-A.). 671, 672. 678, 695, 699. 708. 717. 720, 874, 920, 958, 968, 1065, 1117, 1706, 1707, 1723, 1828, 1829. 1830, 1882, 1883. 1985, 2176, 2180, 2188. 2189, 2245, 2265, 2275. 2378. 2424. 2431. 3483. 3489, 3792. 3874. 3875, 3927, 3928. 3929, 4040. 4093, 4110, 4119, 4120, 4471. 4512. 4548. 4557, 4558. 4589, 4591.

*Wien, Archiv des Schottenklosters (Sch.-A.). 2219.

Wiesbaden, Staatsarchiv. 769. 779, 934 I u. II, 982. 1007, 2171. 3878, 4203, 4541.

Wolfenbüttel, Landeshauptarchiv. 829. 1028, 1029. 3906, 3998, 4072, 4188, 4461.

Worms. Stadtarchiv. 1109. 2107, 3374. 3875. 3400, 4202. 4245. 4247.

Zurich. Staatsarchiv (St.-A.). 932, 971, 1954. 1955, 2005, 3223, 3851, 3852, 3957. 4130. 4323. 4324. 4655.

Zürich, Stadtarchiv (Stdt.-A.). 4445.

Nachträge und Berichtigungen.

S. 10 Zur Königsunterschrift ist noch zuzufügen, dafs, obwohl nicht daran gezweifelt werden kann, dafs Friedrich des Schreibens kundig war, bis jetzt nirgendwo, geschweige denn in Urkunden von ihm selbst Geschriebenes bekannt geworden ist; auch von seinen Söhnen kenne ich keine Unterschrift; da glaubte ich denn, es sei nicht ohne Interesse, wenn ich auf Tafel XII die zweifellos eigenhändige Unterschrift Konradins in Facsimile beifügte. Sie zeigt unregelmäfsige, etwas eckige Züge, schliefst sich aber im Ductus ganz der Schreibweise der Notare seines Vaters und Grofsvaters an. Von der darunter (Tafel XII) stehenden Unterschrift des Kanzlers Walther ist wohl nur das Kreuz eigenhändig von ihm gezogen; die wahrscheinlich eigenhändige Recognition Konrads von Metz unter B. F. 904 (Kaiserurkunden in Abbildungen VI, 11) ist alterthümlich und ungelenk. Es sind dies die einzigen Fälle, in welchen mir von fürstlichen Personen eigenhändig geschriebene Unterfertigungen für den vorliegenden Zeitraum bekannt geworden sind. Ueber eigenhändige Unterschriften der Hofrichter und insbesondere des Petrus von Vinea vergl. S. 42 ff.

S. 30 Z. 33 l. 2153 st. 2167.

S. 60 letzte Z. l. S. 7 st. 71.

S. 61 ist die Angabe über den Gebrauch der Stempel in der Kanzlei Heinrichs (VII.) dahin zu berichtigen, dafs in derselben die Stempel für Wachssiegel und Goldbulle neben einander verwendet wurden. Die dort gemachte Bemerkung fufste darauf, dafs mir die Notiz über die Goldbulle an B. F. 4025 auf Irrthum zu beruhen schien, wie bei den andern von Huillard-Bréholles als mit Goldbulle versehen bezeichneten Diplomen (H. introduction C XIV. B. F. 4239 u. 4288); erst während des Druckes wandte ich mich nach Lille und erhielt den Abgufs der Goldbulle; vergl. S. 66 und den Lichtdruck auf dem Titelblatte.

Anhang.

Das grosse Privilegium Friedrichs II. für die geistlichen Fürsten von 1220, April 26. B. F. 1114.

Ich habe in den Kaiserurkunden in Abbildungen, in welchen das Münchener Exemplar des geschichtlich hochbedeutsamen Privilegs von 1220, April 26 (B. F. 1114). auf der 13. Tafel der 6. Lieferung in Facsimile gegeben ist, S. 111 dasselbe als gleichzeitige Fälschung bezeichnet und hinzugefügt: „Der Beweis, dafs das Stück „eine Fälschung ist, bedarf einer weiteren Auseinander„setzung, als der hier zugestandene Raum gestattet; es „sei nur hervorgehoben, dafs die hier wiedergegebene „Ausfertigung die einzig erhaltene ist, welche man in die „Form einer Originalausfertigung zu kleiden versucht „hat, auch wahrscheinlich die einzige Quelle für alle von „Pertz und den Monumenta Boica als selbständig da„neben existirend angeführten Ausfertigungen darstellt."

Es soll hier versucht werden, den Beweis dieser Behauptung anzutreten. Es ist bis jetzt keine weitere Ausfertigung dieses für alle geistlichen Fürsten so hoch wichtigen Privilegiums, von welchem Wilmans Westf. Urkundenbuch III, 71 mit Recht sagt, dafs es die Grundlage der Landeshoheit sei, bekannt geworden, während doch anzunehmen ist, dafs wenigstens die in der Urkunde selbst als Zeugen genannten, also auf dem Frankfurter Tage anwesend zu denkenden geistlichen Fürsten sich eine Ausfertigung verschafft hätten.[1] Nun hat sich aber weder in München, wo die Archive der Bischöfe von Mainz, Bamberg, Würzburg, Eichstädt, Freisingen, Regensburg, Augsburg, Passau, Worms und Speyer vereinigt sind, noch in Wien, wo die Salzburger, Brixener und Tridentiner Diplome vorliegen, noch in Basel, Strafsburg, Metz, Merseburg, Lüttich, Cambrai, Utrecht, Zeitz, Meifsen, noch in einem preufsischen Staatsarchive — enthaltend die Archive von Trier, Köln, Münster, Minden, Paderborn, Osnabrück, Bremen, Verden, Hildesheim, Magdeburg, Halberstadt — eine weitere Ausfertigung erhalten. Nun könnten ja durch unglücklichen Zufall die Originale verloren sein, es müfsten sich dann aber Abschriften in Copialbüchern oder Einzeltranssumten erhalten haben; und das scheint[2] ja denn auch nach den Quellenangaben über dem Pertzschen Drucke in den leges II, 235 und den Notizen Fickers zu der Regestennummer der Fall zu sein. Pertz unterscheidet im Wesentlichen zweierlei Tradition und trennt sie als Ausfertigungen für die Mainzer (A) und Kölner (B) Provinz. A_1 ist Gudenus Ausgabe „ut coniicere licet" aus dem Mainzer Archiv, A_2 die Schiltersche Ausgabe, A_3 Würdtwein aus dem Mainzer Transsumt von 1405 bez. 1234 (B. F. 2064), A_4 ist die Eichstädter Ausfertigung, von der ich hier ausgehe, A_5 der Druck Falkensteins nach einer Bestätigung der Mainzer Transsumirung von 1234 (A_3) durch König Rudolf von 1275; als A_6 könnte man die von Ficker citirte Ausfertigung für Bisanz (Neues Archiv 2. 282), als A_7 den Abdruck bei Grandidier hinzufügen.[3] So würden wir ungefähr die vermeintliche Mainzer Tradition zusammen haben. Ein einfaches Durchsehen dieser Citate genügt nun aber, um A_3 — A_5 auszusondern. A_1 der Druck bei Gudenus (Codex I, 469) ist deshalb höchst wahrscheinlich nicht aus einem Originale, weil Gudenus das gewöhnlich ausdrücklich angiebt (ex autographo), er ist vielmehr ebenfalls auf A_3 zurückzuführen, wie die Notiz am Ende über die Erneuerung dieses Privilegs 1233 (st. 1234) m. Nov. Ind. VIIII. Datum Fogae wahrscheinlich macht (vergl. unten). A_2 der Schiltersche Druck (Institutiones juris publici II, 110) ist schon nach der Bemerkung im commentarius S. 116 wahrscheinlich auf A_3 zurückzuführen. A_7 die Ausgabe von Grandidier Oeuvres hist. ined. III ist einer alten Abschrift, in welcher Friedrich 3 Privilegien zu Gunsten der Fürsten dem Bischofe Bertold von Strafsburg 1236 März bestätigt, entnommen (B. F. 2144); A_6 die Ausfertigung für Bisanz ist nach freundlicher Mittheilung

[1] Es ist jedoch hierauf nicht zu sehr Gewicht zu legen, denn von dem Privilegium, welches den Verzicht auf das Spolienrecht aussprach, von 1216, Mai 11—13, sind nur 3 Originale erhalten (856, 857 oder 858 und 861) und ein weiteres nach Facsimile bekannt (857 oder 858); von dem grofsen Fürstenprivilegium Heinrichs (VII.) von 1231 Mai (B. F. 4195) sind nur in München 3 Originalausfertigungen für Mainz, Augsburg und Würzburg erhalten; die Trierer Ausfertigung, welche Ficker citirt, ist im Original nicht bekannt geworden; ähnlich verhält es sich mit der Bestätigung dieses letzteren durch Friedrich vergl. Fickers Bemerkung zu No. 1965 (1965, 1971 und 1973); noch seltener sind die erhaltenen Originalausfertigungen von B. F. 1917 (mir bekannt nur 1927, 1978). Ich zweifle jedoch nicht, dafs in den Copialbüchern sich noch vielfach jetzt im Originale verlorene Ausfertigungen finden, wie denn Ficker schon eine grofse Zahl nachgewiesen hat; es war mir jedoch nicht möglich, diesen Fragen weiter nachzugehen.

[2] Ich sage absichtlich es scheint; es war mir selbstverständlich unmöglich, die sämmtlichen Copiare deutscher Bisthümer durchzusehen; aber die Copiare der Bisthümer, welche ich genau kenne, — Münster, Minden, Paderborn, Osnabrück und Köln — enthalten keine Abschriften. Die folgenden Auseinandersetzungen ergeben ebenso, dafs auch in Copiaren von Mainz, Worms und Besançon sich Abschriften einer jenen Stiftern insbesondere ertheilten Ausfertigung nicht erhalten haben. — [3] Die weiter von Ficker citirten Drucke bei Wolkern und Hontheim sind ohne selbständige Bedeutung; diese Autoren bemerken, dafs sie aus Falkenstein und Schilter ihren Text entnommen haben. Die Notizen über Drucke bei Goldast und Lünig, welche Huillard-Bréholles giebt, habe ich nicht verfolgen können, da mir die Citate falsch erschienen.

von A. Cartan in ein Vidimus Karls IV. vom 24. November 1356 am Ende verkürzt eingeschoben, Spuren einer „expédition originale“ kennt er nicht. Nach diesen Auseinandersetzungen bleibt von der Mainzer Tradition zunächst als scheinbar selbständig übrig A_1 die Eichstädter Ausfertigung, A_2 das Mainzer Transsumt sowie A_3 bei Grandidier als Strafsburger Bestätigung. A_1 und A_4 scheinen auf A_3 zurückzugehen. Wie steht es nun aber in Wirklichkeit mit diesen Traditionen? Sie stammen sämmtlich mittelbar oder unmittelbar aus A_1 dem Eichstädter Stück. Hat schon Pertz die Gleichheit der Lesarten veranlafst, gleichmäfsige Tradition anzunehmen, so ergiebt eine genaue Collation, dafs die Fehler erstens des Eichstädter Exemplars überall wiederkehren und zweitens, dafs die Stellen, in welchen schwer lesbare Abkürzungen sich finden, den Copisten Schwierigkeiten gemacht und sie gleichmäfsig zu falschen Lesarten gebracht haben. So fehlt zunächst in Zeile 8 (des Eichstädter Exemplars) solent, welches z. B. bei Gelenius steht, im Mainzer Transsumt, bei Falkenstein, Grandidier und Schilter, Guden corrigirt falsch monetas. Z. 9 steht offenbar statt advocatie advocati, das folgende Anfangs-e von eorundem hat das End-e verschlungen, ebenso druckt Würdtwein, Schilter, Grandidier und Falkenstein, Gudenus corrigirt advocatie. Z. 13 ist impetendi leicht als impetrandi zu verlesen; dafs der Druck in den Monum. Boica richtig impetendi liest, beweist wieder Gelenius und der Gegensatz gegen das impetere vorher; trotzdem lesen Würdtwein, Schilter, Grandidier, Guden und Falkenstein impetrandi. Das Z. 18 stehende und in den Monum. Boica richtig gedruckte post eam finitam ist ohne Berücksichtigung des Abkürzungszeichens über dem a und weil die beiden Worte sehr nahe beisammen stehen bei Würdtwein, Gudenus, Schilter und Falkenstein ganz unsinnig als posten finitam gedruckt. Grandidier hat das nicht sinnreichere preterea. Weitere Beweise für die unmittelbare oder mittelbare Ableitung der oben erwähnten Ueberlieferungsformen aus dem Eichstädter Exemplar würde eine genauere Prüfung der Zeugennamen ergeben, ganz besonders bemerkenswerth erscheint aber, dafs jenen allen wie der Eichstädter Urkunde die Signumzeile fehlt, eine grobe Nachlässigkeit, die sich allenfalls in einem vereinzelten Falle erklären läfst, aber für mehrere neben einander hergehende Ausfertigungen ganz und gar unwahrscheinlich ist.

Ich glaube derartige Uebereinstimmung läfst sich nur dadurch erklären, dafs alle jene Ueberlieferungen auf das Eichstädter Stück zurückgehen, für kritische Beurtheilung würde dann nur dieses zu berücksichtigen sein. Dabei erhebt sich jedoch die Schwierigkeit, dafs sowohl das Mainzer Transsumt A_2 wie die Strafsburger Ausfertigung bei Grandidier durch Friedrich selbst 1234 und 1236 vidimirt und bestätigt sein soll. Für das Mainzer Transsumt haben wir sogar in dem Druck bei Würdtwein die Beschreibung der echten Goldbulle. Leider ist diese Urkunde so wenig, wie die Strafsburger, in Urschrift erhalten. Ich zweifle nun einerseits nicht, dafs den Mainzer Officialatsrichtern, als sie 1405 die Privilegien transsumirten, eine mit der echten Kaisergoldbulle Friedrichs versehene Urkunde vorgelegt worden ist, aber was will das sagen? nichts ist leichter als eine echte Goldbulle zu öffnen und an ein anderes Stück anzuhängen. Da die Urschrift nicht vorliegt, beweist die Feststellung, dafs 1405 an einer Urkunde die Goldbulle Friedrichs II. gehangen hat, nichts für deren Echtheit;[1]) die Strafsburger Transsumirung ist nur ex veteri apographo tabularii episcopalis bekannt, was gar keinen Beweis für die Echtheit giebt. Die Daten konnten einfach aus dem Friedensschlufs mit Berthold von Strafsburg (B. F. 2143) herübergenommen werden. In dieser letzteren Urkunde werden viele Bestimmungen conform unserer Urkunde gegeben, aber es ist nicht auf dieselbe, sondern auf den bekannten Landfrieden von 1235 August (B. F. 2100) Bezug genommen. Ueberhaupt wird unten nachzuweisen sein, dafs eine Anerkennung des Stückes durch Friedrich selbst höchst unwahrscheinlich, ja fast unmöglich erscheint. Es ergiebt sich somit für die ganze von Pertz als Mainzer Tradition bezeichnete Ueberlieferungsform bezeichnete Gruppe von Abschriften, Drucken und Transsumten, dafs sie sämmtlich auf die Eichstädter Tradition zurückgehen; es wird somit von der Prüfung des Eichstädter Stückes, wie es uns vorliegt, abhängen, ob wir das Diplom in dieser Form der Ueberlieferung für echt anzusehen haben.[2])

Meine Behauptung, dieses Stück sei eine Fälschung, ist nun dahin genauer einzuschränken, dafs es ein nicht vollkommen zur Ausfertigung gelangtes Diplom ist. Diese Behauptung begründe ich darauf, dafs dieses inhaltlich so wichtige Document, sowohl des Chrismons als der Signumzeile — obwohl das Signum gezeichnet ist — entbehrt, während es beabsichtigt war, beide zuzufügen, wie der dafür gelassene Raum beweist. Kommen nun, wie oben gesagt, gerade in den Urkunden Friedrichs II. als König vielfache Unregelmäfsigkeiten vor, so ist dies doch eine etwas starke Unregelmäfsigkeit, besonders bei einem so wichtigen Stück, wie denn schon die Verzichtleistungen auf das Spolienrecht (B. F. 856 ff.) sorgfältiger ausgeführt sind. Weiter ist zu beachten die Unregelmäfsigkeit der Schrift (vergl. das Trininitatis in der Invocation), wie sie bei Privilegien dieser Wichtigkeit kaum zu erwarten ist, und hervorzuheben, dafs im Datum unter Maii früher Junii gestanden hatte. Versehen im Datum sind ja häufig; aber es ist doch wunderbar, dafs in einem auf den Ausgang April gestellten Stücke irrthümlich der Juni angegeben war, hätte statt dessen der Namen des laufenden Monats gestanden, so würde das nicht auffallen, aber an den Tagen, an welchen man nach den Kalenden des Juni rechnete, war der König zweifellos nicht mehr in Frankfurt, da wir ihn am 17. Mai (B. F. 1130 vergl. 1129 a) schon in Hagenau treffen. Wir kommen somit zu der Annahme, dafs die Urkunde ihrem Datum nicht ganz gleichzeitig, sondern etwas später geschrieben sein mufs. Diese Annahme gewinnt durch Vergleichung der folgenden Nummer (B. F. 1115) an Wahrscheinlichkeit. Auch in dieser für Regensburg ausgestellten Urkunde fehlt das Chrismon, aber das Anfangs-I, welches 1114 offenbar nachahmt, hat vorn einen Schnörkel, der den in unserem Stücke

---

[1]) Richtige Datirung und Zeugen waren leicht aus 2053 zu entnehmen, eine Goldbulle auch wohl unschwer zu beschaffen.

[2]) Ich denke mir den Stammbaum etwa folgendermafsen:

Eichstädter Exemplar

Mainzer Transsumt von 1234 (Würdtwein)

Grandidier, Gudenus, Falkenstein, Schilter, Besançoner Exemplar

Wölkern Hontheim

für das Chrismon freigelassenen Raum ausfüllt. Auch steht in 1115 an der Stelle, die in 1114 dafür frei gelassen ist, die Signumzeile. Die in unserem Diplome sich findenden Paragraphen stehen in 1115 vor Acta und Data. Auch die Minuskel des Regensburger Schreibers und die sonst in Urkunden Friedrichs II. verhältnifsmäfsig seltene Formel in perpetuum sind 1115 nachgeahmt. Das ganze Stück ist also eine nachträglich nach der Vorlage 1115 gemachte unvollständige Ausfertigung. Darüber, ob die Kanzlei dieselbe trotzdem genehmigt hat, was unwahrscheinlich, aber nicht unmöglich ist, müfste uns die Besiegelung Auskunft geben. Leider sind wir aber darüber vollkommen im Unklaren. Die Siegelformel lautet: fecimus — sigilli nostri munimine insigniri. Das deutet auf Besiegelung mit Wachssiegel. Die Monum. Boica geben an, dafs auf einer Copie aus dem vorigen Jahrhundert eine Goldbulle erwähnt ist. Ich habe in den Siegelfäden Wachsreste gefunden. Diese letzte Bemerkung würde zu einer Goldbulle der Kaiserzeit (s. S. 65) passen, die Goldbullen der deutschen Königszeit mit ihren breiten Rändern waren aber meines Wissens nicht mit Wachs ausgegossen. Ich möchte jedoch auf die betr. Notiz über die Goldbulle nicht viel Gewicht legen, da ich mehrere Fälle kenne, wo irrthümlich, sei es absichtlich oder nicht, derartige Angaben in späteren Ueberlieferungsformen sich finden. Und selbst, wenn die Notiz richtig sein sollte, so bürgt sie nicht für Anerkennung des Stückes durch die Kanzlei, weil die Goldbulle zu leicht von einem Stücke auf das andere übertragen werden konnte.

Nimmt man diese ganzen Beobachtungen zusammen, so scheint mir, dafs die Unregelmäfsigkeiten sich bei unserem Diplom derartig häufen, dafs man das Diplom für verdächtig erklären mufs, wenn sie auch an sich nicht genügen, es für gänzlich unecht zu erklären. Die Entscheidung darüber, ob wir es nur mit einer auffallend nachlässigen Ausfertigung zu thun haben oder Fälschung feststellen müssen, kann nur eine eingehende Prüfung des Rechtsinhaltes bringen.

Bevor dies aber mit Erfolg geschehen kann, mufs die von Pertz als Kölnisch bezeichnete Tradition nachgeprüft und deren Verhältnifs zu der Eichstädter klar gelegt werden. Er erwähnt als B_1 den Druck in Gelenius' Vita Engelberti, als B_2 das Utrechter Chartular saec. XIV im Staatsarchive zu Hannover und B_3 den Druck bei Heda historia episcoporum Ultrajectensium. Die von Ficker l. c. weiter citirten Drucke von Schannat hist. Worm., Mieris und Hondam Charterboek nennen ausdrücklich Heda als Quelle; es wäre also noch der Druck in Schannat-Hartzheim Concilia Germaniae III 510 etwa als B_4 zu erwähnen, unter welchem ausdrücklich vermerkt ist, dafs er entnommen sei aus dem Kölner Domarchive: Ex archivio Metropolitanae Coloniensis Ecclesiae. Von der Utrechter Tradition bei Heda glaubte ich früher um so mehr, dafs sie sich auf das Eichstädter Exemplar zurückführen lasse und Fälschung sei, weil die dort abgebildete Goldbulle mir unbekannt war; ich kenne sie jetzt aus zwei Exemplaren (S. 65 F. II. 9) und zweifle nicht, dafs die Bulle an sich echt ist, obwohl die Zeichnung ungenau und zu grofs ist; dafs das unter B_2 citirte Utrechter Copiar in Hannover aus diesem selben Stücke geschöpft hat, braucht wohl nicht mehr erst bewiesen zu werden. Es fragt sich nun, wie es mit den beiden, wie es scheint wirklich Kölnischen Ueberlieferungsformen steht. Die älteste ist der Druck bei Gelenius. Er ist als Beweisdocument dem 9. Kapitel der Miracula des heiligen Engelbert, in welchem der cubicularius der Gräfin von Geldern erwähnt wird, beigefügt, ohne dafs in demselben die G r ä f i n oder gar ihr Kämmerer erwähnt wäre und dient als Anfang eines Excurses über die Grafen von Geldern. Die dann folgenden drei Urkunden Friedrichs II. haben allerdings unmittelbaren Bezug auf den G r a f e n von Geldern. Woher Gelenius diese Diplome entnommen hat, sagt er nicht. Es ist jedoch auf den ersten Blick klar, dafs die drei späteren Diplome weder aus dem Archive des Kölner Erzbischofs noch des Kölner Kapitels genommen sein können, sie müssen dem Archive der Grafen von Geldern oder wahrscheinlicher (vergl. oben S. 26) dem der Utrechter Kirche entstammen. Diese letztere Vermuthung bestätigt sich vollkommen, da alle drei zuerst durch Heda's historia episcoporum Ultrajectensium bekannt geworden sind; was liegt da näher, als anzunehmen, dafs auch unser Diplom derselben Quelle entstammt. Diese Hypothese erhält noch mehr Wahrscheinlichkeit dadurch, dafs die vier Urkunden bei Heda ebenso wie bei Gelenius einander unmittelbar folgen, freilich mit etwas geänderten Ueberschriften. Einen weiteren Beweis für die Richtigkeit dieser Behauptung bieten die weiter unten zu besprechenden gemeinsamen Fehler. Gelenius konnte jedoch diese Urkunden nicht in der Druckausgabe des Heda mit den Noten des Buchelius benutzen, da dieselbe erst 1643, die vita Engelberti schon 1633 erschien. Sie müfsten also der mir nur durch Mittheilung des Herrn Archivars Dr. Muller in Utrecht bekannten Ausgabe des Heda durch Furmerius (Franeker 1612) entnommen sein. Dieselbe ist jedoch nach Mullers Angabe „nie benutzt und wohl ganz selten und auch Gelenius unbekannt geblieben.[1]) Dagegen finden sich zahlreiche Handschriften dieser Chronik: Herr Dr. Muller hatte die Güte, einige derselben für mich zu vergleichen und da ergab sich denn, dafs die vier Urkunden auch in diesen in gleicher Reihenfolge stehen und weiter der von Gelenius S. 206 durch Punkte angedeutete Fehler, dem im Drucke eine einfache Auslassung entspricht, auch in jenen Msc. sich findet; an der Stelle hatte zweifellos contra gestanden, in denselben Msc. Msc. steht quem tenorem, in einem anderen findet sich per und nur in einem dritten richtig contra, dieses letztere „ist aber auf ein Chartular verglichen und nicht auf eine Heda-Handschrift". [2]) Dabei haben diese Manuscripte in unserem Diplome alle die Angabe der sicilianischen Regierungsjahre als XXIV, wie Gelenius, während der nach der Urschrift collationirte Druck bei Heda-Buchelius XXIII hat (wegen der Regierungsjahre in der Franeker Ausgabe vergleiche Anmerkung [1]). Ich halte es danach für im höchsten Grade wahrscheinlich, dafs auch die Tradition bei Gelenius auf die Utrechter Ausfertigung zurückgeht und zwar um so mehr deshalb, weil a r c h i v a l i s c h keine Spur einer Kölner Ausfertigung sich finden läfst, was doch bei der grofsen Wichtigkeit dieses Stückes und dem engen Anschlusse Engelberts an das Reichsoberhaupt sowie seiner

[1]) Wenigstens findet sich der dort in den Regierungsjahren Friedrichs vorliegende Druckfehler XIV statt XXIV (richtiger XXIII s. unten) nicht. — [2]) Die oben erwähnte Franeker Ausgabe hat hier quam.

Zeugenschaft in der Urkunde billig vorsichtig machen mufs. Und dennoch sagt Hartzheim nach seinem Abdrucke in Concilia Germaniae III 512 ausdrücklich: Ex archivio Metropolitanae Coloniensis ecclesiae. Die Zuverlässigkeit dieser Angabe wurde mir sofort zweifelhaft, als ich unmittelbar darunter las: Gelenius in vita S. Engelberti pag. 202 edita 1633. Liegt es nicht nahe, beim Mangel jeder archivalischer Ueberlieferung Kölner Provenienz anzunehmen, dafs Hartzheim diese Angabe, das Stück stamme aus dem Kölner Archiv, nur vermuthungsweise gegeben, da er ja wufste, dafs Gelenius das Kölner Archiv benutzt hatte, während er seinen Druck einfach aus der Vita Engelberti nahm? Eine Collation der Texte beweist die Vermuthung, hat doch Hartzheim die von ihm selbst durch Anmerkungen als anstöfsig bezeichneten Stellen [1]) einfach aus Gelenius übernommen und auch die Marginalinhaltsangaben der einzelnen Paragraphen zwar erweitert, aber in ihren Stichworten übernommen. Wir würden demnach für die Kölner richtiger Utrechter Tradition folgenden Stammbaum erhalten:

Heda

Gelenius Schaunat Mieris Bondam

Hartzheim

Wir haben es also für die kritische Beurtheilung hier nur mit der Utrechter Ausfertigung zu thun, deren Urschrift leider verloren scheint. Ich habe mir mit bereitwilligster Unterstützung des Herrn Dr. Muller in Utrecht die gröfste Mühe gegeben, etwas über ihren Verbleib zu erfahren, aber sie ist weder im Haag, noch in Paris, noch in Utrecht im Staatsarchive oder im Domcapitelarchive mehr nachzuweisen; so sind wir denn, um ein Bild ihrer äufseren Ausstattung zu gewinnen, wesentlich auf den Druck von Heda-Buchelius und die Copie im Staatsarchive Hannover (saec. XIV in Cop. XII, 90), über welche mir Herr Archivrath Janicke freundlichst genaue Auskunft gab, angewiesen. Auch in diesem Stücke scheint das Chrismon zu fehlen, wenn es nicht aus Unachtsamkeit der Copisten weggelassen wurde, dagegen steht die Signumzeile an ihrem Platze; das bei Heda gegebene Monogramm (S. 202) entspricht nicht dem sonst in jener Zeit gebräuchlichen, aber es kann durch Schuld des Abschreibers verdorben sein und selbst, wenn es in der Urschrift so gestanden hätte, würde darin kein Grund zu sehen sein, um das Stück zu verdächtigen; auch die Zeichnung der Goldbulle deutet auf echte Vorlage (S. Tafel IX, 9 a u. 9 b), aber es fehlen leider alle Angaben über die Art der Befestigung. So sind wir denn für die Prüfung dieser Ausfertigung noch mehr, wie für die Eichstädter auf die Untersuchung des Rechtsinhalts angewiesen.

Dabei ist es wohl gestattet, beide Ausfertigungen einheitlich zu behandeln. Schon aus dem Pertz'schen Drucke ist zu ersehen, dafs die Zahl der Varianten zwar grofs, aber verhältnifsmäfsig für den Sinn wenig bedeutend ist. Das Utrechter Diplom enthält einen Passus mit einer Strafandrohung mehr, die Zeugen sind anders gruppirt und es fehlt unter ihnen der Bischof von Havelberg. Dagegen sind einige Fehler, besonders in der Datirung die 9. Indiction (die zu gleicher Zeit Monate vorher und nachher gefertigten Diplome 1090—1136 haben mit Ausnahme von 1115 — s. oben — alle die richtige 8. Indiction) und das 23. sicilianische Regierungsjahr, sowie der oben bemerkte Fehler advocati eorundem statt advocatie eorundem beiden gemeinsam. Wir haben es daher wohl mit geringen Abänderungen desselben Conceptes zu thun und können die Prüfung des Rechtsinhalts für beide Ueberlieferungsformen gleichmäfsig vornehmen.

[1]) Darunter auch die schon oben und weiter unten noch genauer zu besprechenden falschen Zahlenangaben in der Datirung.

Fafst man nun das Diplom als Ganzes ins Auge, so wird auffallen, wie zusammenhangslos die einzelnen Bestimmungen an einander gereiht sind. Ich möchte daraus jedoch keinen Beweis gegen die Echtheit des Stückes entnehmen, da die gleichzeitigen Gesetze, seien es nun Reichsgesetze, Stadtrechte oder Hofrechte ähnlich aussehen. Es hängt das mit ihrer Entstehung zusammen. Wir haben uns zu denken, dafs in einer Versammlung der Betheiligten der eine diese, der andere jene Bestimmung des Gewohnheitsrechts, die ihm der schriftlichen Festhaltung werth schien, vorbrachte; eine einheitliche Ueberarbeitung dieser Aufstellungen hat dann selten stattgefunden. Bei manchen Aufzeichnungen derart können wir durch Dinten- und Schriftunterschiede noch diesen Hergang genau verfolgen.[1]) Freilich sind die Bestimmungen unsers Diploms besonders zusammenhangslos aneinandergereiht.

Dagegen ist für die Beurtheilung der Echtheit die Beantwortung der Frage besonders wichtig, ob das Diplom in bald nachher vorkommenden Urkunden, welche ähnliche Rechte verleihen oder auch nur eine einzelne Bestimmung desselben auf einen Einzelfall zur Anwendung bringen, erwähnt wird.[2]) Das ist nun meines Wissens aufser in den beiden angezweifelten Bestätigungen des Stückes für Mainz und Strafsburg (B. F. 2061 u. 2141) nicht der Fall. Die erste officielle Einführung unseres Stückes in die Reichsgesetzgebung unter unzweifelhafter Beglaubigung ist die Transsumirung durch König Rudolf von 1275 März 13 (Leges II, 402. Böhmer 160) für Mainz. Im 14. Jahrhundert galt es dann als unbezweifeltes Reichsgesetz, wie die Transsumirung durch Karl IV. für Besançon beweist (s. oben). Dagegen wird es in Urkunden, in denen man unbedingt eine Erwähnung erwarten müfste, nicht genannt. So in den bei Heda gleich dahinter abgedruckten Urkunden Friedrichs zum Schutze des Bisthums Utrecht gegen die unrechtmäfsigen Zölle des Grafen von Geldern (B. F. 1118, 1131, 1432).[3]) auch nicht in der Urkunde von demselben Tage zum

[1]) Zum Beispiel bei dem ältesten Stadtrecht von Hamm (Mark) Erhard Codex dipl. Westfaliae II 224. — [2]) Wenn es auch häufig vorkommt, dafs derartige Citate, wo man sie erwarten sollte, sich nicht finden, so ist das doch nicht die Regel. — Die entsprechenden chronikalischen Quellen: Reinerus Leodiensis (Monumm. Germ. XVI, 678) und die Continuatio der chronica regia (ed. Waitz 1880) wissen nichts von diesem den geistlichen Fürsten verliehenen Privilegium zu melden. Reiner sagt: In hac curia leges sunt renovate et iura et thelonea indebita deposita, das Chronicum regium: Circa festum sancti Georgii martyris curiam celebravit apud Frankenvort Fridericus rex 14 diebus ubi pluribus adunatis principibus multa de statu et utilitate regni tractata sunt; iniusta thelonia, iniuste monete, bella civilia sine de consensu et consilio regis et principum omnesque iniusticie sub iudicio et pena vite a rege et principibus interdicto sunt, was den übrigen zahlreichen Beurkundigungen des Tages entspricht, aber sich kaum auf unser Diplom beziehen läfst. — [3]) Auch die Schiedsbriefe des Kardinals Konrad von Porto (Sloet Oorkondenboek van Gelre I S. 400 ff.) gedenken unserer Urkunde nicht.

Schutze der bischöflichen Münze in Regensburg (B. F. 1115). Ferner in keinem der Reichsgesetze Heinrichs (VII.) (B. F. 4191, 4195) oder Friedrichs (B. F. 1917, 1965 u. 2100), die doch so vielfach ähnliche Bestimmungen enthalten. Vor allem aber ist die Thatsache hervorzuheben, daſs die Päpste nie auf dieses Stück zurückgreifen, wenn sie Friedrich seine Vergehen gegen die Curie vorhalten, während doch Böhmer schon es als den Anfang der zweizungigen Politik Friedrichs deshalb brandmarkt, weil er dieses Privilegium den geistlichen Fürsten für die Wahl seines Sohnes zugestanden, dann aber dem Papste geschrieben habe, die Wahl sei ohne sein Vorwissen geschehen. Sollten die Päpste, wenn sie von dem Privilegium Kenntniſs hatten, diesen Vorwurf sich haben entgehen lassen, ich glaube kaum. Wie hätte ihnen aber ein so wichtiges Privilegium unbekannt bleiben können?

Wie steht es nun aber mit den Einzelbestimmungen, entsprechen sie der staatsrechtlichen Stellung, welche jener Zeit die geistlichen Fürsten im Reiche einnahmen? Zum Theil offenbar. Auf das Spolienrecht hatte Friedrich schon 4 Jahre vorher verzichtet (B. F. 857 ff.), den Schutz der Münzstätten schon mehrfach ausgesprochen, die Bestimmungen gegen die Pfahlbürger wiederholen sich in den späteren Privilegien für die Fürsten (B. F. 4195 u. 1965), auch die Bestimmungen zum Schutze gegen die Uebergriffe der Vögte entsprechen der Zeit. Dagegen scheinen mir die Anordnungen wegen der Lehen und vor allem über die bürgerlich rechtlichen Folgen der Excommunicirung in keiner Weise der Zeit zu entsprechen. Es ist doch nicht Rechtens gewesen, daſs der Kaiser ohne weiteres den Ausspruch eines Lehnshofes ausführt (tuebimur): vielmehr pflegten Streitigkeiten der Lehnsherren mit ihren Vasallen, wenn sie bis vor den Kaiser kamen, noch einmal vor einem Gerichte von Reichsministerialen verhandelt zu werden. Noch unmittelbarer aber gegen jede Gewohnheit des damaligen Reichsrechts ist die Bestimmung darüber, daſs Excommunicirte im weltlichen Gerichte nur passives Recht haben und wenn sie 6 Wochen in der Excommunication verharren, ohne weiteres mit der Acht belegt werden sollen. In den späteren Privilegien, besonders dem groſsen Landfrieden von 1235 (2100), steht nichts über solche Folgen der Excommunication, nur die geistlichen Gerichte werden geschützt. Eine ähnliche Bestimmung finde ich zum ersten Male in der Urkunde Konrads IV. für den Bischof von Brixen von 1240 Mai (B. F. 4417), jedoch ohne Bezugnahme auf unsere Urkunde. Auch heiſst es dort nur, daſs dem Excommunicirten die Lehen abgesprochen werden könnten und er auf Betreiben des Klägers in die Acht gethan werden solle. Leider ist es mir unmöglich gewesen, die Urschrift dieser wichtigen Rechtssatzung nachzuprüfen, die Herausgeber des 30. Bandes der Monum. Boica haben sie noch gekannt, jetzt ist sie weder in München, noch in Wien. So habe ich auch nicht feststellen können, ob das Sigillum fractum wirklich das echte Siegel Konrads IV. ist. Die Rechtsbücher sagen, wo sie sich mit der Stellung der Excommunicirten in ihren bürgerlich rechtlichen Beziehungen beschäftigen, der Sachsenspiegel: Der Bann schadet keinem am Landrecht noch Lehnrecht, auſser wenn die Acht nachfolgt.[1]) Dagegen sagt der Schwabenspiegel,[2]) unserem Diplome einigermaſsen entsprechend, wer 6 Wochen und einen Tag im Banne ist, den soll der weltliche Richter in die Acht thun. Daraus ergiebt sich, daſs in den ersten 3 Jahrzehnten des Jahrhunderts die Folgen des Bannes nicht nach Maſsgabe des in unserm Diplome gegebenen Grundsatzes angesehen wurden (Sachsenspiegel verfaſst zwischen 1224 u. 1235), während im letzten Viertel des Jahrhunderts die in unserer Urkunde ausgesprochenen Satzungen reichsrechtlich Geltung hatten (Schwabenspiegel verfaſst etwa 1275). Dieses scheint nun genau mit der oben gemachten Beobachtung, daſs erst Rudolf von Habsburg unser Diplom durch eine unzweifelhaft echte Urkunde beglaubigt hat (Leges II. 401) zu stimmen, aber der König nimmt gerade das Statut über die Excommunicirten besonders von der Bestätigung aus.

Sehr auffallend erscheint weiter, daſs das ausdrücklich citirte Gesetz Friedrichs I. über das Schweigen der niederen Gerichtsbarkeit vor der höheren bei Hoftagen bis jetzt noch von Niemanden nachgewiesen ist.

Aus der Gesammtheit dieser Auseinandersetzungen könnte man nun leicht geneigt sein, den Schluſs zu ziehen, das Diplom sei erst um 1270 ungefähr entstanden. Diesen Schluſs verbietet jedoch das Vorhandensein der Utrechter Ausfertigung. Es ist nicht wohl denkbar, daſs in jener Zeit sich der Utrechter Bischof eine eigene Ausfertigung nach einer Eichstädter Fälschung hätte machen lassen. Der Umstand vielmehr, daſs zwei Ausfertigungen für so entfernt von einander wohnende Bischöfe vorliegen, scheint mir vielmehr auf Entstehung des Stückes auf oder kurz nach dem Frankfurter Hoftage zu deuten. Dagegen spricht nicht, daſs das Diplom Rechtssatzungen enthält, die erst erheblich später ins Reichsrecht recipirt wurden. Denn nach derartigen Bevorrechtungen haben die geistlichen Fürsten offenbar schon 1220, ja z. Th. lange vorher gestrebt. Auch ist die Bestimmung darüber, daſs der König sich nicht in erledigte Kirchenlehen mit Gewalt eindrängen soll, nur für die ersten Jahrzehnte des Jahrhunderts noch passend; Rudolf von Habsburg hatte weder das Bestreben noch die Macht, dieses in weiterer Ausdehnung zu thun.[3]) Wie ist es nun aber zu erklären, daſs diese beiden Bischöfe sich fast gleichlautende Privilegien auf jenem Tage geschmiedet hätten? Die Lage der Kirchen beider war freilich schlecht genug. Die meisten Bestimmungen des Privilegs hätten gerade dem Utrechter Kirchenfürsten sehr genehm sein müssen bei seinen schweren Kämpfen mit dem Grafen von Geklern und seinen Vasallen.[4]) Beide müſsten etwa ein gemeinsames Concept benutzt haben. Ich denke mir als solches die Vorlagen, welche dem Könige auf dem Frankfurter Tage gemacht wurden und die Bedingungen, unter welchen die geistlichen Fürsten entweder alle oder nur jene bedrängtesten wie der Utrechter und Eichstädter sich zur Wahl Heinrichs (VII.) zum Könige verstehen wollten. Nun wäre es ja an sich nicht nur nicht unmöglich, ja nicht einmal unwahrscheinlich,

[1]) Landrecht III. 63 § 2 ed. Weiske[4]: Ban schadet der sêle und en nimt doch niemande den lîb noch en krenket niemanne an lantrechte noch an lênrechte, dâr en volge des kunges âchte nâh. — [2]) Landrecht I. § 6 S. 5 ed. Gengler[2]: Als ein man ist in dem banne sehs wochen und einen tac, so sol in der weltliche rihter ze âchte tuon. — [3]) Vergl. Ficker, Heerschild S. 43 ff., worauf er mich selbst freundlichst aufmerksam machte. — [4]) Vergl. Monum. Germ. Script. XXIII 410 ff. Hier wird das Privilegium auch nicht erwähnt.

dafs diesen Vorlagen schon von Anfang an beim Vortrage vor dem Könige die Gestalt eines Privilegiums gegeben wäre, um so die Ausfertigung zu vereinfachen und zu erleichtern; dagegen spricht jedoch die Ungleichmäfsigkeit der beiden Ausfertigungen, die nur ein gemeinsames schlecht geschriebenes Concept voraussetzen läfst, und weiter der Umstand, dafs das Eichstädter Exemplar unzweifelhaft in sehr genauer Nachbildung von B. F. 1115 gefertigt und, wie oben erwähnt, nach der Correctur im Datum wohl kaum vor dem Mai oder Juni des Jahres geschrieben ist. Ich komme daher zu dem Schlusse, dafs bald nach Beendigung des Hoftages die vom Könige nicht gebilligten Anforderungen der geistlichen Fürsten von zweien derselben, die ihrer am meisten bedurften, in Privilegienform gebracht wurden. Der Eichstädter Fälscher benutzte dazu die Regensburger Urkunde 1115 als Vorlage und entnahm ihr auch das Datum. Dafs die Zeugen auch dorther stammen, scheint mir fraglich. Warum sollten die weltlichen Zeugen, deren Zustimmung zu dem geistlichen Privilegium doch besonderen Werth hätte haben müssen, weggelassen sein, und weiter, welcher Grund lag vor, die Reihenfolge der Geistlichen umzuwerfen? Auch sind in 1114 die Bischöfe von Münster und Havelberg genannt, die in 1115 fehlen. Von ihnen war Theoderich von Münster nach Ausweis von B. F. 1102 u. 1109 in Frankfurt, über den Havelberger Bischof wissen wir nichts. Ich möchte annehmen, dafs die Zeugen aus den Unterschriften der betreffenden Eingabe genommen sind; diese Vermuthung würde auch das doppelte Auftreten des Bischofs Konrad von Metz als Recognoscent und Zeuge und das Fehlen weltlicher Zeugen erklären. Die unter der Utrechter Ausfertigung stehenden Zeugen können aus denselben Gründen nicht aus 1115, aber auch nicht aus dem noch in Utrecht im Originale vorliegenden B. F. 1102 genommen sein. Auch die dort veränderte Reihenfolge wäre am ersten bei Annahme eines ähnlichen Vorbildes mit Unterschriften in anderer Reihenfolge zu erklären. Diese letzten Auseinandersetzungen heben dann noch eine andere Schwierigkeit. Mit der einzigen genauen Angabe über den Zeitpunkt der Wahl König Heinrichs (VII.) in den Annales Erphordenses, welche den 1. Mai angeben, steht unser Diplom im Widerspruch; man hat die Annalen der Urkunde zu Liebe des Irrthums geziehen. Ich glaube mit Unrecht. Das Datum unseres Diploms, mag das Ganze nun unecht oder echt sein, ist einfach mit den Fehlern (falsche Indiction und falsches sicilianisches Regierungsjahr, die sonst bei den kurz vorher und nachher ausgefertigten Stücken richtig sind) aus 1115 übernommen, kann also auf keinen Fall beweisen, dafs Heinrich (VII.) am 26. April schon König war.

Wird man nun die vorliegenden Aufstellungen ganz oder theilweise als wahrscheinlich oder beweisend anerkennen — ich selbst weifs am besten, dafs dadurch, dafs das Siegel des Eichstädter Exemplars fehlt und die Utrechter Ausfertigung verloren scheint, nothwendig grofse Lücken in der Beweisführung sein müssen — so viel glaube ich doch, wird man zugeben müssen, dafs das Diplom, so wie es uns überliefert ist, weder inhaltlich, noch äußerlich die genügenden Kriterien der Echtheit an sich trägt, vielmehr zu sehr erheblichen Bedenken Veranlassung bietet. Es wird daher nicht mehr wie früher als durchaus mafsgebend für die Beurtheilung von Friedrichs Stellung zu den geistlichen Fürsten vor dem Römerzuge dienen dürfen und es wird Friedrich aus der Einleitung desselben heraus nicht mehr der Vorwurf zweizüngiger Politik gemacht werden dürfen. Dafs dadurch die Bedeutung des Stückes als historische Quelle nicht aufgehoben, sondern nur verschoben wird, ist einleuchtend. Ich entnehme daraus, dafs die geistlichen Fürsten schon in den 20er Jahren des 13. Jahrhunderts nach der reichsrechtlichen Stellung strebten, die ihnen erst später allmählig bis zum Ende des Jahrhunderts gesetzlich zugestanden wurde. Friedrich hat diese Entwicklung aber nicht gefördert, sondern gehemmt. Ein weiteres Resultat scheint mir zu sein, dafs er nicht, wie man bis jetzt auf Grund dieser Urkunde annahm, sich wesentlich auf die geistlichen Fürsten stützte, die weltlichen vernachlässigte. Nur in Betreff der Bischofsstädte (B. F. 1917) urkundet er für die geistlichen Fürsten alleine; das andere grofse Fürstenprivilegium (B. F. 1965) ist ebenso wie der Landfriede von 1235 (2100) für geistliche und weltliche gleichmäfsig bestimmt. Dagegen sind offenbar die Rechtssatzungen unseres Diploms von Rudolf von Habsburg[1]) anerkannt und seit den letzten Jahrzehnten des 13. Jahrhunderts in das geltende Reichsrecht aufgenommen worden.

[1]) Jedoch, wie oben bemerkt, mit Ausnahme des Paragraphen über die bürgerlich rechtliche Wirkung der Excommunication.

Zu den Tafeln.

I. Sicilianische Privilegienausfertigung.

II. Grofses Privilegium aus der Kaiserzeit.

III. Mandat aus der Kaiserzeit mit der Gegenzeichnung des Philippus.

IV. Geschlossener Brief.

V. Offener Brief.

VI. 1 u. 2 Sicilianisches Königssiegel, 3 Electensiegel, 4 erstes deutsches Königssiegel, 5 a u. 5 b sicilianische Goldbulle, 6 a u. 6 b erste deutsche Königsgoldbulle Friedrichs II.; 7 Siegel der Kaiserin Konstanze, Mutter Friedrichs II.

VII. 1, 2 u. 3 zweites deutsches Königssiegel Friedrichs II. (No. 3 ist nicht von B. F. 843, sondern von 811); 4 Siegel des Kanzlers Konrad, Bischofs von Metz; 5 a u. 5 b Goldbulle Königs Friedrichs II. von Sicilien.

VIII. 1, 2 u. 4 Kaisersiegel Friedrich II. für das Kaiserreich; 3 Kaisersiegel für das Königreich; 5 u. 6 Kaisergoldbulle für das Kaiserreich; 7 a u. 7 b Kaisergoldbulle für das Königreich.

IX. 1 Herzogssiegel Heinrichs (VII.); 2—6 Königssiegel Heinrichs (VII.); 7 Ringsiegel des Notars Marquart; 8 erste deutsche Königsgoldbulle Friedrichs II.; 9 a u. 9 b zweite deutsche Königsgoldbulle Friedrichs II.

X. 1 Jerusalemer Königssiegel Konrads IV.; 2, 3 deutsches Königssiegel Konrads IV.; 5 Siegel Konradins; 6 Siegel Manfreds.

XI. Die Fälschung für H. von Calkum. Vergl. S. 45.

XII. Unterschrift Konradins und des Kanzlers Walter von Palearia; mit den Siegeln geschlossene Urkunden; Schriftproben der hervorragendsten Notare Friedrichs aus der deutschen Königszeit und der hervorragendsten Notare Heinrichs (VII.).

Druck der Coppenrath'schen Buchdruckerei in Münster.
Lichtdrucke aus dem Atelier von F. Bachmann in Karlsruhe (Tafel I) und F. Hundt in Münster (Tafel II–XII und Titelblatt).

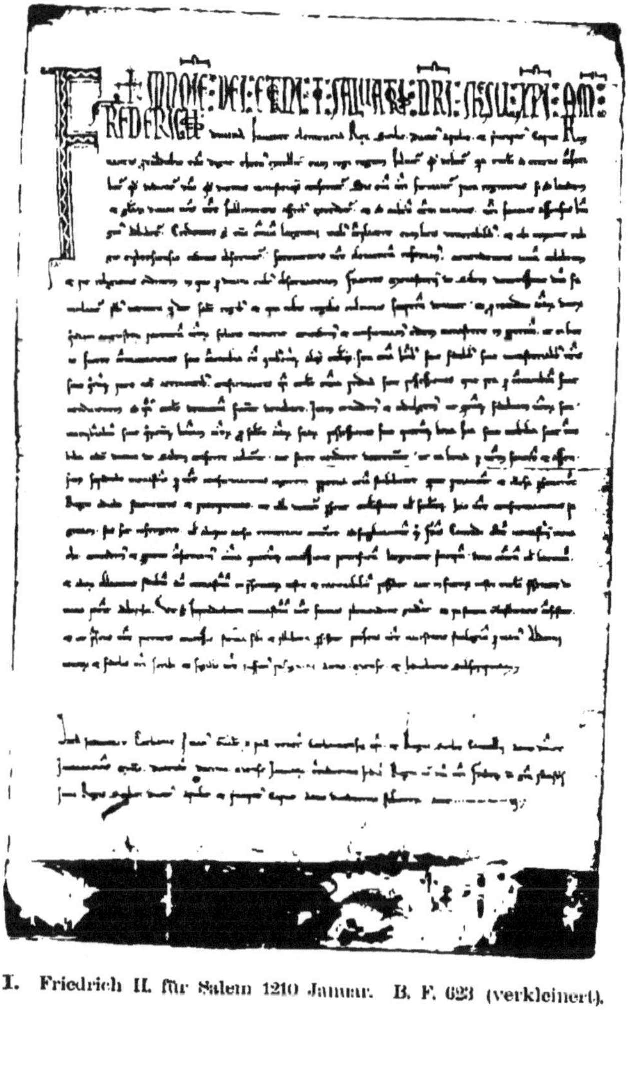

I. Friedrich II. für Salem 1210 Januar. B. F. 623 (verkleinert).

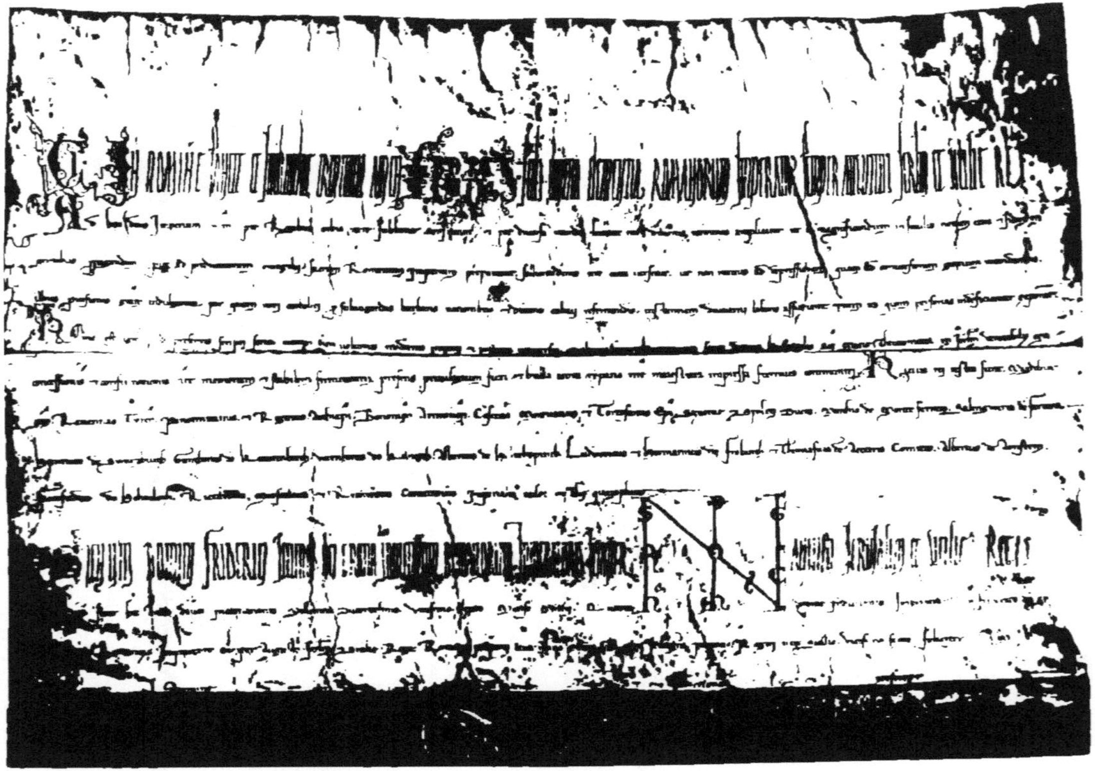

11. Friedrich II. für den Deutschorden 1226 März. B. F. 1598 (verkleinert).

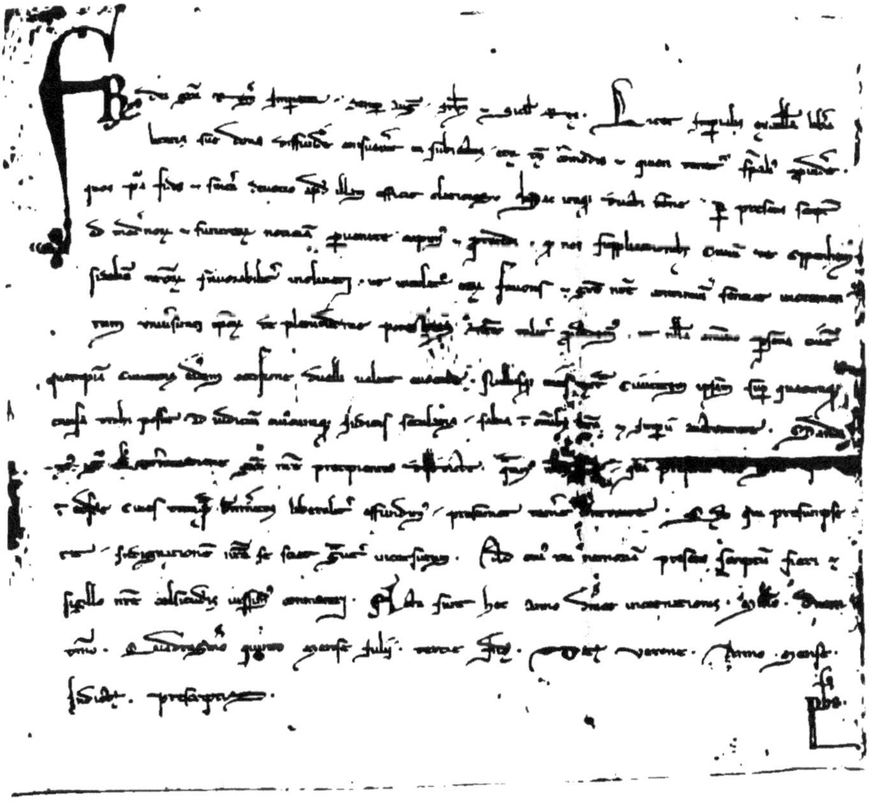

III. Friedrich II. für Oppenheim 1215 Juli. B. F. 3486.

IV. Friedrich II. für Goslar 1227 September 7. B. F. 1709.

V. Heinrich (VII.) für Hildesheim 1234 Februar 12. B. F. 4306.

VI. Siegel Friedrichs II., 1, 2, 3, 7, 8; der Kaiserin Constanze.

VII. Siegel Friedrichs II., 4; des Kanzlers Konrad; Friedrichs II. von Sicilien.

VIII. Siegel Friedrichs II., 5a, 5b, 6, 10, 11.

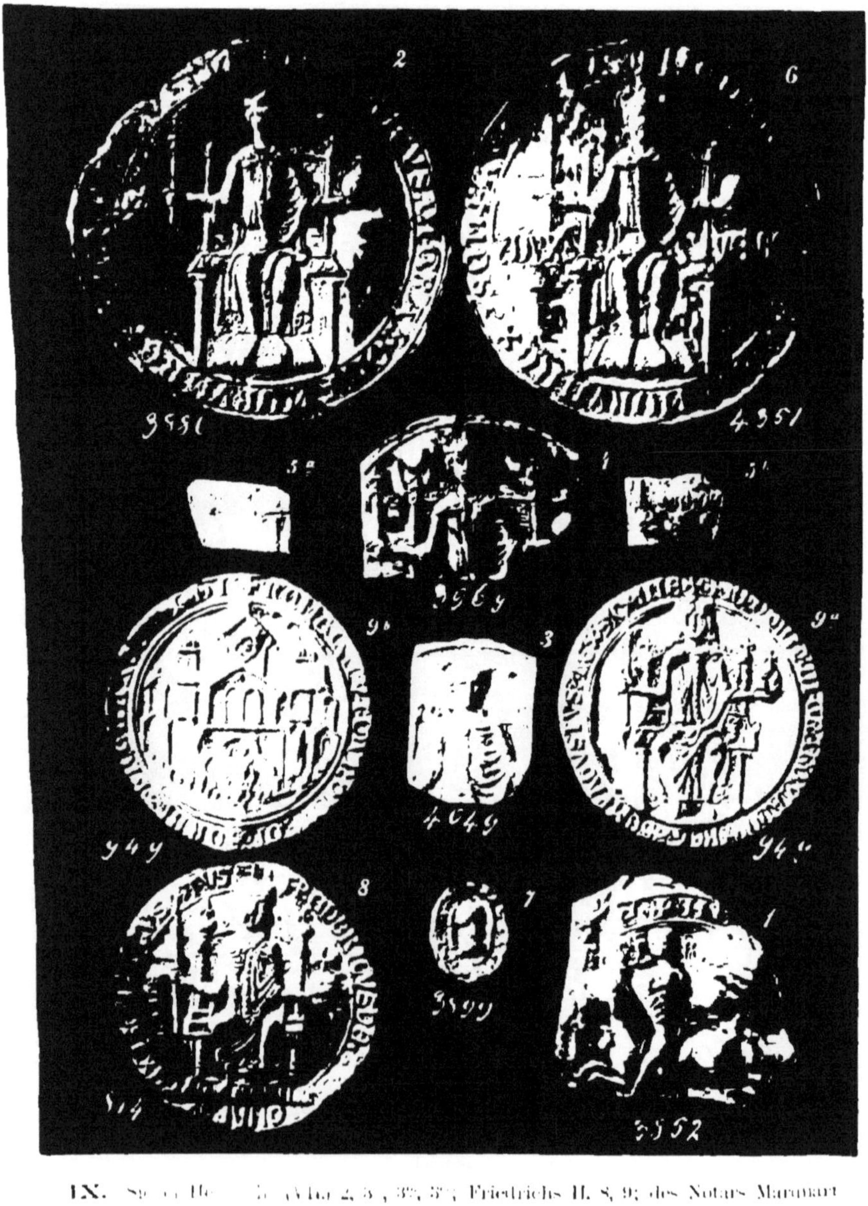

IX. [illegible] Friedrichs II. 8, 9; des Notars Marquart

X. Siegel Conrads IV. 1, 2; des Hofgerichts; Conradins; Manfreds.

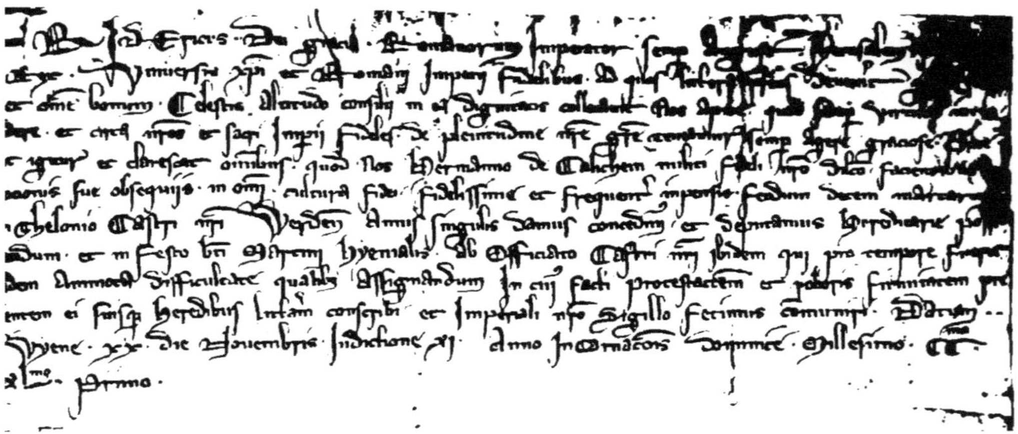

Fridericus Dei gratia Romanorum imperator semper augustus [illegible]
rex. Universis Christi et sacri imperii fidelibus [illegible]
et omne bonum. Celestis altitudo consilii in ea dignitatis [illegible]
[illegible] et circa ipsos et sacri imperii fideles de plenitudine nostre potestatis [illegible]
[illegible] et clarescat omnibus quod nos Hermanno de [illegible] militi fideli nostro dilecto [illegible]
[illegible] suis obsequiis in omni [illegible] fide fidelissime et frequenter impensis [illegible] decem [illegible]
[illegible] thelonio [illegible] nostri in Weyden annis singulis damus concedimus et deputamus hereditarie [illegible]
[illegible] dum et in festo beati Martini hyemalis ab officiato [illegible] nostri ibidem qui pro tempore fuerit
[illegible] difficultate qualibet assignandum. In cuius facti protestationem et perpetuis firmitatem [illegible]
[illegible] ei suisque heredibus litteram conscribi et imperiali nostro sigillo fecimus communiri. Datum
Wiene. xix die Novembris indictione xi anno incarnationis dominice millesimo CCCC
xl[mo] primo.

XII. Schriftproben.